OEUVRES CHOISIES

DE

BERNARDIN DE ST-PIERRE

DE L'IMPRIMERIE DE CRAPELET
RUE DE VAUGIRARD, 9

FRONTISPICE.

Dès qu'elle paraissait, les merles siffleurs, les bengalis, etc...

BIBLIOTHÈQUE LITTÉRAIRE DE LA JEUNESSE

# PAUL ET VIRGINIE

PAR

## BERNARDIN DE ST-PIERRE

SUIVI DE

LA CHAUMIÈRE INDIENNE, VOYAGE A L'ILE DE FRANCE, DIVERS EXTRAITS
DES ÉTUDES ET DES HARMONIES DE LA NATURE

ÉDITION ÉPURÉE

Précédée d'une Notice sur Bernardin de Saint-Pierre

PAR M. L'ABBÉ DELACOUTURE

Illustrée de 20 dessins par Jules David

PARIS
A LA LIBRAIRIE DE L'ENFANCE ET DE LA JEUNESSE
P. C. LEHURY
rue de Seine, 55, faubourg Saint-Germain
—
1850

# NOTICE
## SUR BERNARDIN DE SAINT-PIERRE.

L'auteur de *Paul et Virginie* naquit au Havre en 1737. Sa vie, comme celle de son ami Jean-Jacques, fut très-aventureuse. Dès son enfance il annonça des goûts solitaires, et un caractère difficile et peu sociable. A l'âge de douze ans, il ne rêvait que la destinée de Robinson dans son île. Un de ses oncles l'emmena sur son vaisseau à la Martinique; mais la vie de marin ne lui plut pas. Revenu en France, il fut placé chez les jésuites à Caen, puis au collège de Rouen, où il termina ses études d'une manière brillante. Après avoir été admis à l'école des ponts et chaussées, il fut envoyé, en qualité d'ingénieur, à Dusseldorf, ensuite à Malte; mais son humeur inquiète et ombrageuse ne lui permit de se fixer nulle part. De retour à Paris, il fut réduit à donner des leçons de mathématiques : dégoûté de ce genre d'occupation, il se rendit à Amsterdam où il travailla quelque temps comme journaliste. De là, il passa à Saint-Pétersbourg, où il avait conçu l'établissement,

*a*

sur les bords du lac Aral, d'une république dont il prétendait être le législateur à la manière de Platon et de J. J. Rousseau. Il alla visiter la Finlande; puis vint à Varsovie où il voulait embrasser la cause des Polonais; séjourna quelque temps à Dresde, à Berlin. Dans ces divers endroits, où sa conduite ne fut pas toujours exemplaire, des positions avantageuses lui furent offertes; il les refusa, et se trouva à son arrivée en France dans la même situation qu'avant son départ.

Il obtint enfin d'être envoyé comme ingénieur à l'Ile de France; les difficultés qu'il y éprouva, et qu'il dut en grande partie s'imputer à lui-même, l'obligèrent de s'éloigner. Son projet avait été de passer de là à Madagascar pour civiliser cette grande île; mais il n'y mit pas même le pied. Il revint à Paris où il publia son *Voyage à l'Ile de France* que nous reproduisons en grande partie dans ce volume. C'est alors qu'il se lia avec J. J. Rousseau, dont le caractère avait beaucoup d'analogie avec le sien. Ils se plaisaient à faire ensemble des promenades solitaires. Ces deux hommes, en dehors, pour ainsi dire, par leurs goûts et leurs opinions, des conditions de l'état social, vivaient dans un monde imaginaire. Rousseau ayant quitté Paris, Bernardin de Saint-Pierre se retira dans un donjon isolé de la rue Neuve-Saint-Étienne-du-Mont, où il composa ses *Études de la Nature*, qu'il publia en 1784, et qui eurent un grand succès. On était à une époque où toutes les têtes ne rêvaient qu'innovations et bouleversements, et Bernardin de Saint-Pierre, dans ses *Études*, frondait la plupart des institutions sociales, religieuses et littéraires; son livre, mélange d'ailleurs de beautés et d'imperfections, ne pouvait donc manquer d'être bien accueilli.

Quatre ans après, c'est-à-dire en 1788, il fit paraître *Paul et Virginie*, qui ne trouva pas moins de faveur auprès du public; il s'en fit en peu de temps un grand nombre d'éditions, et on en publia dans l'espace d'un an plus de cinquante contrefaçons. La réputation de cette pastorale se répandit dans toute l'Europe, et elle fut successivement traduite en anglais, en italien, en allemand, en hollandais, en polonais, en russe et en espagnol, ainsi que nous l'apprend Bernardin de Saint-Pierre lui-même dans un de ses *préambules*. Il paraît que tout n'est pas romanesque dans l'histoire de *Paul et Virginie*. L'auteur raconte que, se trouvant un jour au Jardin du Roi, une dame d'une figure très-intéressante, accompagnée de son mari, ayant su de M. Jean Thouin, chef de ce jardin, qu'il était l'auteur de *Paul et Virginie*, l'aborda pour lui dire : « Ah! Monsieur, que vous m'avez fait passer une nuit terrible! je n'ai cessé de gémir et de fondre en larmes. La personne dont vous avez décrit la fin malheureuse avec tant de vérité dans le naufrage du *Saint-Géran*, était ma parente. Je suis créole de Bourbon. » Bernardin de Saint-Pierre ajoute qu'il apprit ensuite que cette dame était l'épouse de M. de Boneuil, premier valet de chambre de Monsieur; qu'elle voulut bien lui permettre, depuis, de publier son témoignage sur la vérité de cette catastrophe, dont elle lui raconta même des circonstances capables d'ajouter beaucoup à l'intérêt qu'inspire la triste fin de Paul et Virginie.

On rapporte que Bonaparte lui-même ne fut pas insensible au mérite de cette charmante production, et qu'il ne voyait jamais l'auteur sans lui dire : « M. Bernardin, donnez-nous du Paul et Virginie ; vous devriez nous en fournir tous les six mois. » Le roman de *Paul et Virginie* est en effet un chef-d'œuvre de style, d'imagination et de sentiment. On y trouve des tableaux de la nature pleins de grâce et de fraîcheur, des scènes naïves et touchantes; des traits d'une sensibilité profonde. Il est difficile d'en achever la lecture sans se sentir vivement ému. On a dit de *Paul et Virginie,* que c'était une de ces créations neuves, qu'aucun ouvrage n'a inspirée et qui en a inspiré beaucoup d'autres. Cependant il est bon de remarquer qu'il y règne trop généralement une teinte de tristesse et de mélancolie qui tenait au caractère et aux opinions de l'auteur. Quelques détails passionnés pouvaient ne pas convenir à tous les lecteurs; des réflexions qui manquent de justesse et d'à-propos avaient aussi leur inconvénient : nous les avons élagués dans cette nouvelle édition, faite pour la jeunesse et, en particulier, pour les familles chrétiennes. Nous croyons que la suite du récit n'en souffre aucunement, que ceux qui ne connaissent point encore *Paul et Virginie* ne s'en douteront pas, et qu'ils n'en auront pas moins lu, sans aucun danger pour leur cœur et leur imagination, une histoire pleine de charme et d'intérêt.

Bernardin de Saint-Pierre publiait donc *Paul et Virginie* à la veille de notre première révolution. Ce grand événement le trouva préoccupé de toutes les illusions philosophiques dont l'application devait être si funeste à la France. C'est alors qu'il mit en lumière ses *Vœux d'un Solitaire* où, sans aucune expérience des intérêts politiques, il prétendait régenter le roi et la nation. Il est cependant à remarquer qu'il se montra partisan de la monarchie. Plus tard il fut nommé président de son district, et il refusa.

En 1791 parut *la Chaumière Indienne,* accompagnée d'*avant-propos, notes* et *préambules* qui toujours sont très-multipliés et très-prolixes dans Bernardin de Saint-Pierre. *La Chaumière Indienne* peut se placer à côté de *Paul et Virginie* pour le talent de décrire et de raconter. Mais il faut avouer qu'il est une partie de cet ouvrage où l'on est trop autorisé à voir une satire mal déguisée du clergé catholique. Bernardin s'en défendit, il est vrai, et dit que s'il avait voulu faire une satire du clergé catholique, il aurait fait voyager son docteur chez le Dalaï-Lama, dont la religion possède une constitution, des dogmes et une hiérarchie qui offrent beaucoup plus d'analogie avec l'église catholique que la religion des Brames. Cette réponse ne nous paraît pas très-couvaincante. Quoi qu'il en soit, nous avons, pour ne laisser lieu à aucune équivoque, fait disparaître le passage où se remarquait l'allusion ; et moyennant quelque changement dans la conclusion du roman, on ne voit plus dans *la Chaumière Indienne* que l'histoire d'un pauvre Indien, qui n'ayant d'autre savoir que la lumière naturelle de son bon sens, et sachant se contenter d'une vie simple, laborieuse et modeste, est plus sage, plus sensé et plus heureux qu'un docteur enorgueilli d'une vaine science, et qui court le monde pour satisfaire sa curiosité : conclusion morale qu'on peut très-bien admettre, et qui nous permet de conserver les belles descriptions de ce petit roman et ses contrastes si pittoresques.

En 1792, treize jours avant le 10 août, il fut nommé intendant du Jardin des Plantes et du Cabinet d'histoire naturelle par l'infortuné Louis XVI, qui lui adressa des paroles très-bienveillantes. Il perdit bientôt cette place, qui fut supprimée.

Il composait ses *Harmonies de la Nature,* son dernier ouvrage qu'il n'a pas achevé, lorsque la Convention le choisit (en 1794) pour la chaire de morale dans la nouvelle école normale. Il eut le courage de s'y prononcer en faveur de l'existence de Dieu ; car c'était un acte de courage à cette affreuse époque, où une pareille profession de foi exposait à une persécution.

L'École normale fut supprimée : la perte de sa place et une banqueroute qu'il essuya mirent Bernardin de Saint-Pierre dans la gêne; mais la fortune des Bonaparte vint réparer les torts de la sienne. Il fut pensionné par Joseph. Bonaparte lui assigna une autre pension sur les fonds du gouvernement, le nomma membre de l'Institut, honneur que Bernardin de Saint-Pierre ne fit aucune difficulté d'accepter, quoiqu'il eût fort écrit contre les sociétés littéraires. Il avait aussi beaucoup déclamé contre les maisons d'éducation et contre les méthodes qu'on y suit; il ne laissa pourtant pas d'y placer ses enfants, auxquels il avait donné les noms de Paul et Virginie. Il s'était élevé encore avec beaucoup de zèle contre le despotisme; et il fut néanmoins un de ceux qui prodiguèrent les éloges les plus outrés au nouveau dominateur, qu'il comparait, dans un de ses discours académiques, à un aigle *s'avançant dans l'axe même de la tempête*. Grâce aux bienfaits du gouvernement et au produit qu'il savait tirer de ses ouvrages, Bernardin de Saint-Pierre jouissait enfin d'une position aisée. Il passa tranquillement ses dernières années, et mourut à sa maison de campagne d'Eragny, près Pontoise, dans le mois de janvier 1814. La figure de Bernardin de Saint-Pierre, telle qu'on la voit sur ses portraits, a quelque chose de vénérable; cependant, en y regardant de près, on y aperçoit un air inquiet et chagrin qui était l'expression de son caractère.

Comme écrivain, Bernardin de Saint-Pierre occupe

certainement un rang très-distingué dans notre littérature. Lorsqu'il décrit les grandes scènes de la nature, lorsqu'il nous en fait admirer les beautés, les contrastes et les harmonies, et nous découvre les vues toujours sages d'une Providence bienfaisante, son style a toute la grâce, la richesse et l'éclat qui conviennent à un pareil sujet. On peut dire que ses tableaux, pleins de fraîcheur et de suavité, sont l'ouvrage d'un grand peintre. Mais il n'a pas été aussi heureux lorsqu'il a imaginé des systèmes pour expliquer certains phénomènes de la nature. C'est alors qu'on a pu lui reprocher de n'en avoir présenté que le roman. Presque tout ce qu'il a écrit sur la société n'est pas moins romanesque. Il oppose sans cesse, comme le citoyen de Genève, qu'il semblait avoir pris pour modèle, l'état de nature à l'état de société. Dans cette préoccupation, il se figure un état de nature qui n'a jamais existé, et il n'envisage la société que par son mauvais côté; il n'en voit jamais que les abus réels ou imaginaires. Ses vues en morale, en politique et en éducation sont la plupart du temps erronées et illusoires. C'était un de ces réformateurs chimériques qui voulaient tout redresser, et qui n'avaient pas seulement su réformer leur humeur. Cette classe d'hommes n'a jamais manqué, dans notre pays surtout. On a dit avec raison de l'auteur des *Études* et des *Harmonies de la Nature,* qu'il a toujours raison quand il peint, et presque toujours tort quand il raisonne.

Bernardin de Saint-Pierre a sans doute beaucoup contribué, avec le romanesque auteur d'*Émile* et du *Contrat social,* à allumer dans notre malheureux pays cette fièvre de bouleversements et d'innovations indéfinies qui nous travaille encore, et nous menace des dernières extrémités.

La lecture des ouvrages de cet auteur est donc dangereuse, pour la jeunesse surtout : il est bon qu'elle en soit prévenue. Ses continuelles déclamations contre toutes les institutions sociales, sa manie de n'envisager jamais que les abus auxquels elles peuvent donner lieu, sans jamais considérer ce qu'elles ont de bon, d'utile, de nécessaire ; enfin toutes ses idées paradoxales ne peuvent que fausser le jugement et troubler l'imagination de jeunes lecteurs ou lectrices que l'expérience n'a point encore éclairés. Séduits par ces peintures infidèles, ils seront tentés de prendre en dégoût le monde réel, celui où ils sont destinés à vivre, pour se créer un monde imaginaire, et augmenter ainsi le nombre de ces esprits inquiets, mécontents, frondeurs, à charge à eux-mêmes, inutiles et dangereux à la société.

A *Paul et Virginie,* à *la Chaumière Indienne* et au *Voyage à l'Ile de France,* nous ajoutons plusieurs *morceaux choisis,* extraits des *Études* et des *Harmonies de la Nature.* Nous espérons que ces opuscules et ces morceaux choisis, avec les modifications que nous leur avons fait subir, n'offriront pas le danger que nous venons de signaler tout à l'heure. Au reste, si l'on y trouvait encore quelque vestige des fausses conceptions de l'auteur, nous pensons que les réflexions qu'on vient de lire pourraient, au besoin, leur servir de correctif.

L'abbé DELACOUTURE.

Paris, le 26 octobre 1849.

# PAUL ET VIRGINIE

## AVANT-PROPOS.

Je me suis proposé de grands desseins dans ce petit ouvrage. J'ai tâché d'y peindre un sol et des végétaux différents de ceux de l'Europe. Nos poëtes ont assez reposé leurs amants sur le bord des ruisseaux, dans les prairies et sous le feuillage des hêtres. J'en ai voulu asseoir sur le rivage de la mer, au pied des rochers, à l'ombre des cocotiers, des bananiers et des citronniers en fleur. Il ne manque à l'autre partie du monde que des Théocrites et des Virgiles, pour que nous en ayons des tableaux au moins aussi intéressants que ceux de notre pays. Je sais que des voyageurs pleins de goût nous ont donné des descriptions enchantées de plusieurs îles de la mer du Sud; mais les mœurs de leurs habitants, et encore plus celles des Européens qui y abordent, en gâtent souvent le paysage. J'ai désiré réunir, à la beauté de la nature entre les tropiques, la beauté morale d'une petite société. Je me suis proposé aussi d'y mettre en évidence plusieurs grandes vérités, entre autres celle-ci, que notre bonheur consiste à vivre suivant la nature et la vertu. Cependant il ne m'a point fallu imaginer de roman pour peindre des familles heureuses. Je puis assurer que celles dont je vais parler ont vraiment existé, et que leur histoire est vraie dans ses principaux événements. Ils m'ont été certifiés par plusieurs habitants que j'ai connus à l'Ile de France. Je n'y ai ajouté que quelques circonstances indifférentes, mais qui, m'étant personnelles, ont encore en cela même de la réalité. Lorsque j'eus formé, il y a quelques années, une esquisse fort imparfaite de cette espèce de pastorale, je priai une belle dame qui fréquentait le grand monde, et des hommes graves qui en vivaient loin, d'en entendre la lecture, afin de pressentir l'effet qu'elle produirait sur des lecteurs de caractères si différents : j'eus la satisfaction de leur voir verser à tous des larmes. Ce fut le seul jugement que j'en pus tirer, et c'était aussi tout ce que j'en voulais savoir.

# PAUL ET VIRGINIE.

---

Sur le côté oriental de la montagne qui s'élève derrière le Port-Louis de l'Ile de France, on voit, dans un terrain jadis cultivé, les ruines de deux petites cabanes. Elles sont situées presque au milieu d'un bassin, formé par de grands rochers, qui n'a qu'une seule ouverture tournée au nord. On aperçoit à gauche la montagne appelée le Morne de la Découverte, d'où l'on signale les vaisseaux qui abordent dans l'île, et, au bas de cette montagne, la ville nommée le Port-Louis; à droite, le chemin qui mène du Port-Louis au quartier des Pamplemousses; ensuite l'église de ce nom, qui s'élève avec ses avenues de bambous au milieu d'une grande plaine; et, plus loin, une forêt qui s'étend jusqu'aux extrémités de l'île. On distingue devant soi, sur les bords de la mer, la baie du Tombeau; un peu sur la droite, le cap Malheureux; et au delà la pleine mer, où paraissent à fleur d'eau quelques ilots inhabités, entre autres le Coin de Mire, qui ressemble à un bastion au milieu des flots.

A l'entrée de ce bassin, d'où l'on découvre tant d'objets, les échos de la montagne répètent sans cesse le bruit des vents qui agitent les forêts voisines, et le fracas des vagues qui brisent au loin sur les récifs; mais, au pied même des cabanes, on n'entend plus aucun bruit, et on ne voit autour de soi que de grands rochers escarpés comme des murailles. Des bouquets d'arbres croissent à leurs bases, dans leurs fentes, et jusque sur leurs cimes, où s'arrêtent les nuages. Les pluies que leurs pitons attirent peignent souvent les couleurs de l'arc-en-ciel sur leurs flancs verts et bruns, et entretiennent à leur pied les sources dont se forme la petite rivière des Lataniers. Un grand silence règne dans leur enceinte, où tout est paisible, l'air, les eaux et la lumière. A peine l'écho y répète le murmure des palmistes qui croissent sur leurs plateaux élevés, et dont on voit les longues flèches toujours balancées par les vents. Un jour doux éclaire le fond de ce bassin, où le soleil ne luit qu'à midi, mais dès l'aurore ses rayons en frappent le couronnement, dont les pics s'élevant au-dessus des ombres de la montagne, paraissent d'or et de pourpre sur l'azur des cieux.

J'aimais à me rendre dans ce lieu, où l'on jouit à la fois d'une vue immense et d'une solitude profonde. Un jour que j'étais assis au pied de ces cabanes, et que j'en considérais les ruines, un homme déjà sur l'âge vint à passer aux environs. Il était, suivant la coutume des anciens habitants, en petite veste et en long caleçon. Il marchait nu-pieds, et s'appuyait sur un bâton de bois d'ébène. Ses cheveux étaient tout blancs, et sa physionomie noble et simple. Je le saluai avec respect. Il me rendit mon salut; et, m'ayant considéré un moment, il s'approcha de moi, et vint se reposer sur le tertre où j'étais assis. Excité par cette marque de confiance, je lui adressai la parole : « Mon père, lui dis-je, « pourriez-vous m'apprendre à qui ont appar- « tenu ces deux cabanes? » Il me répondit : « Mon fils, ces masures et ce terrain inculte « étaient habités, il y a environ vingt ans, par « deux familles qui y avaient trouvé le bonheur. « Leur histoire est touchante; mais dans cette « île, située sur la route des Indes, quel Euro- « péen peut s'intéresser au sort de quelques « particuliers obscurs? Qui voudrait même y « vivre heureux, mais pauvre et ignoré? Les « hommes ne veulent connaître que l'histoire « des grands et des rois. — Mon père, repris- « je, il est aisé de juger, à votre air et à votre « discours, que vous avez acquis une grande « expérience. Si vous en avez le temps, racontez- « moi, je vous prie, ce que vous savez des « anciens habitants de ce désert, et croyez que « l'homme même le plus dépravé par les préjugés « du monde, aime à entendre parler du bonheur « que donnent la nature et la vertu. » Alors, comme quelqu'un qui cherche à se rappeler diverses circonstances, après avoir appuyé quelque temps ses mains sur son front, voici ce que ce vieillard me raconta :

En 1726, un jeune homme de Normandie, appelé M. de La Tour, après avoir sollicité en vain du service en France et des secours dans sa famille, se détermina à venir dans cette île, pour y chercher fortune. Il avait avec lui une jeune femme qu'il aimait beaucoup, et dont il était également aimé. Elle était d'une ancienne et riche maison de sa province; mais il l'avait épousée en secret et sans dot, parce que les parents de sa femme s'étaient opposés à son mariage, attendu qu'il n'était pas gentilhomme. Il la laissa au Port-Louis de cette île, et il s'embarqua pour Madagascar, dans l'espérance d'y acheter quelques noirs, et de revenir promptement ici former une habitation. Il débarqua à Madagascar vers la mauvaise saison, qui commence à la mi-octobre; et, peu de temps après son arrivée, il y mourut des fièvres pestilentielles qui y règnent pendant six mois de l'année, et qui empêcheront toujours les nations européennes d'y faire des établissements fixes. Les effets qu'il avait emportés avec lui furent dispersés après sa mort, comme il arrive ordinairement à ceux qui meurent hors de leur patrie. Sa femme, restée à l'Ile de France, se trouva veuve, enceinte, et n'ayant pour tout bien au monde qu'une négresse, dans un pays où elle n'avait ni crédit, ni recommandation. Ne voulant rien solliciter auprès d'aucun homme, après la mort de celui qu'elle avait uniquement aimé, son malheur lui donna du courage. Elle résolut de cultiver avec son esclave un petit coin de terre, afin de se procurer de quoi vivre.

Dans une île presque déserte, dont le terrain était à discrétion, elle ne choisit point les cantons les plus fertiles, ni les plus favorables au commerce; mais cherchant quelque gorge de montagne, quelque asile caché, où elle pût vivre seule et inconnue, elle s'achemina de la ville vers ces rochers, pour s'y retirer comme dans un nid. C'est un instinct commun à tous les êtres sensibles et souffrants, de se réfugier dans les lieux les plus sauvages et les plus déserts; comme si des rochers étaient des remparts contre l'infortune, et comme si le calme de la nature pouvait apaiser les troubles malheureux de l'âme. Mais la Providence, qui vient à notre secours lorsque nous ne voulons que les biens nécessaires, en réservait un à madame de La Tour que ne donnent ni les richesses, ni la grandeur : c'était une amie.

Dans ce lieu, depuis un an, demeurait une femme vive, bonne et sensible; elle s'appelait Marguerite. Elle était née en Bretagne, d'une simple famille de paysans dont elle était chérie, et qui l'aurait rendue heureuse, si elle n'avait eu la faiblesse d'ajouter foi à l'amour d'un gentilhomme de son voisinage, qui lui avait promis de l'épouser. Mais celui-ci ne tarda pas à s'éloigner d'elle, et refusa même de lui assurer une subsistance pour un enfant qu'il lui avait laissé. Elle s'était déterminée alors à quitter pour toujours le village où elle était née, et à aller cacher sa faute aux colonies, loin de son pays, où elle avait perdu la seule dot d'une fille pauvre et honnête, la réputation. Un vieux noir qu'elle avait acquis de quelques deniers empruntés, cultivait avec elle un petit coin de ce canton.

Madame de La Tour, suivie de sa négresse, trouva dans ce lieu Marguerite qui allaitait son enfant. Elle fut charmée de rencontrer une femme dans une position qu'elle jugea semblable à la sienne. Elle lui parla en peu de mots de sa condition passée et de ses besoins présents. Marguerite, au récit de madame de La Tour, fut émue de pitié; et, voulant mériter sa confiance plutôt que son estime, elle lui avoua sans lui rien déguiser, l'imprudence dont elle s'était rendue coupable. « Pour moi, dit-elle, « j'ai mérité mon sort; mais vous, madame... « vous, sage et malheureuse ! » Et elle lui offrit en pleurant sa cabane et son amitié. Madame de La Tour, touchée d'un accueil si tendre, lui dit, en la serrant dans ses bras : « Ah ! Dieu veut « finir mes peines, puisqu'il vous inspire plus « de bonté envers moi, qui vous suis étrangère, « que jamais je n'en ai trouvé dans mes pa- « rents. »

Je connaissais Marguerite, et, quoique je demeure à une lieue et demie d'ici, dans les bois, derrière la Montagne-Longue, je me regardais comme son voisin. Dans les villes d'Europe,

Elle lui offrit en pleurant sa cabane et son amitié.

une rue, un simple mur, empêchent les membres d'une même famille de se réunir pendant des années entières; mais, dans les colonies nouvelles, on considère comme ses voisins ceux dont on n'est séparé que par des bois et par des montagnes. Dans ce temps-là surtout, où cette île faisait peu de commerce aux Indes, le simple voisinage y était un titre d'amitié; et l'hospitalité envers les étrangers, un devoir et un plaisir. Lorsque j'appris que ma voisine avait une compagne, je fus la voir, pour tâcher d'être utile à l'une et à l'autre. Je trouvai dans madame de La Tour une personne d'une figure intéressante, pleine de noblesse et de mélancolie. Je dis à ces deux dames qu'il convenait pour l'intérêt de leurs enfants, et surtout pour empêcher l'établissement de quelque autre habitant, de partager entre elles le fond de ce bassin, qui contient environ vingt arpents. Elles s'en rapportèrent à moi pour ce partage. J'en formai deux portions à peu près égales : l'une renfermait la partie supérieure de cette enceinte, depuis ce piton de rocher couvert de nuages, d'où sort la source de la rivière des Lataniers jusqu'à cette ouverture escarpée que vous voyez au haut de la montagne, et qu'on appelle l'Embrasure, parce qu'elle ressemble en effet à une embrasure de canon. Le fond de ce sol est si rempli de roches et de ravins, qu'à peine on y peut marcher; cependant il produit de grands arbres, et il est rempli de fontaines et de petits ruisseaux. Dans l'autre portion, je compris toute la partie inférieure qui s'étend le long de la rivière des Lataniers jusqu'à l'ouverture où nous sommes, d'où cette rivière commence à couler entre deux collines jusqu'à la mer. Vous y voyez quelques lisières de prairies, et un terrain assez uni, mais qui n'est guère meilleur que l'autre, car dans la saison des pluies il est marécageux, et dans les sécheresses il est dur comme du plomb; quand on y veut alors ouvrir une tranchée, on est obligé de le couper avec des haches. Après avoir fait ces deux partages, j'engageai ces deux dames à les tirer au sort. La partie supérieure échut à madame de La Tour, et l'inférieure à Marguerite. L'une et l'autre furent contentes de leur lot; mais elles me prièrent de ne pas séparer leur demeure, « afin, me dirent-elles,

« que nous puissions toujours nous voir, nous « parler et nous entr'aider. » Il fallait cependant à chacune d'elles une retraite particulière. La case de Marguerite se trouvait au milieu du bassin, précisément sur les limites de son terrain. Je bâtis tout auprès, sur celui de madame de La Tour, une autre case; en sorte que ces deux amies étaient à la fois dans le voisinage l'une de l'autre, et sur la propriété de leurs familles. Moi-même j'ai coupé des palissades dans la montagne; j'ai apporté des feuilles de latanier des bords de la mer, pour construire ces deux cabanes, où vous ne voyez plus maintenant ni porte ni couverture. Hélas! il n'en reste encore que trop pour mon souvenir! Le temps, qui détruit si rapidement les monuments des empires, semble respecter dans ces déserts ceux de l'amitié, pour perpétuer mes regrets jusqu'à la fin de ma vie.

A peine la seconde de ces cabanes était achevée, que madame de La Tour accoucha d'une fille. J'avais été le parrain de l'enfant de Marguerite, qui s'appelait Paul. Madame de La Tour me pria aussi de nommer sa fille, conjointement avec son amie. Celle-ci lui donna le nom de Virginie. « Elle sera vertueuse, dit-elle, et elle « sera heureuse. Je n'ai connu le malheur qu'en « m'écartant de la vertu. »

Lorsque madame de La Tour fut relevée de ses couches, ces deux petites habitations commencèrent à être de quelque rapport, à l'aide des soins que j'y donnais de temps en temps, mais surtout par les travaux assidus de leurs esclaves. Celui de Marguerite, appelé Domingue, était un noir iolof, encore robuste, quoique déjà sur l'âge. Il avait de l'expérience et un bon sens naturel. Il cultivait indifféremment, sur les deux habitations, les terrains qui lui semblaient les plus fertiles, et il y mettait les semences qui leur convenaient le mieux. Il mettait du petit mil et du maïs dans les endroits médiocres, un peu de froment dans les bonnes terres, du riz dans les fonds marécageux; et, au pied des roches, des giraumonts, des courges et des concombres, qui se plaisent à y grimper. Il plantait dans les lieux secs des patates, qui y viennent très-sucrées; des cotonniers sur les hauteurs, des cannes à sucre dans les terres fortes, des pieds de café sur les collines, où le grain est petit, mais excellent; le long de la rivière et autour des cases, des bananiers qui donnent toute l'année de longs régimes de fruits, avec un bel ombrage; et enfin quelques plantes de tabac, pour charmer ses soucis et ceux de ses bonnes maîtresses. Il allait couper du bois à brûler dans la montagne, et casser des roches çà et là dans les habitations, pour en aplanir les chemins. Il faisait tous ces ouvrages avec intelligence et activité, parce qu'il les faisait avec zèle. Il était fort attaché à Marguerite, et il ne l'était guère moins à madame de La Tour, dont il avait épousé la négresse à la naissance de Virginie. Il aimait beaucoup sa femme, qui s'appelait Marie. Elle était née à Madagascar, d'où elle avait apporté quelque industrie, surtout celle de faire des paniers et des étoffes appelées pagnes, avec des herbes qui croissent dans les bois. Elle était adroite, propre, et très-fidèle. Elle avait soin de préparer à manger, d'élever quelques poules, et d'aller de temps en temps vendre au Port-Louis le superflu de ces deux habitations, qui était bien peu considérable. Si vous y joignez deux chèvres élevées près des enfants, et un gros chien qui veillait la nuit au dehors, vous aurez une idée de tout le revenu et de tout le domestique de ces deux petites métairies.

Pour ces deux amies, elles filaient du matin au soir du coton. Ce travail suffisait à leur entretien et à celui de leurs familles ; mais, d'ailleurs, elles étaient si dépourvues de commodités étrangères, qu'elles marchaient nu-pieds dans leur habitation, et ne portaient de souliers que pour aller le dimanche, de grand matin, à la messe à l'église des Pamplemousses, que vous voyez là-bas. Il y a cependant bien plus loin qu'au Port-Louis ; mais elles se rendaient rarement à la ville, de peur d'y être méprisées, parce qu'elles étaient vêtues de grosse toile bleue du Bengale, comme des esclaves. Après tout, la considération publique vaut-elle le bonheur domestique ? Si ces dames avaient un peu à souffrir au dehors, elles rentraient chez elles avec d'autant plus de plaisir. A peine Marie et Domingue les apercevaient de cette hauteur, sur le chemin des Pamplemousses, qu'ils accouraient jusqu'au bas de la montagne, pour les aider à la remonter. Elles lisaient dans les yeux de leurs esclaves la joie qu'ils avaient de les revoir. Elles trouvaient chez elles la propreté, la liberté, des biens qu'elles ne devaient qu'à leurs propres travaux, et des serviteurs pleins de zèle et d'affection. Elles-mêmes, unies par les mêmes besoins, ayant éprouvé des maux presque semblables, se donnant les doux noms d'amie, de compagne et de sœur, n'avaient qu'une volonté, qu'un intérêt, qu'une table. Tout entre elles était commun. Une religion pure, aidée par des mœurs chastes, leur apprenait à diriger leur pensée vers une autre vie, comme la flamme, qui s'envole vers le ciel lorsqu'elle n'a plus d'aliment sur la terre.

Les devoirs de la nature ajoutaient encore au bonheur de leur société. Leur amitié mutuelle redoublait à la vue de leurs enfants. « Mon amie, « disait madame de La Tour, chacune de nous « aura deux enfants, et chacun de nos enfants « aura deux mères. » Comme deux bourgeons qui restent sur deux arbres de la même espèce, dont la tempête a brisé toutes les branches, ces deux petits enfants, privés de tous leurs parents, se remplissaient de tous les sentiments d'une vive et sincère affection. Déjà leurs mères parlaient de leur avenir sur leurs berceaux, et cette perspective d'une destinée qu'elles se figuraient plus heureuse que la leur, charmait leurs propres peines, et finissait bien souvent par les faire pleurer, lorsqu'elles venaient à se rappeler les épreuves qu'elles avaient eues à traverser; mais la vue de leurs enfants suffisait pour les consoler.

Rien, en effet, n'était comparable à l'attachement qu'ils se témoignaient déjà. Si Paul venait à se plaindre, on lui montrait Virginie; à sa vue, il souriait et s'apaisait. Si Virginie souffrait, on en était averti par les cris de Paul; mais déjà elle savait dissimuler son mal, pour qu'il ne souffrît pas de sa douleur. Je n'arrivais point de fois ici que je ne les visse tous deux, pouvant à peine marcher, se tenant ensemble par les mains et sous les bras, comme on représente la constellation des Gémeaux.

Lorsqu'ils surent parler, les premiers noms qu'ils apprirent à se donner furent ceux de frère et de sœur. L'enfance, qui connaît des caresses plus tendres, ne connaît point de plus doux noms.

Leur éducation ne fit que redoubler leur amitié, en la dirigeant vers leurs besoins réciproques. Bientôt tout ce qui regarde l'économie, la propreté, le soin de préparer un repas champêtre, fut du ressort de Virginie; et ses travaux étaient toujours suivis des louanges et des baisers de son frère. Pour lui, sans cesse en action, il bêchait le jardin avec Domingue, ou, une petite hache à la main, il le suivait dans les bois; et si, dans ses courses, une belle fleur, un bon fruit ou un nid d'oiseau se présentaient à lui, eussent-ils été au haut d'un arbre, il l'escaladait pour les apporter à sa sœur.

Quand on en rencontrait un quelque part, on était sûr que l'autre n'était pas loin. Un jour que je descendais du sommet de cette montagne, j'aperçus, à l'extrémité du jardin, Virginie qui accourait vers la maison, la tête couverte de son jupon, qu'elle avait relevé par derrière, pour se mettre à l'abri d'une ondée de pluie. De loin je la crus seule; et m'étant avancé vers elle pour l'aider à marcher, je vis qu'elle tenait Paul par le bras, enveloppé presque en entier de la même couverture, riant l'un et l'autre d'être ensemble à l'abri sous un parapluie de leur invention. Ces deux têtes charmantes, renfermées sous ce jupon bouffant, me rappelèrent les enfants de Léda, enclos dans la même coquille.

Toute leur étude était de se complaire et de s'entr'aider. Au reste, ils étaient ignorants comme des créoles, et ne savaient ni lire ni écrire. Ils ne s'inquiétaient pas de ce qui s'était passé dans les temps reculés, et loin d'eux; leur curiosité ne s'étendait pas au delà de cette montagne. Ils croyaient que le monde finissait où finissait leur île : et ils n'imaginaient rien d'aimable où ils n'étaient pas. Leur affection mutuelle et celle de leurs mères occupaient toute l'activité de leurs âmes. Jamais les sciences inutiles n'avaient fait couler leurs larmes; jamais les leçons d'une triste morale ne les avaient remplis d'ennui. Ils ne savaient pas qu'il ne faut pas dérober, tout chez eux étant en commun; ni être intempérant, ayant à discrétion des mets simples; ni menteur, n'ayant aucune vérité à dissimuler. Chez eux, l'amitié filiale était née de l'amitié maternelle. On leur avait appris de la religion ce qui était à la portée de leur âge; et s'ils ne pouvaient aller

Ces deux têtes charmantes, renfermées sous ce jupon bouffant, me rappelèrent les enfants de Léda enclos dans la même coquille.

souvent à l'église, partout où ils étaient, dans la maison, dans les champs, dans les bois, ils levaient vers le ciel des mains innocentes, et un cœur plein de l'amour de leurs parents.

Ainsi se passa leur première enfance, comme une belle aube qui annonce un plus beau jour. Déjà ils partageaient avec leurs mères tous les soins du ménage. Dès que le chant du coq annonçait le retour de l'aurore, Virginie se levait, allait puiser de l'eau à la source voisine, et rentrait dans la maison pour préparer le déjeuner. Bientôt après, quand le soleil dorait les pitons de cette enceinte, Marguerite et son fils se rendaient chez madame de La Tour : alors ils commençaient tous ensemble une prière, suivie du premier repas; souvent ils le prenaient devant la porte, assis sur l'herbe sous un berceau de bananiers, qui leur fournissait à la fois des mets tout préparés dans leurs fruits substantiels, et du linge de table dans leurs feuilles larges, longues et lustrées. Une nourriture saine et abondante développait rapidement les corps de ces deux jeunes gens, et une éducation douce peignait dans leur physionomie la pureté et le contentement de leur âme. Virginie n'avait que douze ans : déjà sa taille était plus qu'à demi formée ; de grands cheveux blonds ombrageaient sa tête ; ses yeux bleus et ses lèvres de corail brillaient du plus tendre éclat sur la fraîcheur de son visage ; ils souriaient toujours de concert quand elle parlait ; mais quand elle gardait le silence, leur obliquité naturelle vers le ciel leur donnait une expression d'une sensibilité extrême, et même celle d'une légère mélancolie. Pour Paul, on voyait déjà se développer en lui le caractère d'un homme au milieu des grâces de l'adolescence. Sa taille était plus élevée que celle de Virginie, son teint plus rembruni, son nez plus aquilin ; et ses yeux, qui étaient noirs, auraient eu un peu de fierté, si les longs cils qui rayonnaient autour comme des pinceaux ne leur avaient donné la plus grande douceur. Quoiqu'il fût toujours en mouvement, dès que sa sœur paraissait il devenait tranquille, et allait s'asseoir auprès d'elle ; souvent leur repas se passait sans qu'ils se dissent un mot. A leur silence, à la naïveté de leurs attitudes, à la beauté de leurs pieds nus, on eût cru voir un groupe antique de marbre blanc, représentant quelques-uns des enfants de Niobé. Mais à leurs regards qui cherchaient à se rencontrer, à leurs sourires rendus par de plus doux sourires, on les eût pris pour ces enfants du ciel, pour ces esprits bienheureux, dont la nature est de s'aimer, et qui n'ont pas besoin de rendre le sentiment par des pensées, et l'amitié par des paroles.

Cependant madame de La Tour, voyant sa fille se développer avec tant de charmes, sentait augmenter son inquiétude avec sa tendresse. Elle me disait quelquefois : « Si je venais à mourir, « que deviendrait Virginie sans fortune ? »

Elle avait en France une tante, fille de qualité, riche, vieille et d'un naturel âpre et sévère, qui lui avait refusé si durement des secours lorsqu'elle se fut mariée à M. de La Tour, qu'elle s'était bien promis de n'avoir jamais recours à elle, à quelque extrémité qu'elle fût réduite. Mais, devenue mère, elle ne craignit plus la honte des refus. Elle manda à sa tante la mort inattendue de son mari, la naissance de sa fille, et l'embarras où elle se trouvait, loin de son pays, dénuée de support et chargée d'un enfant.

Elle n'en reçut point de réponse. Elle, qui était d'un caractère élevé, ne craignit plus de s'humilier et de s'exposer aux reproches de sa parente, qui ne lui avait jamais pardonné d'avoir épousé un homme sans naissance, quoique vertueux. Elle lui écrivait donc par toutes les occasions, afin d'exciter sa sensibilité en faveur de Virginie. Mais bien des années s'étaient écoulées sans recevoir d'elle aucune marque de souvenir.

Enfin, en 1738, trois ans après l'arrivée de M. de La Bourdonnays dans cette île, madame de La Tour apprit que ce gouverneur avait à lui remettre une lettre de la part de sa tante. Elle courut au Port-Louis, sans se soucier cette fois d'y paraître mal vêtue, la joie maternelle la mettant au-dessus du respect humain. M. de La Bourdonnays lui donna en effet une lettre de sa tante. Celle-ci mandait à sa nièce qu'elle avait mérité son sort pour avoir épousé un aventurier, un libertin; que les passions portaient avec elles leur punition; que la mort prématurée de son mari était un juste châtiment de Dieu; qu'elle avait bien fait de passer aux îles, plutôt que de déshonorer sa famille en France; qu'elle était, après tout, dans un bon pays, où tout le monde faisait fortune, excepté les paresseux. Après l'avoir ainsi blâmée, elle finissait par se louer elle-même. Pour éviter, disait-elle, les suites souvent funestes du mariage, elle avait toujours refusé de se marier. La vérité est qu'étant ambitieuse, elle n'avait voulu épouser qu'un homme de grande qualité; mais quoiqu'elle fût très-riche, et qu'à la cour on soit indifférent à tout, excepté à la fortune, il ne s'était trouvé personne qui eût voulu s'allier à une fille aussi laide et à un cœur aussi dur.

Elle ajoutait, par *post-scriptum*, que, toute réflexion faite, elle l'avait fortement recommandée à M. de La Bourdonnays. Elle l'avait en effet recommandée; mais, suivant un usage bien commun aujourd'hui, qui rend un protecteur plus à craindre qu'un ennemi déclaré, afin de justifier auprès du gouverneur sa dureté pour sa nièce, en feignant de la plaindre, elle l'avait calomniée.

Madame de La Tour, que tout homme indifférent n'eût pu voir sans intérêt et sans respect, fut reçue avec beaucoup de froideur par M. de La Bourdonnays, prévenu contre elle. Il ne répondit, à l'exposé qu'elle lui fit de sa situation et de celle de sa fille, que par de durs monosyllabes : « Je verrai;... nous verrons;... avec le temps... « il y a bien des malheureux!... Pourquoi indis- « poser une tante respectable?.... C'est vous qui « avez tort. »

Madame de La Tour retourna à l'habitation, le cœur navré de douleur et plein d'amertume. En arrivant elle s'assit, jeta sur la table la lettre de sa tante, et dit à son amie : « Voilà le fruit de « onze ans de patience! » Mais comme il n'y avait que madame de La Tour qui sût lire dans la société, elle reprit la lettre, et en fit la lecture devant toute la famille rassemblée. A peine était-elle achevée, que Marguerite lui dit avec vivacité : « Qu'avons-nous besoin de tes parents? Dieu « nous a-t-il abandonnées? C'est lui seul qui est « notre père. N'avons-nous pas vécu heureuses « jusqu'à ce jour? Pourquoi donc te chagriner? « Tu n'as point de courage. » Et voyant madame de La Tour pleurer, elle se jeta à son cou, et, la serrant dans ses bras. « Chère amie! s'écria- « t-elle, chère amie! » Mais ses propres sanglots étouffèrent sa voix. A ce spectacle, Virginie, fondant en larmes, pressait alternativement les mains de sa mère et celles de Marguerite contre sa bouche et contre son cœur; et Paul, les yeux enflammés de colère, criait, serrait les poings, frappait du pied, ne sachant à qui s'en prendre. A ce bruit Domingue et Marie accoururent, et l'on n'entendit plus dans la case que ces cris de douleur : « Ah ! madame !.... ma bonne maî- « tresse !.... ma mère !.... ne pleurez pas. » De si tendres marques d'amitié dissipèrent le chagrin de madame de La Tour. Elle prit Paul et Virginie dans ses bras, et leur dit d'un air content : « Mes enfants, vous êtes cause de ma peine, mais « vous faites toute ma joie. O mes chers enfants, « le malheur ne m'est venu que de loin; le bon- « heur est autour de moi. » Paul et Virginie ne la comprirent pas; mais quand ils la virent tranquille, ils sourirent, et se mirent à la caresser. Ainsi ils continuèrent tous d'être heureux, et ce ne fut qu'un orage au milieu de la belle saison.

Le bon naturel de ces enfants se développait de jour en jour. Un dimanche, au lever de l'aurore, leurs mères étant allées à la première messe à l'église des Pamplemousses, une négresse marronne se présenta sous les bananiers qui entouraient leur habitation. Elle était décharnée comme un squelette, et n'avait pour vêtement qu'un lambeau de serpillière autour des reins. Elle se jeta aux pieds de Virginie qui préparait le déjeuner de la famille, et lui dit : « Ma jeune demoiselle, « ayez pitié d'une pauvre esclave fugitive : il y « a un mois que j'erre dans ces montagnes, demi-« morte de faim, souvent poursuivie par des « chasseurs et par leurs chiens. Je fuis mon « maître, qui est un riche habitant de la Rivière-« Noire : il m'a traitée comme vous le voyez. » En même temps il lui montra son corps sillonné de cicatrices profondes, par les coups de fouet qu'elle en avait reçus. Elle ajouta : « Je voulais « aller me noyer ; mais sachant que vous de-« meuriez ici, j'ai dit : Puisqu'il y a de bons « blancs dans ce pays, il ne faut pas encore « mourir. » Virginie, tout émue, lui répondit : « Rassurez-vous, infortunée créature. Mangez, « mangez. » Et elle lui donna le déjeuner de la maison, qu'elle avait apprêté. L'esclave, en peu de moments, le dévora tout entier. Virginie, la

Virginie tout émue... le pria pour l'amour de Dieu de pardonner à son esclave.

voyant rassasiée, lui dit : « Pauvre misérable ! j'ai
« envie d'aller demander votre grâce à votre
« maître : en vous voyant il sera touché de pi-
« tié. Voulez-vous me conduire chez lui ? —
« Ange de Dieu, repartit la négresse, je vous
« suivrai partout où vous voudrez. » Virginie appela son frère, et le pria de l'accompagner. L'esclave marronne les conduisit par des sentiers au milieu des bois, à travers de hautes montagnes qu'ils grimpèrent avec bien de la peine, et de larges rivières qu'ils passèrent à gué. Enfin, vers le milieu du jour, ils arrivèrent au bas d'un morne, sur les bords de la Rivière-Noire. Ils aperçurent là une maison bien bâtie, des plantations considérables, et un grand nombre d'esclaves occupés à toutes sortes de travaux. Leur maître se promenait au milieu d'eux, une pipe à la bouche, et un rotin à la main. C'était un grand homme sec, olivâtre, aux yeux enfoncés, et aux sourcils noirs et joints. Virginie, tout émue, tenant Paul par le bras, s'approcha de l'habitant, et le pria, pour l'amour de Dieu, de pardonner à son esclave, qui était à quelques pas de là derrière eux. D'abord l'habitant ne fit pas grand

compte de ces deux enfants pauvrement vêtus ; mais quand il eut remarqué la taille élégante de Virginie, sa belle tête blonde sous une capote bleue, et qu'il eut entendu le doux son de sa voix, qui tremblait, ainsi que tout son corps, en lui demandant grâce, il ôta sa pipe de sa bouche, et, levant son rotin vers le ciel, il jura que s'il pardonnait à son esclave, c'était en faveur de celle qui s'opposait à son courroux. Virginie aussitôt fit signe à l'esclave de s'avancer vers son maître ; puis elle s'enfuit, et Paul courut après elle.

Ils remontèrent ensemble le revers du morne par où ils étaient descendus ; et, parvenus au sommet, ils s'assirent sous un arbre, accablés de lassitude, de faim et de soif. Ils avaient fait à jeun plus de cinq lieues depuis le lever du soleil. Paul dit à Virginie : « Ma sœur, il est plus
« de midi ; tu as faim et soif, nous ne trouve-
« rons point ici à dîner ; redescendons le morne,
« et allons demander à manger au maître de l'es-
« clave. — Oh ! non, mon ami, reprit Virginie,
« il m'a fait trop de peur. Souviens-toi de ce que
« dit quelquefois maman : Le pain du méchant

« remplit la bouche de gravier. — Comment fe-
« rons-nous donc? dit Paul; ces arbres ne pro-
« duisent que de mauvais fruits; il n'y a pas
« seulement ici un tamarin ou un citron pour te
« rafraîchir. — Dieu aura pitié de nous, reprit
« Virginie; il exauce la voix des petits oiseaux
« qui lui demandent de la nourriture. » A peine
avait-elle dit ces mots, qu'ils entendirent le bruit
d'une source qui tombait d'un rocher voisin. Ils
y coururent; et après s'être désaltérés avec ses
eaux plus claires que le cristal, ils cueillirent et
mangèrent un peu de cresson qui croissait sur
ses bords. Comme ils regardaient de côté et
d'autre s'ils ne trouveraient pas quelque nourriture plus solide, Virginie aperçut, parmi les arbres de la forêt, un jeune palmiste. Le chou que
la cime de cet arbre renferme au milieu de ses
feuilles est un fort bon manger, mais quoique sa
tige ne fût pas plus grosse que la jambe, elle
avait plus de soixante pieds de hauteur. A la vérité, le bois de cet arbre n'est formé que d'un
paquet de filaments; mais son aubier est si dur
qu'il fait rebrousser les meilleures haches, et
Paul n'avait pas même un couteau. L'idée lui

vint de mettre le feu au pied de ce palmiste.
Autre embarras : il n'avait point de briquet, et
d'ailleurs, dans cette île si couverte de rochers,
je ne crois pas qu'on puisse trouver une seule
pierre à fusil. La nécessité donne de l'industrie,
et souvent les inventions les plus utiles ont été
dues aux hommes les plus misérables. Paul résolut d'allumer du feu à la manière des noirs.
Avec l'angle d'une pierre il fit un petit trou sur
une branche d'arbre bien sèche, qu'il assujettit
sous ses pieds; puis, avec le tranchant de cette
pierre, il fit une pointe à un autre morceau de
branche également sèche, mais d'une espèce de
bois différent. Il posa ensuite ce morceau de
bois pointu dans un petit trou de la branche qui
était sous ses pieds; et le faisant rouler rapidement entre ses mains, comme on roule un moulinet dont on veut faire mousser du chocolat, en
peu de moments il vit sortir, du point de contact, de la fumée et des étincelles. Il ramassa
des herbes sèches et d'autres branches d'arbres,
et mit le feu au pied du palmiste, qui, bientôt
après, tomba avec un grand fracas. Le feu lui
servit encore à dépouiller le chou de l'enveloppe

de ses longues feuilles ligneuses et piquantes. Virginie et lui mangèrent une partie de ce chou crue, et l'autre cuite sous la cendre; et ils les trouvèrent également savoureuses. Ils firent ce repas frugal, remplis de joie par le souvenir de la bonne action qu'ils avaient faite le matin; mais cette joie était troublée par l'inquiétude où ils se doutaient bien que leur longue absence de la maison jetterait leurs mères. Virginie revenait souvent sur cet objet. Cependant Paul, qui sentait ses forces rétablies, l'assura qu'ils ne tarderaient pas à tranquilliser leurs parents.

Après dîner, ils se trouvèrent bien embarrassés; car ils n'avaient plus de guide pour les reconduire chez eux. Paul, qui ne s'étonnait de rien, dit à Virginie : « Notre case est vers le so- « leil du milieu du jour; il faut que nous pas- « sions, comme ce matin, par-dessus cette mon- « tagne que tu vois là-bas avec ses trois pitons. « Allons, marchons, mon amie. » Cette montagne était celle des Trois-Mamelles[1], ainsi nom-

---

[1] Il y a beaucoup de montagnes dont les sommets sont arrondis en forme de mamelles, et qui en portent le nom dans toutes les langues. Ce sont en effet de véritables mamelles, car

mée parce que ses trois pitons en ont la forme. Ils descendirent donc le morne de la Rivière-Noire du côté du nord, et arrivèrent, après une heure de marche, sur les bords d'une large rivière qui barrait leur chemin. Cette grande partie de l'île, toute couverte de forêts, est si peu connue, même aujourd'hui, que plusieurs de ses rivières et de ses montagnes n'y ont pas encore de nom. La rivière sur le bord de laquelle ils étaient coule en bouillonnant sur un lit de roches. Le bruit de ses eaux effraya Virginie; elle n'osa y mettre les pieds pour la passer à gué. Paul alors prit Virginie sur son dos, et passa, ainsi chargé, sur les roches glissantes de la rivière, malgré le tumulte de ses eaux. « N'aie pas « peur, lui disait-il; je me sens bien fort avec « toi. Si l'habitant de la Rivière-Noire t'avait re- « fusé la grâce de son esclave, je me serais battu « avec lui. — Comment, dit Virginie, avec cet

c'est d'elles que découlent beaucoup de rivières et de ruisseaux qui répandent l'abondance sur la terre. Elles sont les sources des principaux fleuves qui l'arrosent, et elles fournissent constamment à leurs eaux, en attirant sans cesse les nuages autour du piton de rocher qui les surmonte à leur centre.

« homme si grand et si méchant? A quoi t'ai-je
« exposé? Mon Dieu, qu'il est difficile de faire
« le bien! il n'y a que le mal de facile à faire. »
Quand Paul fut sur le rivage, il voulut continuer sa route, chargé de sa sœur, et il se flattait de monter ainsi la montagne des Trois-Mamelles, qu'il voyait devant lui à une demi-lieue de là; mais bientôt les forces lui manquèrent, et il fut obligé de la mettre à terre, et de se reposer auprès d'elle. Virginie lui dit alors : « Mon frère,
« le jour baisse; tu as encore des forces, et les
« miennes me manquent, laisse-moi ici, et re-
« tourne seul à notre case, pour tranquilliser nos
« mères. — Oh! non, dit Paul, je ne te quitte-
« rai pas. Si la nuit nous surprend dans ces bois,
« j'allumerai du feu, j'abattrai un palmiste; tu
« en mangeras le chou, et je ferai avec ses feuilles
« un ajoupa pour te mettre à l'abri. » Cependant Virginie, s'étant un peu reposée, cueillit sur le tronc d'un vieux arbre penché sur le bord de la rivière, de longues feuilles de scolopendre qui pendaient de son tronc. Elle en fit des espèces de brodequins, dont elle s'entoura les pieds que les pierres des chemins avaient mis en sang; car,

dans l'empressement d'être utile, elle avait oublié de se chausser. Se sentant soulagée par la fraîcheur de ces feuilles, elle rompit une branche de bambou, et se mit en marche, en s'appuyant d'une main sur ce roseau, et de l'autre sur son frère.

Ils cheminaient ainsi doucement à travers les bois; mais la hauteur des arbres et l'épaisseur de leurs feuillages leur firent bientôt perdre de vue la montagne des Trois-Mamelles, sur laquelle ils se dirigeaient, et même le soleil, qui était déjà près de se coucher. Au bout de quelque temps ils quittèrent, sans s'en apercevoir, le sentier frayé dans lequel ils avaient marché jusqu'alors, et ils se trouvèrent dans un labyrinthe d'arbres, de lianes et de roches, qui n'avait plus d'issue. Paul fit asseoir Virginie et se mit à courir çà et là, tout hors de lui, pour chercher un chemin hors de ce fourré, mais il se fatigua en vain. Il monta au haut d'un grand arbre, pour découvrir au moins la montagne des Trois-Mamelles; mais il n'aperçut autour de lui que les cimes des arbres, dont quelques-unes étaient éclairées par les derniers rayons du soleil couchant. Cependant l'ombre des montagnes couvrait déjà les forêts dans les vallées; le vent se calmait, comme il arrive au coucher du soleil; un profond silence régnait dans ces solitudes, et on n'y entendait d'autre bruit que le bramement des cerfs, qui venaient chercher leurs gîtes dans ces lieux écartés. Paul, dans l'espoir que quelque chasseur pourrait l'entendre, cria alors de toute sa force : « Venez, venez au secours de Virgi« nie ! » Mais les seuls échos de la forêt répondirent à sa voix, et répétèrent à plusieurs reprises : « Virginie !... Virginie ! »

Paul descendit alors de l'arbre, accablé de fatigue et de chagrin : il chercha les moyens de passer la nuit dans ce lieu; mais il n'y avait ni fontaine, ni palmiste, ni même de branches de bois sec propres à allumer du feu. Il sentit alors, par son expérience, toute la faiblesse de ses ressources, et il se mit à pleurer. Virginie lui dit : « Ne pleure point, mon ami, si tu ne veux m'ac« cabler de chagrin. C'est moi qui suis cause de « toutes tes peines, et de celles qu'éprouvent « maintenant nos mères. Il ne faut rien faire, « pas même le bien, sans consulter ses parents.

4

« Oh! j'ai été bien imprudente! » Et elle se prit à verser des larmes. Cependant elle dit à Paul : « Prions Dieu, mon frère, et il aura pitié de « nous. » A peine avaient-ils achevé leur prière, qu'ils entendirent un chien aboyer. « C'est, dit « Paul, le chien de quelque chasseur qui vient « le soir tuer les cerfs à l'affût. » Peu après, les aboiements du chien redoublèrent. « Il me « semble, dit Virginie, que c'est Fidèle, le chien « de notre case. Oui, je reconnais sa voix : se- « rions-nous si près d'arriver, et au pied de no- « tre montagne? » En effet, un moment après, Fidèle était à leurs pieds, aboyant, hurlant, gémissant, et les accablant de caresses. Comme ils ne pouvaient revenir de leur surprise, ils aperçurent Domingue qui accourait à eux. A l'arrivée de ce bon noir qui pleurait de joie, ils se mirent aussi à pleurer, sans pouvoir lui dire un mot. Quand Domingue eut repris ses sens : « O « mes jeunes maîtres, leur dit-il, que vos mères « ont d'inquiétude! comme elles ont été éton- « nées quand elles ne vous ont plus retrouvés « au retour de la messe, où je les accompagnais! « Marie, qui travaillait dans un coin de l'habita-

En effet, un moment après, Fidèle était à leurs pieds.

« tion, n'a su nous dire où vous étiez allés. J'al-
« lais, je venais, autour de l'habitation, ne sa-
« chant moi-même de quel côté vous chercher.
« Enfin, j'ai pris vos vieux habits à l'un et à l'au-
« tre, je les ai fait flairer à Fidèle; et sur-le-
« champ, comme si ce pauvre animal m'eût en-
« tendu, il s'est mis à quêter sur vos pas. Il m'a
« conduit, toujours en remuant la queue, jus-
« qu'à la Rivière-Noire. C'est là où j'ai appris
« d'un habitant que vous lui aviez ramené une
« négresse marronne, et qu'il vous avait accordé
« sa grâce. Mais quelle grâce ! il me l'a montrée
« attachée, avec une chaîne au pied, à un billot
« de bois, et avec un collier de fer à trois crochets
« autour du cou. De là, Fidèle, toujours quêtant,
« m'a mené sur le morne de la Rivière-Noire,
« où il s'est arrêté encore en aboyant de toute sa
« force. C'était sur le bord d'une source, auprès
« d'un palmiste abattu, et près d'un feu qui fu-
« mait encore : enfin il m'a conduit ici. Nous
« sommes au pied de la montagne des Trois-Ma-
« melles, et il y a encore quatre bonnes lieues
« jusque chez nous. Allons, mangez, et prenez
« des forces. » Il leur présenta aussitôt un gâ-

teau, des fruits, et une grande calebasse remplie d'une liqueur composée d'eau, de vin, de jus de citron, de sucre et de muscade, que leurs mères avaient préparée pour les fortifier et les rafraîchir. Virginie soupira au souvenir de la pauvre esclave, et des inquiétudes de leurs mères. Elle répéta plusieurs fois : « Oh ! qu'il est difficile de « faire le bien ! » Pendant que Paul et elle se rafraîchissaient, Domingue alluma du feu ; et ayant cherché dans les rochers un bois tortu qu'on appelle bois de ronde, et qui brûle tout vert en jetant une grande flamme, il en fit un flambeau qu'il alluma, car il était déjà nuit. Mais il éprouva un bien plus grand embarras quand il fallut se mettre en route : Paul et Virginie ne pouvaient plus marcher ; leurs pieds étaient enflés et tout rouges. Domingue ne savait s'il devait aller bien loin de là leur chercher du secours, ou passer dans ce lieu la nuit avec eux. « Où est le temps, leur disait-il, où je vous « portais tous deux à la fois dans mes bras ? « Mais maintenant vous êtes grands, et je suis « vieux. » Comme il était dans cette perplexité, une troupe de noirs marrons se fit voir à vingt pas de là. Le chef de cette troupe, s'approchant de Paul et de Virginie, leur dit : « Bons petits « blancs, n'ayez pas peur; nous vous avons vus « passer ce matin avec une négresse de la Ri- « vière-Noire; vous alliez demander sa grâce à « son mauvais maître. En reconnaissance, nous « vous reporterons chez vous sur nos épaules. » Alors il fit un signe, et quatre noirs marrons des plus robustes firent aussitôt un brancard avec des branches d'arbres et des lianes, y placèrent Paul et Virginie, les mirent sur leurs épaules; et Domingue marchant devant eux avec son flambeau, ils se mirent en route, aux cris de joie de toute la troupe, qui les comblait de bénédictions. Virginie, attendrie, disait à Paul : « O mon ami ! jamais Dieu ne laisse un bienfait sans récompense. »

Ils arrivèrent vers le milieu de la nuit au pied de leur montagne, dont les croupes étaient éclairées de plusieurs feux. A peine ils la montaient, qu'ils entendirent des voix qui criaient : « Est-ce « vous, mes enfants ? » Ils répondirent, avec les noirs : « Oui, c'est nous. » Et bientôt ils aperçurent leurs mères et Marie qui venaient au-devant d'eux avec des tisons flambants. « Malheu-

« reux enfants, dit madame de La Tour, d'où ve-
« nez-vous? dans quelles angoisses vous nous
« avez jetées! — Nous venons, dit Virginie, de
« la Rivière-Noire, demander la grâce d'une pau-
« vre esclave marronne, à qui j'ai donné, ce ma-
« tin, le déjeuner de la maison, parce qu'elle
« mourait de faim : et voilà que les noirs mar-
« rons nous ont ramenés. » Madame de La Tour
embrassa sa fille sans pouvoir parler; et Virginie, qui sentit son visage mouillé des larmes de
sa mère, lui dit : « Vous me payez de tout le
« mal que j'ai souffert! » Marguerite, ravie de
joie, serrait Paul dans ses bras, et lui disait :
« Et toi aussi, mon fils, tu as fait une bonne ac-
« tion. » Quand elles furent arrivées dans leurs
cases avec leurs enfants, elles donnèrent bien à
manger aux noirs marrons, qui s'en retournè-
rent dans leurs bois, en leur souhaitant toutes
sortes de prospérités.

Chaque jour était pour ces familles un jour
de bonheur et de paix. Ni l'envie ni l'ambition
ne les tourmentaient. Elles ne désiraient point
au dehors une vaine réputation que donne l'in-
trigue, et qu'ôte la calomnie. Il leur suffisait

d'être à elles-mêmes leurs témoins et leurs juges. Dans cette île, où, comme dans toutes les colonies européennes, on n'est curieux que d'anecdotes malignes, leurs vertus et même leurs noms étaient ignorés. Seulement, quand un passant demandait sur le chemin des Pamplemousses, à quelques habitants de la plaine : « Qui est-ce « qui demeure là-haut dans ces petites cases? » ceux-ci répondaient, sans les connaître : « Ce « sont de bonnes gens. » Ainsi des violettes, sous des buissons épineux, exhalent au loin leurs doux parfums, quoiqu'on ne les voie pas.

Elles avaient banni de leurs conversations la médisance, qui, sous une apparence de justice, dispose nécessairement le cœur à la haine ou à la fausseté; car il est impossible de ne pas haïr les hommes si on les croit méchants, et de vivre avec les méchants si on ne leur cache sa haine sous de fausses apparences de bienveillance. Ainsi la médisance nous oblige d'être mal avec les autres ou avec nous-mêmes. Mais, sans juger des hommes en particulier, elles ne s'entretenaient que des moyens de faire du bien à tous en général; et, quoiqu'elles n'en eussent pas le moyen, elles en avaient une volonté perpétuelle, qui les pénétrait d'une bienveillance toujours prête à s'étendre au dehors. En vivant donc dans la solitude, loin d'être sauvages, elles étaient devenues plus humaines. Si l'histoire scandaleuse de la société ne fournissait point de matière à leurs conversations, celle de la nature les remplissait de ravissement et de joie. Elles admiraient avec transport le pouvoir d'une Providence qui, par leurs mains, avait répandu au milieu de ces arides rochers l'abondance, les grâces, les plaisirs purs, simples et toujours renaissants.

Paul, à l'âge de douze ans, plus robuste et plus intelligent que les Européens à quinze, avait embelli ce que le noir Domingue ne faisait que cultiver. Il allait avec lui dans les bois voisins déraciner de jeunes plants de citronniers, d'orangers, de tamarins, dont la tête ronde est d'un si beau vert, et de dattiers, dont le fruit est plein d'une crème sucrée qui a le parfum de la fleur d'oranger. Il plantait ces arbres déjà grands autour de cette enceinte. Il y avait semé des graines d'arbres qui, dès la seconde année, portent des fleurs ou des fruits, tels que l'agathís, où pendent tout autour, comme les cristaux d'un lustre, de longues grappes de fleurs blanches; le lilas de Perse, qui élève droit en l'air ses girandoles gris de lin; le papayer, dont le tronc sans branches, formé en colonne hérissée de melons verts, porte un chapiteau de larges feuilles semblables à celles du figuier.

Il y avait planté encore des pepins et des noyaux de badamiers, de manguiers, d'avocats, de goyaviers, de jacqs et de jam-roses. La plupart de ces arbres donnaient déjà à leur jeune maître de l'ombrage et des fruits. Sa main laborieuse avait répandu la fécondité jusque dans les lieux les plus stériles de cet enclos. Diverses espèces d'aloès, la raquette chargée de fleurs jaunes fouettées de rouge, les cierges épineux, s'élevaient sur les têtes noires des rochers, et semblaient vouloir atteindre aux longues lianes, chargées de fleurs bleues ou écarlates, qui pendaient çà et là le long des escarpements de la montagne.

Il avait disposé ces végétaux de manière qu'on pouvait jouir de leur vue d'un seul coup d'œil. Il avait planté au milieu de ce bassin les herbes qui s'élèvent peu, ensuite les arbrisseaux, puis les arbres moyens, et enfin les grands arbres qui en bordaient la circonférence; de sorte que ce vaste enclos paraissait, de son centre, comme un amphithéâtre de verdure, de fruits et de fleurs, renfermant des plantes potagères, des lisières de prairies, et des champs de riz et de blé. Mais en assujettissant ces végétaux à son plan, il ne s'était pas écarté de celui de la nature. Guidé par ses indications, il avait mis dans les lieux élevés ceux dont les semences sont volatiles, et sur le bord des eaux ceux dont les graines sont faites pour flotter. Ainsi chaque végétal croissait dans son site propre, et chaque site recevait de son végétal sa parure naturelle. Les eaux qui descendent du sommet de ces roches formaient, au fond du vallon, ici des fontaines, là de larges miroirs, qui répétaient, au milieu de la verdure, les arbres en fleurs, les rochers et l'azur des cieux.

Malgré la grande irrégularité de ce terrain, toutes ces plantations étaient pour la plupart aussi accessibles au toucher qu'à la vue. A la vérité, nous l'aidions tous de nos conseils et de nos secours, pour en venir à bout. Il avait pratiqué un sentier qui tournait autour de ce bassin, et dont plusieurs rameaux venaient se rendre de la circonférence au centre. Il avait tiré parti des lieux les plus raboteux, et accordé, par la plus heureuse harmonie, la facilité de la promenade avec l'aspérité du sol, et les arbres domestiques avec les sauvages. De cette énorme quantité de pierres roulantes qui embarrassent maintenant ces chemins, ainsi que la plupart du terrain de cette île, il avait formé çà et là des pyramides, dans les assises desquelles il avait mêlé de la terre et des racines de rosiers, de poincillades, et d'autres arbrisseaux qui se plaisent dans les roches. En peu de temps ces pyramides sombres et brutes furent couvertes de verdure, ou de l'éclat des plus belles fleurs. Les ravins, bordés de vieux arbres inclinés sur leurs bords, formaient des souterrains voûtés inaccessibles à la chaleur, où l'on allait prendre le frais pendant le jour. Un sentier conduisait dans un bosquet d'arbres sauvages, au centre duquel croissait, à l'abri des vents, un arbre domestique chargé de fruits. Là était une moisson, ici un verger. Par cette avenue, on apercevait les maisons; par cette autre, les sommets inaccessibles de la montagne. Sous un bocage touffu de tatamaques entrelacés de lianes, on ne distinguait en plein midi aucun objet; sur la pointe de ce grand rocher voisin qui sort de la montagne, on découvrait tous ceux de cet enclos, avec la mer au loin, où apparaissait quelquefois un vaisseau qui venait de l'Europe, ou qui y retournait. C'était sur ce rocher que ces familles se rassemblaient le soir, et jouissaient en silence de la fraîcheur de l'air, du parfum des fleurs, du murmure des fontaines, et des dernières harmonies de la lumière et des ombres.

Rien n'était plus agréable que les noms donnés à la plupart des retraites charmantes de ce labyrinthe. Ce rocher dont je viens de vous parler, d'où l'on me voyait venir de bien loin, s'appelait LA DÉCOUVERTE DE L'AMITIÉ. Paul et Virginie, dans leurs jeux, y avaient planté un bambou, au haut duquel ils élevaient un petit mouchoir blanc, pour signaler mon arrivée dès qu'ils m'apercevaient, ainsi qu'on élève un pavillon sur la montagne voisine, à la vue d'un vaisseau en mer. L'idée me vint de graver une inscription sur la tige de ce roseau. Quelque plaisir que j'aie eu dans mes voyages à voir une statue ou un monument de l'antiquité, j'en ai encore davantage à lire une inscription bien faite. Il me semble alors qu'une voix humaine sorte de la pierre, se fasse entendre à travers les siècles, et s'adressant à l'homme au milieu des déserts, lui dise qu'il n'est pas seul, et que d'autres hommes, dans ces mêmes lieux, ont senti, pensé et souffert comme lui. Que si cette inscription est de quelque nation ancienne qui ne subsiste plus, elle étend notre âme dans les champs de l'infini, et lui donne le sentiment de son immortalité, en lui montrant qu'une pensée a survécu à la ruine même d'un empire.

J'écrivis donc, sur le petit mât de pavillon de Paul et Virginie, ces vers d'Horace :

.... Fratres Helenæ, lucida sidera,
Ventorumque regat pater,
Obstrictis aliis, præter Iapyga.

« Que les frères d'Hélène, astres charmants comme vous, et
« que le père des vents vous dirigent, et ne fassent souffler que
« le zéphir. »

Je gravai ce vers de Virgile sur l'écorce d'un

tatamaque à l'ombre duquel Paul s'asseyait quelquefois pour regarder au loin la mer agitée :

> Fortunatus et ille deos qui novit agrestes !

« Heureux celui qui ne connaît que les divinités cham-
« pêtres ! ».

Et cet autre, au-dessus de la porte de la cabane de madame de La Tour, qui était leur lieu d'assemblée :

> At secura quies, et nescia fallere vita.

« Ici règnent la paix, la bonne foi, la simplicité. »

Mais Virginie n'approuvait point mon latin ; elle disait que ce que j'avais mis au pied de sa girouette était trop long et trop savant. « J'eusse
« mieux aimé, ajoutait-elle : TOUJOURS AGITÉE, MAIS
« CONSTANTE. — Cette devise, lui répondis-je, con-
« viendrait encore mieux à la vertu. » Ma réflexion la fit rougir.

Ces familles heureuses étendaient leurs âmes sensibles à tout ce qui les environnait. Elles avaient donné les noms les plus tendres aux objets en apparence les plus indifférents. Un cercle d'orangers, de bananiers et de jam-roses plantés autour d'une pelouse au milieu de laquelle Virginie et Paul allaient quelquefois danser, se nommait LA CONCORDE. Un vieux arbre, à l'ombre duquel madame de La Tour et Marguerite s'étaient raconté leurs malheurs, s'appelait LES PLEURS ESSUYÉS. Elles faisaient porter les noms de BRETAGNE et de NORMANDIE à de petites portions de terre où elles avaient semé du blé, des fraises et des pois. Domingue et Marie, désirant, à l'imitation de leurs maîtresses, se rappeler les lieux de leur naissance en Afrique, appelaient ANGOLA et FOULLEPOINTE deux endroits où croissait l'herbe dont ils faisaient des paniers, et où ils avaient planté un calebassier. Ainsi, par ces productions de leurs climats, ces familles expatriées entretenaient les douces illusions de leur pays, et en calmaient les regrets dans une terre étrangère. Hélas! j'ai vu s'animer de mille appellations charmantes les arbres, les fontaines, les rochers de ce lieu maintenant si bouleversé, et qui, semblable à un champ de la Grèce, n'offre plus que des ruines et des noms touchants.

Mais de tout ce que renfermait cette enceinte, rien n'était plus agréable que ce qu'on appelait LE REPOS DE VIRGINIE. Au pied du rocher LA DÉCOUVERTE DE L'AMITIÉ est un enfoncement d'où sort une fontaine qui forme, dès sa source, une petite flaque d'eau, au milieu d'un pré d'une herbe fine. Lorsque Marguerite eut mis Paul au monde, je lui fis présent d'un coco des Indes, qu'on m'avait donné. Elle planta ce fruit sur le bord de cette flaque d'eau, afin que l'arbre qu'il produirait servît un jour d'époque à la naissance de son fils. Madame de La Tour, à son exemple, y en planta un autre, dans une semblable intention, dès qu'elle fut accouchée de Virginie. Il naquit de ces deux fruits deux cocotiers, qui formaient toutes les archives de ces deux familles; l'un se nommait l'arbre de Paul, et l'autre l'arbre de Virginie. Ils crûrent tous deux, dans la même proportion que leurs jeunes maîtres, d'une hauteur un peu inégale, mais qui surpassait, au bout de douze ans, celle de leurs cabanes. Déjà ils entrelaçaient leurs palmes, et laissaient pendre leurs jeunes grappes de cocos au-dessus du bassin de la fontaine. Excepté cette plantation, on avait laissé cet enfoncement du rocher tel que la nature l'avait orné. Sur ses flancs bruns et humides rayonnaient en étoiles vertes et noires de larges capillaires, et flottaient au gré des vents des touffes de scolopendre, suspendues comme de longs rubans d'un vert pourpré. Près de là croissaient des lisières de pervenche, dont les fleurs sont presque semblables à celles de la giroflée rouge, et des piments, dont les gousses, couleur de sang, sont plus éclatantes que le corail. Aux environs, l'herbe de baume, dont les feuilles sont en cœur, et les basilics à odeur de girofle, exhalaient les plus doux parfums. Du haut de l'escarpement de la montagne pendaient des lianes semblables à des draperies flottantes, qui formaient sur les flancs des rochers de grandes courtines de verdure. Les oiseaux de mer, attirés par ces retraites paisibles, y venaient passer la nuit. Au coucher du soleil, on y voyait voler, le long des rivages de la mer, le corbigeau et l'alouette marine; et au haut des airs, la noire frégate, avec l'oiseau blanc du tropique, qui abandonnaient, ainsi que l'astre du jour, les solitudes de l'océan Indien. Virginie aimait à se reposer sur les bords de cette fontaine, décorée d'une pompe à la fois magnifique et sauvage. Souvent elle y venait laver le linge de la famille, à l'ombre des deux cocotiers. Quelquefois elle y menait paître ses chèvres. Pendant qu'elle préparait des fromages avec leur lait, elle se plaisait à leur voir brouter les capillaires sur les flancs escarpés de la roche, et se tenir en l'air sur une de ses corniches comme sur un piédestal. Paul, voyant que ce lieu était aimé de Virginie, y apporta de la forêt voisine des nids de toute sorte d'oiseaux. Les pères et mères de ces oiseaux suivirent leurs petits, et vinrent s'établir dans cette nouvelle colonie. Virginie leur distribuait de temps en temps des grains de riz, de maïs et de millet. Dès qu'elle paraissait, les merles siffleurs, les bengalis dont le ramage est si doux, les cardinaux dont le plumage est couleur de feu, quittaient leurs buissons ; des perruches, vertes comme des émeraudes, descendaient des lataniers voisins; des perdrix accouraient sous l'herbe : tous s'avançaient pêle-mêle jusqu'à ses pieds, comme des poules. Paul et elle s'amusaient avec transport de leurs jeux, de leurs appétits et de leurs débats.

Aimables enfants, vous passiez ainsi dans l'innocence vos premiers jours, en vous exerçant aux bienfaits ! Combien de fois, dans ce lieu, vos mères, vous serrant dans leurs bras, bénissaient le ciel de la consolation que vous prépariez à leur vieillesse, et de vous voir entrer dans la vie sous de si heureux auspices! Combien de fois, à l'ombre de ces rochers, ai-je partagé avec elles vos repas champêtres, qui n'avaient coûté la vie à aucun animal! Des calebasses pleines de lait, des œufs frais, des gâteaux de riz sur des feuilles de bananier, des corbeilles chargées de patates, de mangues, d'oranges, de grenades, de bananes, de dattes, d'ananas, offraient à la fois les mets les plus sains, les couleurs les plus gaies et les sucs les plus agréables.

La conversation était aussi douce et aussi innocente que ces festins. Paul y parlait souvent des travaux du jour et de ceux du lendemain. Il méditait toujours quelque chose d'utile pour la société. Ici, les sentiers n'étaient pas commodes; là, on était mal assis; ces jeunes berceaux ne donnaient pas assez d'ombrage; Virginie serait mieux là.

Dans la saison pluvieuse, ils passaient le jour tous ensemble dans la case, maîtres et serviteurs, occupés à faire des nattes d'herbes et des paniers de bambou. On voyait rangés dans le plus grand ordre, aux parois de la muraille, des râteaux, des haches, des bêches; et, auprès de ces instruments de l'agriculture, les productions qui en étaient les fruits, des sacs de riz, des gerbes de blé, et des régimes de bananes. La délicatesse s'y joignait toujours à l'abondance. Virginie, instruite par Marguerite et par sa mère, y préparait des sorbets et des cordiaux avec le jus des cannes à sucre, des citrons et des cédrats.

La nuit venue, ils soupaient à la lueur d'une lampe; ensuite madame de La Tour ou Marguerite racontait quelques histoires de voyageurs égarés la nuit dans les bois de l'Europe infestés de voleurs, ou le naufrage de quelque vaisseau jeté par la tempête sur les rochers d'une île déserte. A ces récits, les âmes sensibles de leurs enfants s'enflammaient. Ils priaient le ciel de leur faire la grâce d'exercer quelque jour l'hospitalité envers de semblables malheureux. Cependant les deux familles se séparaient pour aller prendre du repos, dans l'impatience de se revoir le lendemain. Quelquefois elles s'endormaient au bruit de la pluie qui tombait par torrents sur la cou-

Madame de La Tour lisait quelque histoire touchante de l'Ancien et du Nouveau Testament.

verture de leurs cases, ou à celui des vents qui leur apportaient le murmure lointain des flots qui se brisaient sur le rivage. Elles bénissaient Dieu de leur sécurité personnelle, dont le sentiment redoublait par celui du danger éloigné.

De temps en temps, madame de La Tour lisait publiquement quelque histoire touchante de l'Ancien ou du Nouveau Testament. Ils raisonnaient peu sur ces livres sacrés; car leur théologie était toute en sentiment comme celle de la nature, et leur morale toute en action comme celle de l'Évangile. Ils n'avaient point de jours destinés aux plaisirs, et d'autres à la tristesse. Chaque jour était pour eux un jour de fête; et tout ce qui les environnait, un temple divin, où ils admiraient sans cesse une Intelligence infinie, toute-puissante et amie des hommes. Ce sentiment de confiance dans le pouvoir suprême les remplissait de consolation pour le passé, de courage pour le présent, et d'espérance pour l'avenir. Voilà comme ces femmes, forcées par les circonstances de vivre loin de la société, avaient développé en elles-mêmes et dans leurs enfants ces sentiments que Dieu a mis en nous, pour nous soutenir et nous défendre contre le malheur.

Mais comme il s'élève quelquefois dans l'âme la mieux réglée des nuages qui la troublent, quand quelque membre de leur société paraissait triste, tous les autres se réunissaient autour de lui, et l'enlevaient aux pensées amères, plus par des sentiments que par des réflexions. Chacun y employait son caractère particulier : Marguerite, une gaieté vive; madame de La Tour, une théologie douce; Virginie, des caresses tendres; Paul, de la franchise, de la cordialité. Marie et Domingue même venaient à son secours. Ils s'affligeaient s'ils le voyaient affligé, et ils pleuraient s'ils le voyaient pleurer. Ainsi des plantes faibles s'entrelacent ensemble pour résister aux ouragans.

Dans la belle saison, ils allaient tous les dimanches à la messe à l'église des Pamplemousses, dont vous voyez le clocher là-bas dans la plaine. Il y venait des habitants riches, en palanquin, qui s'empressèrent plusieurs fois de faire la connaissance de ces familles si unies, et de les inviter à des parties de plaisir. Mais elles repoussèrent toujours leurs offres avec honnêteté

Elle y joignait la bonne grâce qui donne tant de prix aux petits services.

et respect, persuadées que trop souvent les gens puissants ne recherchent les faibles que pour avoir des complaisants, et qu'on ne peut être complaisant qu'en flattant les passions d'autrui, bonnes et mauvaises. D'un autre côté, elles n'évitaient pas avec moins de soin l'accointance des petits habitants, pour l'ordinaire jaloux, médisants et grossiers. Elles passèrent d'abord auprès des uns pour timides, et auprès des autres pour fières; mais leur conduite réservée était accompagnée de marques de politesse si obligeantes, surtout envers les misérables, qu'elles acquirent insensiblement le respect des riches et la confiance des pauvres.

Après la messe, on venait souvent les requérir de quelque bon office. C'était une personne affligée qui leur demandait des conseils, ou un enfant qui les priait de passer chez sa mère malade, dans un des quartiers voisins. Elles portaient toujours avec elles quelques recettes utiles aux maladies ordinaires aux habitants, et elles y joignaient la bonne grâce, qui donne tant de prix aux petits services. Elles réussissaient surtout à bannir les peines de l'esprit, si intolérables dans la solitude et dans un corps infirme. Madame de La Tour parlait avec tant de confiance de la Divinité, que le malade, en l'écoutant, la croyait présente. Virginie revenait bien souvent de là les yeux humides de larmes, mais le cœur plein de joie; car elle avait eu l'occasion de faire du bien. C'était elle qui préparait d'avance les remèdes nécessaires aux malades, et qui les leur présentait avec une grâce ineffable. Après ces visites d'humanité, elles prolongeaient quelquefois leur chemin par la vallée de la Montagne-Longue jusque chez moi, où je les attendais à dîner sur les bords de la petite rivière qui coule dans mon voisinage. Je me procurais, pour ces occasions, quelques bouteilles de vin vieux, afin d'augmenter la gaieté de nos repas indiens par ces douces et cordiales productions de l'Europe. D'autres fois, nous nous donnions rendez-vous sur les bords de la mer, à l'embouchure de quelques autres petites rivières, qui ne sont guère ici que de grands ruisseaux. Nous y apportions, de l'habitation, des provisions végétales, que nous joignions à celles que la mer nous fournissait en abondance.

Nous pêchions sur ces rivages des cabots, des polypes, des rougets, des langoustes, des chevrettes, des crabes, des oursins, des huîtres, et des coquillages de toute espèce. Les sites les plus terribles nous procuraient souvent les plaisirs les plus tranquilles. Quelquefois, assis sur un rocher, à l'ombre d'un veloutier, nous voyions les flots du large venir se briser à nos pieds avec un horrible fracas. Paul, qui nageait d'ailleurs comme un poisson, s'avançait quelquefois sur les récifs, au-devant des lames; puis à leur approche, il fuyait sur le rivage, devant leurs grandes volutes écumeuses et mugissantes, qui le poursuivaient bien avant sur la grève. Mais Virginie, à cette vue, jetait des cris perçants, et disait que ces jeux-là lui faisaient grand'peur.

Nos repas étaient suivis des chants et des danses de ces deux jeunes gens. Virginie chantait le bonheur de la vie champêtre et les malheurs des gens de mer, que l'avarice porte à naviguer sur un élément furieux, plutôt que de cultiver la terre, qui donne paisiblement tant de biens. Quelquefois, à la manière des noirs, elle exécutait avec Paul une pantomime. La pantomime est le premier langage de l'homme; elle est connue de toutes les nations. Elle est si naturelle et si expressive, que les enfants des blancs ne tardent pas à l'apprendre, dès qu'ils ont vu ceux des noirs s'y exercer. Virginie se rappelant, dans les lectures que lui faisait sa mère, les histoires qui l'avaient le plus touchée, en rendait les principaux événements avec beaucoup de naïveté. Tantôt, au son du tamtam de Domingue, elle se présentait sur la pelouse, portant une cruche sur sa tête : elle s'avançait avec timidité à la source d'une fontaine voisine, pour y puiser de l'eau. Domingue et Marie, représentant les bergers de Madian, lui en défendaient l'approche, et feignaient de la repousser. Paul accourait à son secours, battait les bergers, remplissait la cruche de Virginie, et, en la lui posant sur la tête, il lui mettait en même temps une couronne de fleurs rouges de pervenche, qui relevait la blancheur de son teint. Alors, me prêtant à leurs jeux, je me chargeais du personnage de Raguel, et j'accordais à Paul ma fille Séphora en mariage.

Une autre fois, elle représentait l'infortunée

Ruth, qui retourne veuve et pauvre dans son pays, où elle se trouve étrangère après une longue absence. Domingue et Marie contrefaisaient les moissonneurs. Virginie feignait de glaner çà et là, sur leurs pas, quelques épis de blé. Paul, imitant la gravité d'un patriarche, l'interrogeait; elle répondait en tremblant à ses questions. Bientôt ému de pitié, il accordait l'hospitalité à l'innocence, et un asile à l'infortune; il remplissait le tablier de Virginie de toutes sortes de provisions, et l'amenait devant nous comme devant les anciens de la ville, en déclarant qu'il la prenait en mariage malgré son indigence. Madame de La Tour, à cette scène, venant à se rappeler l'abandon où l'avaient laissée ses propres parents, son veuvage, la bonne réception que lui avait faite Marguerite, suivie maintenant de l'espoir d'un sort plus heureux pour leurs enfants, ne pouvait s'empêcher de pleurer; et ce souvenir confus de maux et de biens nous faisait verser à tous des larmes de douleur et de joie.

Ces drames étaient rendus avec tant de vérité, qu'on se croyait transporté dans les champs de la Syrie ou de la Palestine. Nous ne manquions point de décorations, d'illuminations et d'orchestre convenables à ce spectacle. Le lieu de la scène était, pour l'ordinaire, au carrefour d'une forêt, dont les percés formaient autour de nous plusieurs arcades de feuillage. Nous étions à leur centre, abrités de la chaleur pendant toute la journée; mais quand le soleil était descendu à l'horizon, ses rayons, brisés par les troncs des arbres, divergeaient dans les ombres de la forêt en longues gerbes lumineuses qui produisaient le plus majestueux effet. Quelquefois son disque tout entier paraissait à l'extrémité d'une avenue, et la rendait tout étincelante de lumière. Le feuillage des arbres, éclairé en dessous de ses rayons safranés, brillait des feux de la topaze et de l'émeraude. Leurs troncs moussus et bruns paraissaient changés en colonnes de bronze antique; et les oiseaux, déjà retirés en silence sous la sombre feuillée pour y passer la nuit, surpris de revoir une seconde aurore, saluaient tous à la fois l'astre du jour par mille et mille chansons.

La nuit nous surprenait bien souvent dans ces

fêtes champêtres; mais la pureté de l'air et la douceur du climat nous permettaient de dormir sous un ajoupa, au milieu des bois, sans craindre d'ailleurs les voleurs, ni de près, ni de loin. Chacun, le lendemain, retournait dans sa case, et la retrouvait dans l'état où il l'avait laissée. Il y avait alors tant de bonne foi et de simplicité dans cette île sans commerce, que les portes de beaucoup de maisons ne fermaient point à la clef, et qu'une serrure était un objet de curiosité pour plusieurs créoles.

Mais il y avait dans l'année des jours qui étaient pour Paul et Virginie des jours de plus grandes réjouissances : c'étaient les fêtes de leurs mères. Virginie ne manquait pas, la veille, de pétrir et de cuire des gâteaux de farine de froment, qu'elle envoyait à de pauvres familles de blancs nées dans l'île, qui n'avaient jamais mangé de pain d'Europe, et qui, sans aucun secours de noirs, réduites à vivre de manioc au milieu des bois, n'avaient, pour supporter la pauvreté, ni la stupidité qui accompagne l'esclavage, ni le courage qui vient de l'éducation. Ces gâteaux étaient les seuls présents que Virginie pût faire de l'ai-

sance de l'habitation ; mais elle y joignait une bonne grâce qui leur donnait un grand prix. D'abord c'était Paul qui était chargé de les porter lui-même à ces familles; et elles s'engageaient, en les recevant, de venir le lendemain passer la journée chez madame de La Tour et Marguerite. On voyait alors arriver une mère de famille avec deux ou trois misérables filles jaunes, maigres, et si timides, qu'elles n'osaient lever les yeux. Virginie les mettait bientôt à leur aise ; elle leur servait des rafraîchissements, dont elle relevait la bonté par quelque circonstance particulière qui en augmentait, selon elle, l'agrément : cette liqueur avait été préparée par Marguerite; cette autre par sa mère; son frère avait cueilli lui-même ce fruit au haut d'un arbre. Elle engageait Paul à les faire danser. Elle ne les quittait point qu'elle ne les vît contentes et satisfaites. Elle voulait qu'elles fussent joyeuses de la joie de sa famille. « On ne fait son bon-
« heur, disait-elle, qu'en songeant au bonheur
« des autres. » Quand elles s'en retournaient, elle les engageait d'emporter ce qui paraissait leur avoir fait plaisir, couvrant la nécessité d'a-

gréer ses présents du prétexte de leur nouveauté ou de leur singularité. Si elle remarquait trop de délabrement dans leurs habits, elle choisissait, avec l'agrément de sa mère, quelques-uns des siens, et elle chargeait Paul d'aller secrètement les déposer à la porte de leurs cases. Ainsi elle faisait le bien à l'exemple de la Divinité, cachant la bienfaitrice et montrant le bienfait.

Vous autres Européens, dont l'esprit se remplit dès l'enfance de tant de préjugés contraires au bonheur, vous ne pouvez concevoir que la nature puisse donner tant de lumières et de plaisirs. Votre âme, circonscrite dans une petite sphère de plaisirs factices, atteint bientôt le terme de ses jouissances; mais la nature et le cœur sont inépuisables. Paul et Virginie n'avaient ni horloge, ni almanachs, ni livres de chronologie, d'histoire et de philosophie. Les périodes de leur vie se réglaient sur celles de la nature. Ils connaissaient les heures du jour par l'ombre des arbres, les saisons, par les temps où ils donnent leurs fleurs ou leurs fruits, et les années, par le nombre de leurs récoltes. Ces douces images répandaient les plus

grands charmes dans leurs conversations. « Il est
« temps de dîner, disait Virginie à la famille, les
« ombres des bananiers sont à leurs pieds; » ou
bien : « La nuit s'approche, les tamarins ferment
« leurs feuilles. — Quand viendrez-vous nous
« voir? lui disaient quelques amies du voisinage.
« — Aux cannes de sucre, répondait Virginie.
« — Votre visite nous sera encore plus douce et
« plus agréable, » reprenaient ces jeunes filles.
Quand on l'interrogeait sur son âge et sur celui
de Paul : « Mon frère, disait-elle, est de l'âge du
« grand cocotier de la fontaine, et moi de celui
« du petit. Les manguiers ont donné douze fois
« leurs fruits, et les orangers vingt-quatre fois
« leurs fleurs, depuis que je suis au monde. »
Leur vie semblait attachée à celle des arbres,
comme celle des faunes et des dryades. Ils ne
connaissaient d'autres époques historiques que
celles de la vie de leurs mères, d'autre chronologie que celle de leurs vergers, et d'autre philosophie que de faire du bien à tout le monde, et
de se résigner à la volonté de Dieu.

Après tout, qu'avaient besoin ces jeunes gens
d'être riches et savants à notre manière ? leurs

besoins et leur ignorance ajoutaient encore à leur félicité. Il n'y avait point de jour qu'ils ne se communiquassent quelques secours ou quelques lumières; oui, des lumières : et quand il s'y serait mêlé quelques erreurs, elles étaient moins à craindre que celles des hommes corrompus. Ainsi croissaient ces deux aimables enfants. Aucun souci n'avait ridé leur front; aucune intempérance n'avait altéré leur sang; aucune passion malheureuse n'avait dépravé leur cœur : des affections pures, l'innocence, la piété, développaient chaque jour la beauté de leur âme en grâces ineffables, dans leurs traits, leurs attitudes et leurs mouvements. Au matin de la vie, ils en avaient toute la fraîcheur : tels dans le jardin d'Éden parurent nos premiers parents, lorsque, sortant des mains de Dieu, ils se virent, s'approchèrent, et conversèrent d'abord comme frère et comme sœur : Virginie, douce, modeste, confiante comme Ève; et Paul, semblable à Adam, ayant la taille d'un homme avec la simplicité d'un enfant.

Quelquefois, seul avec elle (il me l'a mille fois raconté), il lui disait, au retour de ses travaux : « lorsque je suis fatigué, ta vue me délasse.

« Quand du haut de la montagne je t'aperçois au
« fond de ce vallon, tu me parais au milieu de
« nos vergers comme un bouton de rose. Si tu
« marches vers la maison de nos mères, la per-
« drix qui court vers ses petits a un corsage
« moins svelte et une démarche moins légère.
« L'azur du ciel est moins beau que le bleu de
« tes yeux, le chant des bengalis moins doux que
« le son de ta voix. Souviens-toi du jour où nous
« passâmes à travers les cailloux roulants de la
« rivière des Trois-Mamelles. En arrivant sur ses
« bords, j'étais déjà bien fatigué; mais quand je
« t'eus prise sur mon dos, il me semblait que
« j'avais des ailes comme un oiseau. Dis-moi par
« quel charme tu as pu m'enchanter. Est-ce par
« ton esprit? mais nos mères en ont plus que
« nous deux. Est-ce par tes caresses? mais elles
« m'embrassent plus souvent que toi. Je crois
« que c'est par ta bonté. Je n'oublierai jamais
« que tu as marché nu-pieds jusqu'à la Rivière-
« Noire, pour demander la grâce d'une pauvre
« esclave fugitive. Tiens, ma bien-aimée, prends
« cette branche fleurie de citronnier que j'ai
« cueillie dans la forêt; tu la mettras la nuit près

« de ton lit. Mange ce rayon de miel ; je l'ai pris
« pour toi au haut d'un rocher. Le plaisir de te
« l'offrir suffit pour me délasser. »

Virginie lui répondait : « O mon frère, les
« rayons du soleil le matin, au haut de ces ro-
« chers, me donnent moins de joie que ta pré-
« sence ! J'aime bien ma mère, j'aime bien la
« tienne ; mais quand elles t'appellent mon fils, je
« les aime encore davantage. Les caresses qu'elles
« te font me sont plus sensibles que celles que
« j'en reçois. Tu me demandes pourquoi tu as
« tant d'affection pour moi : mais tout ce qui a
« été élevé ensemble s'aime. Vois nos oiseaux :
« élevés dans les mêmes nids, ils s'aiment comme
« nous ; ils sont toujours ensemble comme nous.
« Écoute comme ils s'appellent et se répondent
« d'un arbre à l'autre. De même, quand l'écho
« me fait entendre les airs que tu joues sur ta
« flûte, au haut de la montagne, j'en répète les
« paroles au fond de ce vallon. Tu m'es cher,
« surtout depuis le jour où tu voulais te battre
« pour moi contre le maître de l'esclave. Depuis
« ce temps-là, je me suis dit bien des fois : Ah !
« mon frère a un bon cœur ; sans lui je serais

« morte d'effroi. Je prie Dieu tous les jours pour
« ma mère, pour la tienne, pour toi, pour nos
« pauvres serviteurs; mais quand je prononce
« ton nom, il me semble que ma dévotion aug-
« mente. Je demande si instamment à Dieu qu'il
« ne t'arrive aucun mal! Pourquoi vas-tu si loin
« et si haut me chercher des fruits et des fleurs?
« n'en avons-nous pas assez dans le jardin?
« Comme te voilà fatigué! tu es tout en nage. »
Et puis, avec son petit mouchoir blanc, elle lui
essuyait le front et les joues.

Si Virginie par moments paraissait avoir perdu
sa gaieté ordinaire, Paul lui disait : « La ver-
« dure couvre ces rochers; nos oiseaux chantent
« quand ils te voient; tout est gai autour de toi :
« toi seule es triste. » Et il cherchait à la rani-
mer et à la distraire.

Un de ces étés qui désolent de temps à autre
les terres situées entre les tropiques vint étendre ici ses ravages. C'était vers la fin de décembre, lorsque le soleil, au capricorne, échauffe
pendant trois semaines l'Ile de France de ses feux
verticaux. Le vent du sud-est, qui y règne presque toute l'année, n'y soufflait plus. De longs

tourbillons de poussière s'élevaient sur les chemins, et restaient suspendus en l'air. La terre se fendait de toutes parts; l'herbe était brûlée, des exhalaisons chaudes sortaient du flanc des montagnes, et la plupart de leurs ruisseaux étaient desséchés. Aucun nuage ne venait du côté de la mer. Seulement, pendant le jour, des vapeurs rousses s'élevaient de dessus les plaines, et paraissaient, au coucher du soleil, comme les flammes d'un incendie. La nuit même n'apportait aucun rafraîchissement à l'atmosphère embrasée. L'orbe de la lune, tout rouge, se levait dans un horizon embrumé, d'une grandeur démesurée. Les troupeaux, abattus sur les flancs des collines, le cou tendu vers le ciel, aspirant l'air, faisaient retentir les vallons de tristes gémissements. Le Cafre même qui les conduisait se couchait sur la terre pour y trouver de la fraîcheur; mais partout le sol était brûlant, et l'air étouffant retentissait du bourdonnement des insectes, qui cherchaient à se désaltérer dans le sang des hommes et des animaux.

Cependant ces chaleurs excessives élevèrent de l'Océan des vapeurs qui couvrirent l'île comme un vaste parasol. Les sommets des montagnes les rassemblaient autour d'eux, et de longs sillons de feu sortaient de temps en temps de leurs pitons chargés de brouillard. Bientôt des tonnerres affreux firent retentir de leurs éclats les bois, les plaines et les vallons ; des pluies épouvantables, semblables à des cataractes, tombèrent du ciel. Des torrents écumeux se précipitaient le long des flancs de cette montagne ; le fond de ce bassin était devenu une mer, le plateau où sont assises les cabanes, une petite île, et l'entrée de ce vallon, une écluse par où sortaient pêle-mêle, avec les eaux mugissantes, les terres, les arbres et les rochers.

Toute la famille tremblante priait Dieu dans la case de madame de La Tour, dont le toit craquait horriblement par l'effort des vents. Quoique la porte et les contrevents en fussent bien fermés, tous les objets s'y distinguaient à travers les jointures de la charpente, tant les éclairs étaient vifs et fréquents. L'intrépide Paul, suivi de Domingue, allait d'une case à l'autre, malgré la fureur de la tempête, assurant ici une paroi avec un arc-boutant, et enfonçant là un pieu; il ne rentrait que pour consoler la famille par l'espoir prochain du retour du beau temps. En effet, sur le soir la pluie cessa, le vent alizé du sud-est reprit son cours ordinaire, les nuages orageux furent jetés vers le nord-ouest, et le soleil couchant parut à l'horizon.

Le premier désir de Virginie fut de revoir le lieu de son repos. Paul s'approcha d'elle d'un air timide, et lui présenta son bras pour l'aider à marcher. Elle l'accepta en souriant, et ils sortirent ensemble de la case. L'air était frais et sonore. Des fumées blanches s'élevaient sur les croupes de la montagne, sillonnée çà et là de l'écume des torrents qui tarissaient de tous côtés. Pour le jardin, il était tout bouleversé par d'affreux ravins; la plupart des arbres fruitiers avaient leurs racines en haut, de grands amas de sable couvraient les lisières des prairies, et avaient comblé le bain de Virginie. Cependant les deux cocotiers étaient debout, et bien verdoyants. Mais il n'y avait plus aux environs ni gazons, ni berceaux, ni oiseaux, excepté quelques bengalis qui, sur la pointe des rochers voisins, déploraient, par des chants plaintifs, la perte de leurs petits.

A la vue de cette désolation, Virginie dit à Paul : « Vous aviez apporté ici des oiseaux, l'ouragan « les a tués. Vous aviez planté ce jardin, il est « détruit. Tout périt sur la terre; il n'y a que le « ciel qui ne change point. » Paul lui répondit : « Que ne puis-je vous donner quelque chose du « ciel! mais je ne possède rien, même sur la « terre. » Virginie reprit : « Vous avez à vous « le portrait de saint Paul. » A peine eut-elle parlé, qu'il courut le chercher dans la case de sa mère. Ce portrait était une petite miniature, représentant l'ermite Paul. Marguerite y avait une grande dévotion. Elle l'avait porté longtemps suspendu à son cou; ensuite elle l'avait mis à celui de son enfant, et lui avait donné le nom de ce saint qui avait passé sa vie loin des hommes, qui l'avaient elle-même trompée et délaissée. Virginie, en recevant ce petit portrait des mains de Paul, lui dit d'un ton ému : « Mon frère, il ne me sera jamais enlevé tant « que je vivrai, et je n'oublierai jamais que tu « m'as donné la seule chose que tu possèdes au « monde. » A ce ton d'amitié, Paul fut ravi de reconnaissance.

Cependant Marguerite disait à madame de La Tour : « Pourquoi ne songeons-nous pas à marier
« nos enfants? Ils ont beaucoup de penchant l'un
« pour l'autre, et sont doués de toutes les qualités
« que nous pouvons leur désirer. » Madame de La Tour lui répondit : « Ils sont trop jeunes et
« trop pauvres. Quel chagrin pour nous, si Vir-
« ginie mettait au monde des enfants malheu-
« reux, qu'elle n'aurait peut-être pas la force
« d'élever! Ton noir Domingue est bien cassé;
« Marie est infirme, moi-même, chère amie,
« depuis quinze ans je me sens fort affai-
« blie. On vieillit promptement dans les pays
« chauds, et encore plus vite dans le chagrin.
« Paul est notre unique espérance. Attendons
« que l'âge ait formé son tempérament, et qu'il
« puisse nous soutenir par son travail. A pré-
« sent, tu le sais, nous n'avons guère que le né-
« cessaire de chaque jour. Mais en faisant passer
« Paul dans l'Inde pour un peu de temps, le
« commerce lui fournira de quoi acheter quel-
« ques esclaves; et, à son retour ici, nous le ma-
« rierons à Virginie; car je crois que personne
« ne peut rendre ma chère fille aussi heureuse

« que ton fils Paul. Nous en parlerons à notre
« voisin. »

En effet, ces dames me consultèrent, et je fus
de leur avis. « Les mers de l'Inde sont belles,
« leur dis-je. En prenant une saison favorable
« pour passer d'ici aux Indes, c'est un voyage
« de six semaines au plus, et d'autant de temps
« pour en revenir. Nous ferons dans notre quar-
« tier une pacotille à Paul, car j'ai des voisins
« qui l'aiment beaucoup. Quand nous ne lui
« donnerions que du coton brut, dont nous ne
« faisons aucun usage, faute de moulins pour
« l'éplucher; du bois d'ébène, si commun ici
« qu'il sert au chauffage, et quelques résines qui
« se perdent dans nos bois: tout cela se vend as-
« sez bien aux Indes, et nous est fort inutile
« ici. »

Je me chargeai de demander à M. de La Bourdonnays une permission d'embarquement pour
ce voyage, et, avant tout, je voulus en prévenir
Paul. Mais quel fut mon étonnement lorsque ce
jeune homme me dit, avec un bon sens fort au-
dessus de son âge : « Pourquoi voulez-vous que
« je quitte ma famille, pour je ne sais quel pro-

« jet de fortune? Y a-t-il un commerce au monde
« plus avantageux que la culture d'un champ,
« qui rend quelquefois cinquante et cent pour
« un? Si nous voulons faire le commerce ne pou-
« vons-nous pas le faire en portant notre super-
« flu d'ici à la ville, sans que j'aille courir aux
« Indes? Nos mères me disent que Domingue est
« vieux et cassé; mais moi je suis jeune, et je
« me renforce chaque jour. Il n'a qu'à leur arri-
« ver pendant mon absence quelque accident, sur-
« tout à Virginie, qui est déjà souffrante. Oh non,
« non! je ne saurais me résoudre à les quitter. »

Cette réponse me jeta dans un grand embarras; car madame de La Tour m'avait fait connaître le désir qu'elle avait de gagner quelques années sur l'âge de ces jeunes gens, en les éloignant l'un de l'autre. C'étaient des motifs que je n'osais même faire soupçonner à Paul.

Sur ces entrefaites, un vaisseau arrivé de France apporta à madame de La Tour une lettre de sa tante. La crainte de la mort, sans laquelle les cœurs durs ne seraient jamais sensibles, l'avait frappée. Elle sortait d'une grande maladie dégénérée en langueur, et que l'âge rendait incurable. Elle mandait à sa nièce de repasser en France; ou, si sa santé ne lui permettait pas de faire un si long voyage, elle lui enjoignait d'y envoyer Virginie, à laquelle elle destinait une bonne éducation, un parti à la cour, et la donation de tous ses biens. Elle attachait, disait-elle, le retour de ses bontés à l'exécution de ses ordres.

A peine cette lettre fut lue dans la famille, qu'elle y répandit la consternation. Domingue et Marie se mirent à pleurer. Paul, immobile d'étonnement, paraissait prêt à se mettre en colère. Virginie, les yeux fixés sur sa mère, n'osait proférer un mot. « Pourriez-vous nous « quitter maintenant? dit Marguerite à madame « de La Tour. — Non, mon amie; non, mes « enfants, reprit madame de La Tour, je ne vous « quitterai point. J'ai vécu avec vous, et c'est « avec vous que je veux mourir. Je n'ai connu « le bonheur que dans votre amitié. Si ma santé « est dérangée, d'anciens chagrins en sont cause. « J'ai été blessée au cœur par la dureté de mes « parents, et par la perte de mon cher époux. « Mais, depuis, j'ai goûté plus de consolation

« et de félicité avec vous, sous ces pauvres
« cabanes, que jamais les richesses de ma fa-
« mille ne m'en ont fait même espérer dans ma
« patrie. »

A ce discours, des larmes de joie coulèrent de tous les yeux. Paul, serrant madame de La Tour dans ses bras, lui dit : « Je ne vous quit-
« terai pas non plus. Je n'irai point aux Indes.
« Nous travaillerons tous pour vous, chère
« maman ; rien ne vous manquera jamais avec
« nous. » Mais, de toute la société, la personne qui témoigna le moins de joie, et qui y fut la plus sensible, fut Virginie. Elle parut le reste du jour d'une gaieté douce, et le retour de sa tranquillité mit le comble à la satisfaction générale.

Le lendemain, au lever du soleil, comme ils venaient de faire tous ensemble, suivant leur coutume, la prière du matin qui précédait le déjeuner, Domingue les avertit qu'un monsieur à cheval, suivi de deux esclaves, s'avançait vers l'habitation. C'était M. de La Bourdonnays. Il entra dans la case, où toute la famille était à table. Virginie venait de servir, suivant l'usage du pays, du café, et du riz cuit à l'eau. Elle y avait joint des patates chaudes et des bananes fraîches. Il y avait pour toute vaisselle des moitiés de calebasses, et pour linge des feuilles de bananier. Le gouverneur témoigna d'abord quelque étonnement de la pauvreté de cette demeure. Ensuite, s'adressant à madame de La Tour, il lui dit que les affaires générales l'empêchaient quelquefois de songer aux particulières; mais qu'elle avait bien des droits sur lui. « Vous « avez, ajouta-t-il, madame, une tante de qualité « et fort riche à Paris, qui vous réserve sa for- « tune, et vous attend auprès d'elle. » Madame de La Tour répondit au gouverneur que sa santé altérée ne lui permettait pas d'entreprendre un si long voyage. « Au moins, reprit M. de La « Bourdonnays, pour mademoiselle votre fille, « si jeune et si aimable, vous ne sauriez, sans « injustice, la priver d'une si grande succession. « Je ne vous cache pas que votre tante a employé « l'autorité pour la faire venir auprès d'elle. Les « bureaux m'ont écrit à ce sujet d'user, s'il le « fallait, de mon pouvoir; mais, ne l'exerçant « que pour rendre heureux les habitants de cette

« colonie, j'attends de votre volonté seule un
« sacrifice de quelques années, d'où dépendent
« l'établissement de votre fille et le bien-être de
« toute votre vie. Pourquoi vient-on aux îles?
« n'est-ce pas pour y faire fortune? n'est-il pas
« bien plus agréable de l'aller retrouver dans sa
« patrie? »

En disant ces mots, il posa sur la table un
gros sac de piastres que portait un de ses noirs.
« Voilà, ajouta-t-il, ce qui est destiné aux pré-
« paratifs de voyage de mademoiselle votre fille,
« de la part de votre tante. » Ensuite il finit par
reprocher avec bonté à madame de La Tour de
ne s'être pas adressée à lui dans ses besoins,
en la louant cependant de son noble courage.
Paul aussitôt prit la parole, et dit au gouverneur :
« Monsieur, ma mère s'est adressée à vous, et
« vous l'avez mal reçue. — Avez-vous un autre
« enfant, madame? dit monsieur de La Bour-
« donnays à madame de La Tour. — Non,
« monsieur, reprit-elle; celui-ci est le fils de
« mon amie; mais lui et Virginie nous sont
« communs, et également chers. — Jeune homme,
« dit le gouverneur à Paul, quand vous aurez

« acquis l'expérience du monde, vous connaîtrez
« le malheur des gens en place; vous saurez
« combien il est facile de les prévenir, combien
« aisément ils donnent au vice intrigant ce qui
« appartient au mérite qui se cache. »

M. de La Bourdonnays, invité par madame de La Tour, s'assit à table auprès d'elle. Il déjeuna, à la manière des créoles, avec du café mêlé avec du riz cuit à l'eau. Il fut charmé de l'ordre et de la propreté de la petite case, de l'union de ces deux familles charmantes, et du zèle même de leurs vieux domestiques. « Il n'y a, dit-il, ici
« que des meubles de bois; mais on y trouve des
« visages sereins et des cœurs d'or. » Paul, charmé de la popularité du gouverneur, lui dit :
« Je désire être votre ami, car vous êtes un hon-
« nête homme. » M. de La Bourdonnays reçut avec plaisir cette marque de cordialité insulaire. Il embrassa Paul en lui serrant la main, et l'assura qu'il pouvait compter sur son amitié.

Après déjeuner, il prit madame de La Tour en particulier, et lui dit qu'il se présentait une occasion prochaine d'envoyer sa fille en France sur un vaisseau prêt à partir; qu'il la recommande-

M. de La Bourdonnais, invité par madame de La Tour, s'assit à table auprès d'elle.

rait à une dame de ses parentes qui y était passagère ; qu'il fallait bien se garder d'abandonner une fortune immense pour une satisfaction de quelques années. « Votre tante, ajouta-t-il en
« s'en allant, ne peut pas traîner plus de deux
« ans : ses amis me l'ont mandé. Songez-y bien.
« La fortune ne vient pas tous les jours. Con-
« sultez-vous. Tous les gens de bon sens seront
« de mon avis. » Elle lui répondit que, « ne dé-
« sirant désormais d'autre bonheur dans le
« monde que celui de sa fille, elle laisserait son
« départ pour la France entièrement à sa dispo-
« sition. »

Madame de La Tour n'était pas fâchée de trouver une occasion de séparer pour quelque temps Virginie et Paul, en procurant un jour leur bonheur mutuel. Elle prit donc sa fille à part, et lui dit : « Mon enfant, nos domestiques sont
« vieux ; Paul est bien jeune ; Marguerite vient
« sur l'âge ; je suis déjà infirme : si j'allais mou-
« rir, que deviendriez-vous, sans fortune, au mi-
« lieu de ces déserts ? Vous resteriez donc seule,
« n'ayant personne qui puisse vous être d'un
« grand secours, et obligée, pour vivre, de travail-

« ler sans cesse à la terre comme une mercenaire.
« Cette idée me pénètre de douleur. » Virginie lui répondit : « Dieu nous a condamnés au tra-
« vail; vous m'avez appris à travailler, et à le
« bénir chaque jour. Jusqu'à présent il ne nous
« a pas abandonnés; il ne nous abandonnera
« point encore. Sa providence veille particuliè-
« rement sur les malheureux. Vous me l'avez
« dit tant de fois, ma mère ! Je ne saurais me
« résoudre à vous quitter. » Madame de La Tour, émue, reprit : « Je n'ai d'autre projet que de te
« rendre heureuse, et de te marier un jour avec
« Paul, qui n'est point ton frère. Songe mainte-
« nant que sa fortune dépend de toi. »

Virginie, sensible aux nouveaux témoignages de bonté de sa mère, lui répondit qu'elle voyait le secours de la Providence dans celui d'une mère tendre qui approuvait son inclination, et qui la dirigeait par ses conseils; que maintenant, appuyée de son support, tout l'engageait à rester auprès d'elle, sans inquiétude pour le présent, et sans crainte pour l'avenir.

Madame de La Tour, voyant que sa confidence avait produit un effet contraire à celui qu'elle en

attendait, lui dit : « Mon enfant, je ne veux point
« te contraindre; délibère à ton aise, et examine
« les choses de sang-froid. »

Vers le soir, comme elle était seule avec Virginie, il entra chez elle un grand homme vêtu d'une soutane bleue. C'était un ecclésiastique missionnaire de l'île, et confesseur de madame de La Tour et de Virginie. Il était envoyé par le gouverneur. « Mes enfants, dit-il en entrant, Dieu
« soit loué! le ciel vous vient en aide. Vous pour-
« rez écouter votre bon cœur, faire du bien aux
« pauvres. Je sais ce que vous a dit M. de La
« Bourdonnays, et ce que vous lui avez répondu.
« Bonne maman, votre santé vous oblige de res-
« ter ici; mais vous, jeune demoiselle, vous
« n'avez point d'excuse. Il faut obéir à la Provi-
« dence, à nos vieux parents, lors même que
« nous croyons avoir à nous en plaindre. C'est
« un sacrifice, mais c'est l'ordre de Dieu. Il
« s'est dévoué pour nous : il faut, à son exemple,
« se dévouer pour le bien de sa famille. Votre
« voyage en France aura une fin heureuse. Ne
« voulez-vous pas bien y aller, ma chère demoi-
« selle? »

Virginie, les yeux baissés, lui répondit en tremblant : « Si c'est l'ordre de Dieu, je ne « m'oppose à rien. Que la volonté de Dieu soit « faite ! » dit-elle en pleurant.

Le missionnaire sortit, et fut rendre compte au gouverneur du succès de sa commission. Cependant madame de La Tour m'envoya prier par Domingue de passer chez elle, pour me consulter sur le départ de Virginie. Je ne fus point du tout d'avis qu'on la laissât partir. Je tiens pour principes certains du bonheur qu'il faut préférer les avantages de la nature à tous ceux de la fortune, et que nous ne devons point aller chercher hors de nous ce que nous pouvons trouver chez nous. Mais que pouvaient mes conseils de modération contre les illusions d'une grande fortune, et mes raisons naturelles contre les préjugés du monde et une autorité sacrée pour madame de La Tour ? Cette dame ne me consulta donc que par bienséance, et elle ne délibéra plus depuis la décision de son confesseur. Marguerite même, qui, malgré les avantages qu'elle espérait pour son fils de la fortune de Virginie, s'était fortement opposée à son départ, ne fit plus d'objections. Pour Paul, qui ignorait le parti auquel on se déterminait, étonné des conversations secrètes de madame de La Tour et de sa fille, il s'abandonnait à une tristesse sombre. « On trame « quelque chose contre moi, dit-il, puisqu'on « se cache de moi. »

Cependant le bruit s'étant répandu dans l'île que la fortune avait visité ces rochers, on y vit grimper des marchands de toute espèce. Ils déployèrent, au milieu de ces pauvres cabanes, les plus riches étoffes de l'Inde : de superbes basins de Goudelour, des mouchoirs de Paliacate et de Mazulipatan, des mousselines de Daca, unies, rayées, brodées, transparentes comme le jour; des baftas de Surate d'un si beau blanc, des chittes de toutes couleurs et des plus rares, à fond sablé et à rameaux verts. Ils déroulèrent de magnifiques étoffes de soie de la Chine, des lampas découpés à jour, des damas d'un blanc satiné, d'autres d'un vert de prairie, d'autres d'un rouge à éblouir, des taffetas roses, des satins à pleine main, des pékins moelleux comme le drap, des nankins blancs et jaunes, et jusqu'à des pagnes de Madagascar.

Madame de La Tour voulut que sa fille achetât tout ce qui lui ferait plaisir; elle veilla seulement sur le prix et les qualités des marchandises, de peur que les marchands ne la trompassent. Virginie choisit tout ce qu'elle crut être agréable à sa mère, à Marguerite et à son fils. « Ceci, disait-elle, était bon pour des meubles; « cela, pour l'usage de Marie et de Domingue. » Enfin, le sac de piastres était employé, qu'elle n'avait pas encore songé à ses besoins. Il fallut lui faire son partage sur les présents qu'elle avait distribués à la société.

Paul, pénétré de douleur à la vue de ces dons de la fortune qui lui présageaient le départ de Virginie, s'en vint quelques jours après chez moi. Il me dit, d'un air accablé : « Ma sœur « s'en va; elle fait déjà les apprêts de son « voyage. Passez chez nous, je vous prie. Em- « ployez votre crédit sur l'esprit de sa mère et « de la mienne pour la retenir. » Je me rendis aux instances de Paul, quoique bien persuadé que mes représentations seraient sans effet.

Si Virginie m'avait paru charmante en toile bleue du Bengale, avec un mouchoir rouge autour de sa tête, ce fut encore toute autre chose quand je la vis parée à la manière des dames de ce pays. Elle était vêtue de mousseline blanche doublée de taffetas rose. Sa taille légère et élevée se dessinait parfaitement sous son corset; et ses cheveux blonds, tressés à double tresse, accompagnaient admirablement sa tête virginale. Ses beaux yeux bleus étaient remplis de mélancolie; et son cœur, agité par une passion combattue, donnait à son teint une couleur animée, et à sa voix des sons pleins d'émotion. Le contraste même de sa parure élégante, qu'elle semblait porter malgré elle, rendait sa langueur encore plus touchante. Personne ne pouvait la voir ni l'entendre sans se sentir ému. La tristesse de Paul en augmenta. Marguerite, affligée de la situation de son fils, lui dit en particulier : « Pour« quoi, mon fils, te nourrir de fausses espérances, « qui rendent les privations encore plus amères ? « Il est temps que je te découvre le secret de ta « vie et de la mienne. Mademoiselle de La Tour « appartient, par sa mère, à une parente riche et « de grande condition : pour toi, tu n'es que le « fils d'une pauvre paysanne, et, qui pis est,

« Ma faute t'a privé de ta famille paternelle ;
« et mon repentir, de ta famille maternelle. In-
« fortuné, tu n'as d'autres parents que moi seule
« dans le monde ! » Et elle se mit à répandre des
larmes. Paul, la serrant dans ses bras, lui dit :
« O ma mère ! puisque je n'ai d'autres parents
« que vous dans le monde, je vous en aimerai
« davantage. Mais quel secret venez-vous de me
« révéler ! Je vois maintenant la raison qui éloi-
« gne de moi mademoiselle de La Tour, et qui
« la décide à partir. Ah ! sans doute elle me mé-
« prise ! »

Cependant l'heure du souper étant venue, on se mit à table, où chacun des convives, agité de passions différentes, mangea peu et ne parla point. Virginie en sortit la première, et fut s'asseoir au lieu où nous sommes. Paul la suivit bientôt après, et vint se mettre auprès d'elle. L'un et l'autre gardèrent quelque temps un profond silence. Il faisait une de ces nuits délicieuses, si communes entre les tropiques, et dont le plus habile pinceau ne rendrait pas la beauté. La lune paraissait au milieu du firmament, entourée d'un rideau de nuages que ses rayons dissipaient par degrés. Sa lumière se répandait insensiblement sur les montagnes de l'île et sur leurs pitons, qui brillaient d'un vert argenté. Les vents retenaient leurs haleines. On entendait dans les bois, au fond des vallées, au haut des rochers, de petits cris, de doux murmures d'oiseaux qui se caressaient dans leurs nids, réjouis par la clarté de la nuit et la tranquillité de l'air. Tous, jusqu'aux insectes, bruissaient sous l'herbe. Les étoiles étincelaient au ciel, et se réfléchissaient au sein de la mer, qui répétait leurs images tremblantes. Virginie parcourait avec des regards distraits son vaste et sombre horizon, distingué du rivage de l'île par les feux rouges des pêcheurs. Elle aperçut à l'entrée du port, une lumière et une ombre : c'était le fanal et le corps du vaisseau où elle devait s'embarquer pour l'Europe, et qui, prêt à mettre à la voile, attendait à l'ancre la fin du calme. A cette vue elle se troubla, et détourna la tête, pour que Paul ne la vît pas pleurer.

Madame de La Tour, Marguerite et moi nous étions assis à quelques pas de là sous des bananiers, et dans le silence de la nuit nous entendîmes distinctement leur conversation, que je n'ai pas oubliée.

Paul lui dit : « Mademoiselle, vous partez, dit-« on, dans trois jours. Vous ne craignez pas de « vous exposer aux dangers de la mer... de la « mer, dont vous êtes si effrayée? — Il faut, ré-« pondit Virginie, que j'obéisse à mes parents, à « mon devoir. — Vous nous quittez, reprit Paul, « pour une parente éloignée, que vous n'avez ja-« mais vue! — Hélas! dit Virginie, je voulais « rester ici toute ma vie; ma mère ne l'a pas « voulu. Mon confesseur m'a dit que la volonté « de Dieu était que je partisse; que la vie était « une épreuve..... Oh! c'est une épreuve bien « dure!

« — Quoi! repartit Paul, tant de raisons vous « ont décidée, et aucune ne vous a retenue! Ah! « il en est encore que vous ne me dites pas. La « richesse a de grands attraits. Vous trouverez « bientôt, dans un nouveau monde, à qui donner « le nom de frère, que vous ne me donnez plus. « Vous le choisirez, ce frère, parmi des gens di-« gnes de vous par une naissance et une fortune « que je ne puis vous offrir. Mais, pour être plus

« heureuse, où voulez-vous aller? Dans quelle
« terre aborderez-vous qui vous soit plus chère
« que celle où vous êtes née? Où formerez-vous
« une société plus aimable que celle qui vous
« aime? Comment vivrez-vous sans les caresses
« de votre mère, auxquelles vous êtes si accou-
« tumée? Que deviendra-t-elle elle-même, déjà
« sur l'âge, lorsqu'elle ne nous verra plus à ses
« côtés, à la table, dans la maison, à la prome-
« nade, où elle s'appuyait sur vous? Que devien-
« dra la mienne, qui vous chérit autant qu'elle?
« Que leur dirai-je à l'une et à l'autre, quand je
« les verrai pleurer de votre absence? Je ne
« vous parle pas de moi : mais que deviendrai-je
« moi-même, quand le matin je ne vous verrai
« plus avec nous, et que la nuit viendra sans
« nous réunir ; quand j'apercevrai ces deux
« palmiers plantés à notre naissance, et si long-
« temps témoins de notre amitié mutuelle? Ah!
« puisqu'un nouveau sort vous touche, que vous
« cherchez d'autres pays que votre pays natal,
« d'autres biens que ceux de mes travaux, laissez-
« moi vous accompagner sur le vaisseau où vous
« partez. Je vous rassurerai dans les tempêtes,

« qui vous donnent tant d'effroi sur la terre. Et
« en France, où vous allez chercher de la for-
« tune et de la grandeur, je serai heureux de
« vous servir et de me sacrifier, s'il le faut, à
« votre bonheur. »

Les sanglots étouffèrent sa voix, et nous entendîmes aussitôt celle de Virginie qui lui disait
ces mots, entrecoupés de soupirs..... « C'est
« pour vous que je pars..... pour vous que j'ai vu
« chaque jour courbé par le travail pour nourrir
« deux familles infirmes. Si je me suis prêtée à
« l'occasion de devenir riche, c'est pour vous
« rendre mille fois le bien que vous nous avez
« fait. Est-il une fortune digne de votre amitié?
« Que me dites-vous de votre naissance? Ah!
« s'il m'était encore possible de me donner un
« frère, en choisirais-je un autre que vous? »

A ces mots, Paul s'écria : « Je pars avec elle,
« rien ne pourra m'en détacher. » Nous courûmes tous à lui. Madame de La Tour lui dit :
« Mon fils, si vous nous quittez, qu'allons-nous
« devenir? »

Il répéta en tremblant ces mots : « Mon fils...
« mon fils..., vous qui séparez le frère d'avec

« la sœur! Tous deux nous avons été élevés
« ensemble sous vos yeux : et maintenant vous
« l'éloignez de moi! Vous l'envoyez en Europe,
« dans ce pays barbare qui vous a refusé un
« asile, et chez des parents cruels qui vous
« ont vous-même abandonnée! Si elle part, il
« faut que je la suive. Vous me direz peut-être
« que le gouverneur m'en empêchera. M'empê-
« chera-t-il de me jeter à la mer? La mer ne sau-
« rait m'être plus funeste que la terre. Ne pou-
« vant vivre ici près d'elle, au moins je mourrai
« sous ses yeux. »

A ces mots, je m'approchai de lui pour le calmer et le consoler; car il était en proie à une vive douleur.

Virginie tout émue lui dit : « O Paul, si je
« pars, c'est pour obéir à des conseils auxquels
« je ne puis refuser de me soumettre; mais, éloi-
« gnée ou présente, rien ne pourra jamais chan-
« ger les sentiments de mon cœur. Je vous prends
« à témoin, vous tous qui avez élevé mon enfance,
« qui disposez de ma vie, et qui voyez mes
« larmes. Je le jure par ce ciel qui m'entend,
« par cette mer que je dois traverser, par l'air

« que je respire, et que je n'ai jamais souillé du
« mensonge. »

Ces paroles de Virginie ne firent que redoubler la douleur de Paul. Un torrent de pleurs coula de ses yeux. Sa mère mêla ses larmes aux siennes, sans pouvoir parler; madame de La Tour, hors d'elle, me dit : « Je n'y puis te-
« nir, mon âme est déchirée. Ce malheureux
« voyage n'aura pas lieu. Mon voisin, tâchez
« d'emmener mon fils. Il y a huit jours que per-
« sonne ici n'a dormi. »

Je dis à Paul : « Mon ami, votre sœur restera.
« Demain nous en parlerons au gouverneur;
« laissez reposer votre famille, et venez passer
« cette nuit chez moi. Il est tard, il est minuit;
« la croix du sud est droite sur l'horizon. »

Il se laissa emmener sans rien dire, et, après une nuit fort agitée, il se leva au point du jour, et s'en retourna à son habitation.

Mais qu'est-il besoin de vous continuer plus longtemps le récit de cette histoire? Il n'y a jamais qu'un côté agréable à connaître dans la vie humaine. Semblable au globe sur lequel nous tournons, notre révolution rapide n'est que d'un jour, et une partie de ce jour ne peut recevoir la lumière, que l'autre ne soit livrée aux ténèbres.

« Mon père, lui dis-je, je vous en conjure, « achevez de me raconter ce que vous avez com- « mencé d'une manière si touchante. Les images « du bonheur nous plaisent, mais celles du mal- « heur nous instruisent. Que devint, je vous prie, « l'infortuné Paul? »

Le premier objet que vit Paul, en retournant à l'habitation, fut la négresse Marie, qui, montée sur un rocher, regardait vers la pleine mer. Il lui cria, du plus loin qu'il l'aperçut : « Où « est Virginie? » Marie tourna la tête vers son jeune maître, et se mit à pleurer. Paul, hors de lui, revint sur ses pas, et courut au port. Il y apprit que Virginie s'était embarquée au point du jour, que son vaisseau avait mis à la voile aussitôt, et qu'on ne le voyait plus. Il revint à l'habitation, qu'il traversa sans parler à personne.

Quoique cette enceinte de rochers paraisse derrière nous presque perpendiculaire, ces plateaux verts, qui en divisent la hauteur, sont autant d'étages par lesquels on parvient, au moyen de quelques sentiers difficiles, jusqu'au pied de ce cône de rochers incliné et inaccessible qu'on appelle le Pouce. A la base de ce rocher est une esplanade couverte de grands arbres, mais si élevée et si escarpée, qu'elle est comme une grande forêt dans l'air, environnée de précipices effroyables. Les nuages que le sommet du Pouce attire sans cesse autour de lui y entretiennent plusieurs ruisseaux, qui tombent à une si grande profondeur au fond de la vallée située au revers de cette montagne, que de cette hauteur on n'entend point le bruit de leur chute. De ce lieu, on voit une grande partie de l'île avec ses mornes surmontés de leurs pitons, entre autres Pieter-Booth et les Trois-Mamelles, avec leurs vallons remplis de forêts; puis la pleine mer, et l'île de Bourbon, qui est à quarante lieues de là vers l'occident. Ce fut de cette élévation que Paul aperçut le vaisseau qui emmenait Virginie. Il le vit à plus de dix lieues au large, comme un point noir au milieu de l'Océan. Il resta une partie du jour tout occupé à le considérer : il était déjà disparu, qu'il croyait le voir encore;

Il resta une partie du jour tout occupé à le considérer ; il était déjà
disparu qu'il croyait le voir encore.

et quand il fut perdu dans la vapeur de l'horizon, il s'assit dans ce lieu sauvage, toujours battu des vents qui y agitent sans cesse les sommets des palmistes et des tatamaques. Leur murmure sourd et mugissant ressemble au bruit lointain des orgues, et inspire une profonde mélancolie. Ce fut là que je trouvai Paul, la tête appuyée contre le rocher, et les yeux fixés vers la terre. Je marchais après lui depuis le lever du soleil : j'eus beaucoup de peine à le déterminer à descendre, et à revoir sa famille. Je le ramenai cependant à son habitation; et son premier mouvement, en revoyant madame de La Tour, fut de se plaindre amèrement qu'elle l'avait trompé. Madame de La Tour nous dit que, le vent s'étant levé vers les trois heures du matin, le vaisseau étant au moment d'appareiller, le gouverneur, suivi d'une partie de son état-major, était venu chercher Virginie en palanquin; et que, malgré ses propres raisons, ses larmes et celles de Marguerite, tout le monde criant que c'était pour leur bien à tous, ils avaient emmené sa fille à demi mourante. « Au « moins, répondit Paul, si je lui avais fait mes

« adieux, je serais tranquille à présent. Je lui
« aurais dit : Virginie, si pendant le temps que
« nous avons vécu ensemble il m'est échappé
« quelque parole qui vous ait offensée, avant de
« me quitter pour jamais, dites-moi que vous
« me la pardonnez. Je lui aurais dit : Puisque
« je ne suis plus destiné à vous revoir, adieu,
« ma chère Virginie! adieu! Vivez loin de moi,
« contente et heureuse! » Et comme il vit que
sa mère et madame de La Tour pleuraient :
« Fasse le ciel que vous n'ayez pas à pleurer
« un plus grand malheur! » Puis il s'éloigna
d'elles en gémissant, et se mit à errer çà et là
dans l'habitation. Il en parcourait tous les endroits qui avaient été les plus chers à Virginie. Il disait à ses chèvres et à leurs petits chevreaux, qui le suivaient en bêlant : « Que me
« demandez-vous? vous ne reverrez plus avec
« moi celle qui vous donnait à manger dans sa
« main. » Il fut au Repos de Virginie; et, à la
vue des oiseaux qui voltigeaient autour, il s'écria : « Pauvres oiseaux, vous n'irez plus au-de-
« vant de celle qui était votre bonne nourrice! »
En voyant Fidèle qui flairait çà et là et marchait

devant lui en quêtant, il soupira et lui dit : « Oh! tu ne la retrouveras plus jamais. » Enfin, il fut s'asseoir sur le rocher où il lui avait parlé la veille; et, à l'aspect de la mer où il avait vu disparaître le vaisseau qui l'avait emmenée, il pleura abondamment.

Cependant nous le suivions pas à pas, craignant quelque suite funeste de l'agitation de son esprit. Sa mère et madame de La Tour le priaient, par les termes les plus tendres, de ne pas augmenter leur douleur par son désespoir. Enfin, celle-ci parvint à le calmer, en lui prodiguant les noms les plus propres à réveiller ses espérances. Elle l'appelait son fils, son cher fils, celui à qui elle destinait sa fille. Elle l'engagea à rentrer dans la maison, et à y prendre quelque peu de nourriture. Il se mit à table avec nous, auprès de la place où se mettait la compagne de son enfance; et, comme si elle l'eût encore occupée, il lui adressait la parole, et lui présentait les mets qu'il savait lui être les plus agréables; mais dès qu'il s'apercevait de son erreur, les larmes lui venaient aux yeux. Les jours suivants, il recueillit tout ce qui avait été à son usage particulier, les derniers bouquets qu'elle avait portés, une tasse de coco où elle avait coutume de boire; et, comme si ces restes de son amie eussent été les choses du monde les plus précieuses, il les baisait et les mettait dans son sein. Enfin, voyant que ses regrets augmentaient ceux de sa mère et de madame de La Tour, et que les besoins de la famille demandaient un travail continuel, il se mit, avec l'aide de Domingue, à réparer le jardin.

Bientôt ce jeune homme, indifférent comme un créole pour tout ce qui se passe dans le monde, me pria de lui apprendre à lire et à écrire, afin qu'il pût entretenir une correspondance avec Virginie. Il voulut ensuite s'instruire dans la géographie, pour se faire une idée du pays où elle débarquerait; et dans l'histoire, pour connaître les mœurs de la société où elle allait vivre. C'est ainsi que, par une impulsion du même sentiment, il s'était perfectionné dans l'agriculture, et dans l'art de disposer avec agrément le terrain le plus irrégulier.

Paul ne trouva pas beaucoup de goût dans l'étude de la géographie, qui, au lieu de nous décrire la nature de chaque pays, ne nous en présente que les divisions politiques. L'histoire, et surtout l'histoire moderne, ne l'intéressa guère davantage[1]. Il n'y voyait que des malheurs généraux et périodiques, dont il n'apercevait pas les causes; des guerres sans sujet et sans objet; des intrigues obscures; souvent des nations sans caractère, et des princes sans humanité. Il préférait à cette lecture celle de quelques ouvrages, qui, s'occupant davantage des sentiments et des intérêts des hommes, lui offraient quelquefois des situations pareilles à la sienne. Aussi aucun livre ne lui fit autant de plaisir que le *Télémaque,* par ses tableaux de la vie champêtre et des passions naturelles au cœur humain. Il en lisait à sa mère et à madame de La Tour les endroits qui l'affectaient davantage : alors, ému par de touchants souvenirs, sa voix s'étouffait, et les larmes coulaient de ses yeux. Il lui semblait trouver dans Virginie la dignité et la sagesse d'Antiope, avec les malheurs et la tendresse d'Eucharis. D'un autre côté, il fut tout bouleversé par la lecture de certains ro-

---

[1] L'étude de la géographie et de l'histoire, quand elle est bien dirigée, doit intéresser un esprit bien fait. (*Note de l'éd.*)

mans à la mode, pleins de mœurs et de maximes licencieuses ; et quand il sut que ces romans renfermaient une peinture véritable des sociétés d'Europe, il craignit, non sans quelque apparence de raison, que Virginie ne vînt à s'y corrompre et à l'oublier.

En effet, plus d'un an et demi s'était écoulé sans que madame de La Tour eût des nouvelles de sa tante et de sa fille : seulement elle avait appris, par une voie étrangère, que celle-ci était arrivée heureusement en France. Enfin elle reçut, par un vaisseau qui allait aux Indes, un paquet, et une lettre écrite de la propre main de Virginie. Malgré la circonspection de son aimable et indulgente fille, elle jugea qu'elle était fort malheureuse. Cette lettre peignait si bien sa situation et son caractère, que je l'ai retenue presque mot pour mot.

« Très-chère et bien-aimée maman,

« Je vous ai déjà écrit plusieurs lettres de mon
« écriture ; et comme je n'en ai pas eu de ré-
« ponse, j'ai lieu de craindre qu'elles ne vous
« soient point parvenues. J'espère mieux de celle-

« ci, par les précautions que j'ai prises pour
« vous donner de mes nouvelles, et pour recevoir
« des vôtres.

« J'ai versé bien des larmes depuis notre sé-
« paration, moi qui n'avais presque jamais pleuré
« que sur les maux d'autrui ! Ma grand'tante fut
« bien surprise à mon arrivée, lorsque, m'ayant
« questionnée sur mes talents, je lui dis que je
« ne savais ni lire ni écrire. Elle me demanda
« qu'est-ce que j'avais donc appris depuis que j'é-
« tais au monde; et quand je lui eus répondu que
« c'était à avoir soin d'un ménage et à faire votre
« volonté, elle me dit que j'avais reçu l'éducation
« d'une servante. Elle me mit, dès le lendemain,
« en pension dans un grand établissement près de
« Paris, où j'ai des maîtres de toute espèce : ils
« m'enseignent, entre autres choses, l'histoire,
« la géographie, la grammaire, la mathématique,
« et à monter à cheval; mais j'ai de si faibles
« dispositions pour toutes ces sciences, que je ne
« profiterai pas beaucoup avec ces messieurs. Je
« sens que je suis une pauvre créature, qui ai
« peu d'esprit, comme ils le font entendre. Ce-
« pendant les bontés de ma tante ne se refroi-

« dissent point. Elle me donne des robes nouvel-
« les à chaque saison. Elle a mis près de moi
« deux femmes de chambre, qui sont aussi bien
« parées que de grandes dames. Elle m'a fait
« prendre le titre de comtesse; mais elle m'a fait
« quitter mon nom de La Tour, qui m'était aussi
« cher qu'à vous-même, par tout ce que vous
« m'avez raconté des peines que mon père avait
« souffertes pour vous épouser. Elle a remplacé
« votre nom de femme par celui de votre famille,
« qui m'est encore cher cependant, parce qu'il a
« été votre nom de fille. Me voyant dans une si-
« tuation aussi brillante, je l'ai suppliée de vous
« envoyer quelques secours. Comment vous ren-
« dre sa réponse? mais vous m'avez recommandé
« de vous dire toujours la vérité. Elle m'a donc
« répondu que peu ne vous servirait à rien, et
« que, dans la vie simple que vous menez, beau-
« coup vous embarrasserait. J'ai cherché d'abord
« à vous donner de mes nouvelles par une main
« étrangère, au défaut de la mienne. Mais n'ayant
« à mon arrivée ici, personne en qui je pusse
« prendre confiance, je me suis appliquée nuit
« et jour à apprendre à lire et à écrire : Dieu m'a

« fait la grâce d'en venir à bout en peu de temps.
« J'ai chargé de l'envoi de mes premières lettres
« les dames qui sont autour de moi ; j'ai lieu de
« croire qu'elles les ont remises à ma grand'tante.
« Cette fois j'ai eu recours à une pensionnaire de
« mes amies : c'est sous son adresse ci-jointe que
« je vous prie de me faire passer vos réponses. Ma
« grand'tante m'a interdit toute correspondance
« au dehors, qui pourrait, selon elle, mettre ob-
« stacle aux grandes vues qu'elle a sur moi. Il n'y
« a qu'elle qui puisse me voir à la grille, ainsi
« qu'un vieux seigneur de ses amis, qui a, dit-elle,
« beaucoup de goût pour ma personne. Pour
« dire la vérité, je n'en ai pas du tout pour lui,
« quand même j'en pourrais prendre pour quel-
« qu'un.

« Je vis au milieu de l'éclat de la fortune, et
« je ne puis disposer d'un sou. On dit que si
« j'avais de l'argent, cela tirerait à conséquence.
« Mes robes même appartiennent à mes femmes
« de chambre, qui se les disputent avant que je
« les aie quittées. Au sein des richesses, je suis
« bien plus pauvre que je ne l'étais auprès de

« vous ; car je n'ai rien à donner. Lorsque j'ai
« vu que les grands talents que l'on m'enseignait
« ne me procuraient pas la facilité de faire le
« plus petit bien, j'ai eu recours à mon aiguille,
« dont heureusement vous m'avez appris à faire
« usage. Je vous envoie donc plusieurs paires
« de bas de ma façon, pour vous et maman
« Marguerite ; un bonnet pour Domingue, et un
« de mes mouchoirs rouges pour Marie. Je joins
« à ce paquet des pepins et des noyaux des fruits
« de mes collations, avec des graines de toutes
« sortes d'arbres, que j'ai recueillies, à mes heures
« de récréation, dans le parc de la maison où je
« suis. J'y ai ajouté aussi des semences de violettes,
« de marguerites, de bassinets, de coquelicots, de
« bluets, de scabieuses, que j'ai ramassées dans
« les champs. Il y a dans les prairies de ce pays
« de plus belles fleurs que dans les nôtres ; mais
« personne ne s'en soucie. Je suis sûre que vous
« et maman Marguerite serez plus contentes de
« ce sac de graines que du sac de piastres qui a
« été la cause de notre séparation et de mes
« larmes. Ce sera une grande joie pour moi, si
« vous avez un jour la satisfaction de voir des

« pommiers croître auprès de nos bananiers, et
« des hêtres mêler leur feuillage à celui de nos
« cocotiers. Vous vous croirez dans la Norman-
« die, que vous aimez tant.

« Vous m'avez enjoint de vous mander mes
« joies et mes peines. Je n'ai plus de joie loin
« de vous : pour mes peines, je les adoucis en
« pensant que je suis dans un poste où vous
« m'avez mise par la volonté de Dieu. Mais le
« plus grand chagrin que j'y éprouve est que
« personne ne m'y parle ici de vous, et que je
« n'en puis parler à personne. Mes femmes de
« chambre, ou plutôt celles de ma grand'tante,
« car elles sont plus à elle qu'à moi, me disent,
« lorsque je cherche à amener la conversation
« sur des objets qui me sont si chers : Made-
« moiselle, souvenez-vous que vous êtes Fran-
« çaise, et que vous devez oublier le pays
« des sauvages. Ah! je m'oublierais plutôt
« moi-même que d'oublier le lieu où je suis née
« et où vous vivez! C'est ce pays-ci qui est
« pour moi un pays de sauvages; car j'y vis
« seule, n'ayant personne à qui je puisse faire

« part de l'amour que vous portera jusqu'au
« tombeau,

 « Très-chère et bien-aimée maman,

  « Votre obéissante et tendre fille,

   « Virginie de La Tour.

« Je recommande à vos bontés Marie et Do-
« mingue, qui ont pris tant de soin de mon en-
« fance : caressez pour moi Fidèle, qui m'a
« retrouvée dans les bois. »

Paul fut bien étonné de ce que Virginie ne parlait pas du tout de lui, elle qui n'avait pas oublié dans ses ressouvenirs le chien de la maison ; mais il ne savait pas que, quelque longue que soit la lettre d'une femme, elle n'y met jamais sa pensée la plus chère qu'à la fin.

Dans un *post-scriptum*, Virginie recommandait particulièrement à Paul deux espèces de graines : celles de violettes et de scabieuses. Elle lui donnait quelques instructions sur les caractères de ces plantes, et sur les lieux les plus propres à les semer : « La violette, lui mandait-elle, pro-
« duit une petite fleur d'un violet foncé, qui

« aime à se cacher sous les buissons; mais son
« charmant parfum l'y fait bientôt découvrir. »
Elle lui enjoignait de la semer sur le bord de la
fontaine, au pied de son cocotier. «La scabieuse,
« ajoutait-elle, donne une jolie fleur d'un bleu
« mourant, et à fond noir piqueté de blanc. On
« la croirait en deuil. On l'appelle aussi, pour
« cette raison, fleur de veuve. Elle se plaît dans
« les lieux âpres et battus des vents. » Elle le
priait de la semer sur le rocher où elle lui avait
parlé la nuit, la dernière fois, et de donner à ce
rocher, pour l'amour d'elle, le nom de ROCHER
DES ADIEUX.

Elle avait renfermé ces semences dans une
petite bourse dont le tissu était fort simple, mais
qui parut sans prix à Paul lorsqu'il y aperçut
un P et un V entrelacés, et formés de cheveux
qu'il reconnut, à leur beauté, pour être ceux de
Virginie.

La lettre de cette sensible et vertueuse demoiselle fit verser des larmes à toute la famille. Sa
mère lui répondit, au nom de la société, de
rester ou de revenir à son gré, l'assurant qu'ils
avaient tous perdu la meilleure partie de leur

bonheur depuis son départ, et que, pour elle en particulier, elle en était inconsolable.

Paul lui écrivit une lettre fort longue, où il l'assurait qu'il allait rendre le jardin digne d'elle, et y mêler les plantes de l'Europe à celles de l'Afrique, ainsi qu'elle avait entrelacé leurs noms dans son ouvrage. Il lui envoyait des fruits des cocotiers de sa fontaine, parvenus à une maturité parfaite. Il n'y joignait, ajoutait-il, aucune autre semence de l'île, afin que le désir d'en revoir les productions la déterminât à y revenir promptement. Il la suppliait de se rendre au plus tôt aux vœux ardents de leur famille et aux siens particuliers, puisqu'il ne pouvait désormais goûter aucune joie loin d'elle.

Paul sema avec le plus grand soin les graines européennes, et surtout celles de violettes et de scabieuses, dont les fleurs semblaient avoir quelque analogie avec le caractère et la situation de Virginie, qui les lui avait si particulièrement recommandées ; mais, soit qu'elles eussent été éventées dans le trajet, soit plutôt que le climat de cette partie de l'Afrique ne leur soit pas favorable, il n'en germa qu'un petit nombre, qui ne put venir à sa perfection.

Cependant l'envie, qui va même au-devant du bonheur des hommes, surtout dans les colonies françaises, répandit dans l'île des bruits qui donnaient beaucoup d'inquiétude à Paul. Les gens du vaisseau qui avaient apporté la lettre de Virginie assuraient qu'elle était sur le point de se marier : ils nommaient le seigneur de la cour qui devait l'épouser; quelques-uns même disaient que la chose était faite, et qu'ils en avaient été témoins. D'abord Paul méprisa des nouvelles apportées par un vaisseau de commerce, qui en répand souvent de fausses sur les lieux de son passage. Mais comme plusieurs habitants de l'île, par une pitié perfide, s'empressaient de le plaindre de cet événement, il commença à y ajouter quelque croyance. D'ailleurs, dans quelques-uns des romans qu'il avait lus, il voyait la trahison traitée de plaisanterie; et comme il savait que ces livres renfermaient des peintures assez fidèles des mœurs de l'Europe, il craignit que la fille de madame de La Tour ne vînt à s'y corrompre, et à oublier ses anciens engagements.

Ce qui acheva d'augmenter ses craintes, c'est que plusieurs vaisseaux d'Europe arrivèrent ici depuis, dans l'espace de six mois, sans qu'aucun d'eux apportât des nouvelles de Virginie.

Cet infortuné jeune homme, livré à toutes les agitations de son cœur, venait me voir souvent, pour confirmer ou pour bannir ses inquiétudes par mon expérience du monde.

Je demeure, comme je vous l'ai dit, à une lieue et demie d'ici, sur les bords d'une petite rivière qui coule le long de la Montagne-Longue. C'est là que je passe ma vie, seul, sans femme, sans enfants et sans esclaves.

Après le rare bonheur de trouver une compagne qui nous soit bien assortie, l'état le moins malheureux de la vie est sans doute de vivre seul. Tout homme qui a eu beaucoup à se plaindre des hommes cherche la solitude. La solitude ramène l'homme à lui-même et à la simplicité des goûts de la nature. Au milieu de nos sociétés divisées par tant de préjugés, l'âme est dans une agitation continuelle; elle roule sans cesse en elle-même mille opinions turbulentes et contradictoires, dont les membres d'une société ambitieuse et misérable cherchent à se subjuguer les uns les autres. Mais dans la solitude elle dépose ces illusions étrangères qui la troublent ; elle retrouve le sentiment vrai d'elle-même, de la nature et de son auteur. Ainsi l'eau bourbeuse d'un torrent qui ravage les campagnes, venant à se répandre dans quelque petit bassin écarté de son cours, dépose ses vases au fond de son lit, reprend sa première limpidité, et, redevenue transparente, réfléchit, avec ses propres rivages, la verdure de la terre et la lumière des cieux. La solitude rétablit aussi bien les harmonies du corps que celles de l'âme. C'est dans la classe des solitaires que se trouvent les hommes qui poussent le plus loin la carrière de la vie. Enfin, je la crois si nécessaire au bonheur dans le monde même, qu'il me paraît impossible d'y goûter un plaisir durable de quelque sentiment que ce soit, ou de régler sa conduite sur quelque principe stable, si l'on ne se fait une solitude intérieure d'où notre opinion sorte bien rarement, et où celle d'autrui n'entre point sans examen. Je ne veux pas dire toutefois que l'homme doit vivre absolument seul : il est lié avec tout le genre humain par ses besoins; il doit donc ses travaux aux hommes; il se doit aussi au reste de la nature. Mais, comme Dieu a donné à chacun de nous des organes parfaitement assortis aux éléments du globe où nous vivons, des pieds pour le sol, des poumons pour l'air, des yeux pour la lumière, sans que nous puissions intervertir l'usage de ces sens, il s'est réservé pour lui seul, qui est l'auteur de la vie, le cœur, qui en est le principal organe.

Je passe donc mes jours loin des hommes, que j'ai voulu servir, et qui m'ont persécuté. Après avoir parcouru une grande partie de l'Europe et quelques cantons de l'Amérique et de l'Afrique, je me suis fixé dans cette île peu habitée, séduit par sa douce température et par ses solitudes. Une cabane que j'ai bâtie dans la forêt au pied d'un arbre, un petit champ défriché de mes mains, une rivière qui coule devant ma porte, suffisent à mes besoins et à mes plaisirs. Je joins à ces jouissances celle de quelques bons livres, qui m'apprennent à devenir meilleur. Ils font encore servir à mon bonheur le monde même que j'ai quitté : ils me présentent des tableaux des passions qui en rendent les habitants si misérables; et, par la comparaison que je fais de leur sort au mien, ils me font jouir d'un bonheur négatif. Comme un homme sauvé du naufrage sur un rocher, je contemple de ma solitude les orages qui frémissent dans le reste du monde. Mon repos même redouble par le bruit lointain de la tempête. Depuis que les hommes ne sont plus sur mon chemin, et que je ne suis plus sur le leur, je ne les hais plus; je les plains. Si je rencontre quelque infortuné, je tâche de venir à son secours par mes conseils, comme un passant, sur le bord d'un torrent, tend la main à un malheureux qui s'y noie. Mais j'ai trouvé bien peu d'hommes attentifs à ma voix. Chacun d'eux se fait du bonheur une image qu'il revêt de ses propres passions. Il poursuit toute sa vie ce vain fantôme qui l'égare, et il se plaint ensuite au ciel de l'erreur qu'il s'est formée lui-même. Parmi un grand nombre d'infortunés que j'ai quelquefois essayé de ramener à une vie plus simple et plus tranquille, je n'en ai pas connu un seul qui ne fût enivré de ses propres misères. Ils m'écoutaient d'abord avec attention, dans l'espérance que je les aiderais à acquérir de la gloire ou de la fortune; mais, voyant que je ne voulais leur apprendre qu'à s'en passer, ils me trouvaient moi-même misérable de ne pas courir après leur malheureux bonheur; ils blâmaient ma vie solitaire; ils prétendaient qu'eux seuls étaient utiles aux hommes; et ils s'efforçaient de m'entraîner dans leur tourbillon. Mais si je me communique à tout le monde, je ne me livre à personne. Souvent il me suffit de moi pour me servir de leçon à moi-même. Je repasse dans le calme présent les agitations passées de ma propre vie, auxquelles j'ai donné tant de prix : les protections, la fortune, la réputation, les voluptés, et les opinions qui se combattent par toute la terre. Je compare tant d'hommes que j'ai vus se disputer avec fureur ces chimères, et qui ne sont plus, aux flots de ma rivière qui se brisent, en écumant, contre les rochers de son lit, et disparaissent pour ne revenir jamais. Pour moi, soutenu par les consolantes espérances de la religion, je me laisse entraîner en paix au fleuve du temps vers l'océan de l'avenir, qui n'a plus de rivages; et, par le spectacle des harmonies actuelles de la nature, je m'élève vers son auteur, et j'espère dans un autre monde de plus heureux destins.

Quoiqu'on n'aperçoive pas de mon ermitage, situé au milieu d'une forêt, cette multitude d'objets que nous présente l'élévation du lieu où nous sommes, il s'y trouve des dispositions intéressantes, surtout pour un homme qui, comme moi, aime mieux rentrer en lui-même que s'étendre au dehors. La rivière qui coule devant ma porte passe en ligne droite à travers les bois, en sorte qu'elle me présente un long canal ombragé d'arbres de toutes sortes de feuillages : il y a des tatamaques, des bois d'ébène, et de ceux qu'on appelle ici bois de pomme, bois d'olive et bois de cannelle : des bosquets de palmistes élèvent çà et là leurs colonnes nues, et longues de plus de cent pieds, surmontées à leurs sommets d'un bouquet de palmes, et paraissent au-dessus des autres arbres comme une forêt plantée sur une autre forêt. Il s'y joint des lianes de divers feuillages, qui, s'élançant d'un arbre à l'autre, forment ici des arcades de fleurs, là de longues courtines de verdure. Des odeurs aromatiques sortent de la plupart de ces arbres, et leurs parfums ont tant d'influence sur les vêtements mêmes, qu'on sent ici un homme qui a traversé une forêt quelques heures après qu'il en est sorti. Dans la saison où ils donnent leurs fleurs, vous les diriez à demi couverts de neige.

A la fin de l'été, plusieurs espèces d'oiseaux étrangers viennent, par un instinct inexplicable, de régions inconnues, au delà des vastes mers, récolter les graines des végétaux de cette île, et opposer l'éclat de leurs couleurs à la verdure des arbres, rembrunie par le soleil. Telles sont, entre autres, diverses espèces de perruches, et les pigeons bleus appelés ici pigeons hollandais. Les singes, habitants domiciliés de ces forêts, se jouent dans leurs sombres rameaux, dont ils se détachent par leur poil gris et verdâtre, et leur face toute noire; quelques-uns s'y suspendent par la queue, et se balancent en l'air; d'autres sautent de branche en branche, portant leurs petits dans leurs bras. Jamais le fusil meurtrier n'y a effrayé ces paisibles enfants de la nature. On n'y entend que des cris de joie, des gazouillements et des ramages inconnus de quelques oiseaux des terres australes, que répètent au loin les échos de ces forêts. La rivière qui coule en bouillonnant sur un lit de roches, à travers les arbres, réfléchit çà et là dans ses eaux limpides leurs masses vénérables de verdure et d'ombre, ainsi que les jeux de leurs heureux habitants; à mille pas de là, elle se précipite de différents étages de rocher, et forme, à sa chute, une nappe d'eau unie comme le cristal, qui se brise, en tombant, en bouillons d'écume. Mille bruits confus sortent de ces eaux tumultueuses; et, dispersés par les vents dans la forêt, tantôt ils fuient au loin, tantôt ils se rapprochent tous à la fois, et assourdissent comme les sons des cloches d'une cathédrale. L'air, sans cesse renouvelé par le mouvement des eaux, entretient sur les bords de cette rivière, malgré les ardeurs de l'été, une verdure et une fraîcheur qu'on trouve rarement dans cette île, sur le haut même des montagnes.

A quelque distance de là est un rocher assez éloigné de la cascade pour qu'on n'y soit pas étourdi du bruit de ses eaux, et qui en est assez voisin pour y jouir de leur vue, de leur fraîcheur et de leur murmure. Nous allions quelquefois, dans les grandes chaleurs, dîner à l'ombre de ce rocher, madame de La Tour, Marguerite, Virginie, Paul, et moi. Comme Virginie dirigeait toujours au bien d'autrui ses actions même les plus communes, elle ne mangeait pas un fruit à la campagne qu'elle n'en mît en terre les noyaux ou les pepins. « Il en viendra, disait-elle, « des arbres qui donneront leurs fruits à quel- « que voyageur, ou au moins à un oiseau. » Un jour donc qu'elle avait mangé une papaye au pied de ce rocher, elle y planta les semences de ce fruit. Bientôt après il y crût plusieurs papayers, parmi lesquels il y en avait un femelle, c'est-à-dire qui porte des fruits. Cet arbre n'était pas si haut que le genou de Virginie à son départ; mais comme il croît vite, deux ans après il avait vingt pieds de hauteur, et son tronc était entouré, dans sa partie supérieure, de plusieurs rangs de fruits mûrs.

Paul, s'étant rendu par hasard dans ce lieu, fut rempli de joie en voyant ce grand arbre sorti d'une petite graine qu'il avait vu planter par son amie; et, en même temps, il fut saisi d'une tristesse profonde par ce témoignage de sa longue absence. Les objets que nous voyons habituellement ne nous font pas apercevoir de la rapidité de notre vie; ils vieillissent avec nous d'une vieillesse insensible; mais ce sont ceux que nous revoyons tout à coup, après les avoir perdus quelques années de vue, qui nous avertissent de la vitesse avec laquelle s'écoule le fleuve de nos jours. Paul fut aussi surpris et aussi troublé à la vue de ce grand papayer chargé de fruits, qu'un voyageur l'est après une longue absence de son pays, de n'y plus retrouver ses contemporains, et d'y voir leurs enfants, qu'il avait laissés à la mamelle, devenus eux-mêmes pères de famille. Tantôt il voulait l'abattre, parce qu'il lui rendait trop sensible la longueur du temps qui s'était écoulé depuis le départ de Virginie; tantôt, le considérant comme un monument de sa bienfaisance, il baisait son tronc, et lui adressait des paroles pleines de sensibilité et de regret. O arbre dont la postérité existe encore dans nos bois, je vous ai vu moi-même avec plus d'intérêt et de vénération que les arcs de triomphe des Romains. Puisse la nature, qui détruit chaque jour les monuments de l'ambition des rois, multiplier dans nos forêts ceux de la bienfaisance d'une jeune et pauvre fille!

C'était donc au pied de ce papayer que j'étais sûr de rencontrer Paul, quand il venait dans mon quartier. Un jour je l'y trouvai accablé de mélancolie, et j'eus avec lui une conversation que je vais vous rapporter, si je ne vous suis point trop ennuyeux par mes longues digressions, pardonnables à mon âge et à mes dernières amitiés. Je vous la raconterai en forme de dialogue, afin que vous jugiez du bon sens naturel de ce jeune homme; et il vous sera aisé de faire la différence des interlocuteurs par le sens de ses questions et de mes réponses. Il me dit:

« Je suis bien chagrin. Mademoiselle de La Tour est partie depuis deux ans et deux mois; et depuis huit mois et demi elle ne nous a pas donné de ses nouvelles. Elle est riche; je suis pauvre; elle m'a oublié. J'ai envie de m'embarquer; j'irai en France, j'y servirai le roi, j'y ferai fortune, et la grand'tante de mademoiselle de La Tour me donnera sa petite nièce en mariage quand je serai devenu un grand seigneur.

Un jour je l'y trouvai accablé de mélancolie et j'eus avec lui une conversation.

### LE VIEILLARD.

« O mon ami, ne m'avez-vous pas dit que vous n'aviez pas de naissance?

### PAUL.

« Ma mère me l'a dit; car, pour moi je ne sais ce que c'est que la naissance. Je ne me suis jamais aperçu que j'en eusse moins qu'un autre, ni que les autres en eussent plus que moi.

### LE VIEILLARD.

« Le défaut de naissance vous rendra difficile le chemin aux grands emplois, et vous aurez bien de la peine à vous faire admettre dans un corps distingué.

### PAUL.

« Vous m'avez dit plusieurs fois qu'une des causes de la grandeur de la France était que le moindre sujet pouvait y parvenir à tout; et vous m'avez cité beaucoup d'hommes célèbres qui, sortis de petits états, avaient fait honneur à leur patrie. Vous vouliez donc tromper mon courage?

### LE VIEILLARD.

« Mon fils, jamais je ne l'abattrai. Je vous ai

dit la vérité sur les temps passés; mais les choses sont bien changées à présent[1]; tout est devenu vénal en France; tout y est aujourd'hui le patrimoine d'un petit nombre de familles, ou le partage des corps. Le roi est un soleil que les grands et les corps environnent comme des nuages; il est presque impossible qu'un de ses rayons tombe sur vous. Autrefois, dans une administration moins compliquée, on a vu ces phénomènes. Alors les talents et le mérite se sont développés de toutes parts, comme des terres nouvelles qui venant à être défrichées, produisent avec tout leur suc. Mais les grands rois, qui savent connaître les hommes et les choisir, sont rares. Le vulgaire des rois ne se laisse aller qu'aux impulsions des grands et des corps qui les environnent.

PAUL.

« Mais je trouverai peut-être un de ces grands qui me protégera.

---

[1] Il n'est inutile de dire qu'il y a dans tout ceci beaucoup d'exagération; il ne faut pas oublier ici comme ailleurs qu'on lit un roman. (*Note de l'éd.*)

### LE VIEILLARD.

« Pour être protégé des grands, il faut servir leur ambition ou leurs plaisirs. Vous n'y réussirez jamais, car vous êtes sans naissance, et vous avez de la probité.

### PAUL.

« Mais je ferai des actions si courageuses, je serai si fidèle à ma parole, si exact dans mes devoirs, si zélé et si constant dans mon amitié, que je mériterai d'être adopté par quelqu'un d'eux, comme j'ai vu que cela se pratiquait dans les histoires anciennes que vous m'avez fait lire.

### LE VIEILLARD.

« O mon ami, chez les Grecs et chez les Romains, même dans leur décadence, les grands avaient du respect pour la vertu; mais nous avons eu une foule d'hommes célèbres en tout genre sortis des classes du peuple, et je n'en sache pas un seul qui ait été adopté par une grande maison. La vertu, sans nos rois, serait condamnée en France à être éternellement plébéienne. Comme je vous l'ai dit, ils la mettent quelquefois en honneur, lorsqu'ils l'aperçoivent; mais, aujourd'hui, les distinctions qui lui étaient réservées ne s'accordent plus que pour de l'argent.

PAUL.

« Au défaut d'un grand, je chercherai à plaire à un corps. J'épouserai entièrement son esprit et ses opinions; je m'en ferai aimer.

LE VIEILLARD.

« Vous ferez donc comme les autres hommes, vous renoncerez à votre conscience pour parvenir à la fortune?

PAUL.

« Oh non! je ne chercherai jamais que la vérité.

LE VIEILLARD.

« Au lieu de vous faire aimer, vous pourriez bien vous faire haïr. D'ailleurs les corps s'intéressent fort peu à la découverte de la vérité. Toute opinion est indifférente aux ambitieux, pourvu qu'ils gouvernent.

### PAUL.

« Que je suis infortuné ! tout me repousse. Je suis condamné à passer ma vie dans un travail obscur, loin de Virginie ! » Et il soupira profondément.

### LE VIEILLARD.

« Que Dieu soit votre unique patron, et la religion votre plus solide appui. Soyez constamment attaché à l'un et à l'autre. Les familles, les corps, les peuples, les rois, ont leurs préjugés et leurs passions ; il faut souvent les servir par des vices ; Dieu et la religion ne nous demandent que des vertus.

« Mais pourquoi chercheriez-vous à vous distinguer du reste des hommes, et à faire naître dans votre cœur des sentiments d'ambition. Contentez-vous de remplir votre devoir dans l'état où la Providence vous a placé ; bénissez votre sort, qui vous permet d'avoir une conscience à vous, et qui ne vous oblige pas, comme les grands, de mettre votre bonheur dans l'opinion des petits ; et, comme les petits, de ramper sous les grands pour avoir de quoi vivre. Vous êtes dans un pays et dans une condition où, pour subsister, vous n'avez besoin ni de tromper, ni de flatter, ni de vous avilir, comme font la plupart de ceux qui cherchent la fortune en Europe ; où votre état ne vous interdit aucune vertu ; où vous pouvez être impunément bon, vrai, sincère, instruit, patient, tempérant, chaste, indulgent, pieux, sans qu'aucun ridicule vienne flétrir votre sagesse, qui n'est encore qu'en fleur. Le ciel vous a donné de la liberté, de la santé, une bonne conscience, et des amis : les rois, dont vous ambitionnez la faveur, ne sont pas si heureux.

### PAUL.

« Ah ! il me manque Virginie. Sans elle, je n'ai rien ; avec elle j'aurais tout. Elle seule est ma naissance, ma gloire et ma fortune. Mais puisque enfin sa parente veut lui donner pour mari un homme d'un grand nom, avec l'étude et des livres on devient savant et célèbre : je m'en vais étudier. J'acquerrai de la science, je servirai utilement ma patrie par mes lumières, sans nuire à personne, et sans en dépendre ; je deviendrai fameux, et ma gloire n'appartiendra qu'à moi.

### LE VIEILLARD.

« Mon fils, les talents sont encore plus rares que la naissance et que les richesses; et sans doute ils sont de plus grands biens, puisque rien ne peut les ôter, et que partout ils nous concilient l'estime publique. Mais ils coûtent cher; on ne les acquiert que par des privations en tout genre, par une sensibilité exquise qui nous rend malheureux au dedans et au dehors, par les persécutions de nos contemporains. L'homme de robe n'envie point en France la gloire du militaire, ni le militaire celle de l'homme de mer; mais tout le monde y traversera votre chemin, parce que tout le monde s'y pique d'avoir de l'esprit. Vous servirez les hommes, dites-vous : mais celui qui fait produire à un terrain une gerbe de blé de plus leur rend un plus grand service que celui qui leur donne un livre [1].

---

[1] Cela est assurément vrai pour une bonne partie des livres qui se publient aujourd'hui. (*Note de l'éd.*)

PAUL.

« Oh ! celle qui a planté ce papayer a fait aux habitants de ces forêts un présent plus utile et plus doux que si elle leur avait donné une bibliothèque. » Et, en même temps, il saisit cet arbre dans ses bras, et le baisa avec transport.

LE VIEILLARD.

Quel fruit les hommes ont-ils retiré de tant de beaux ouvrages publiés par les écrivains de l'antiquité ? Après cela, qui se flattera d'être utile aux hommes par un livre ? Rappelez-vous quel a été le sort de la plupart des philosophes qui leur ont prêché la sagesse. Homère qui l'a revêtue de vers si beaux, demandait l'aumône pendant sa vie. Socrate, qui en donna aux Athéniens de si aimables leçons par ses discours et par ses mœurs, fut empoisonné juridiquement par eux. Son sublime disciple Platon fut livré à l'esclavage par l'ordre du prince même qui le protégeait; et avant eux, Pythagore, qui étendait l'humanité jusqu'aux animaux, fut brûlé vif par les Crotoniates[1]. Que dis-je ? la plupart même de ces noms il-

[1] Ce fait est fort peu certain. (*Note de l'éd.*)

lustres sont venus à nous défigurés par quelques traits de satire qui les caractérisent, l'ingratitude humaine se plaisant à les reconnaître là; et si, dans la foule, la gloire de quelques-uns est venue nette et pure jusqu'à nous, c'est que ceux qui les ont portés ont vécu loin de la société de leurs contemporains : semblables à ces statues qu'on tire entières des champs de la Grèce et de l'Italie, et qui, pour avoir été ensevelies dans le sein de la terre, ont échappé à la fureur des barbares.

« Vous voyez donc que, pour acquérir la gloire orageuse des lettres, il faut bien de la vertu, et être prêt à sacrifier sa propre vie. D'ailleurs croyez-vous que cette gloire intéresse en France les gens riches? Ils se soucient bien des gens de lettres, auxquels la science ne rapporte ni dignité dans la patrie, ni gouvernement, ni entrée à la cour[1]! On persécute peu dans ce siècle in-

---

[1] Les choses ont un peu changé, comme on sait. Nous avons l'avantage d'être aujourd'hui gouvernés par les gens de lettres, les professeurs, les journalistes...., etc., sans compter les avocats. Dieu sait jusqu'à que point nous avons lieu de nous en féliciter, et la somme de bonheur que cet heureux changement nous a valu jusqu'à ce jour.

différent à tout, hors à la fortune et aux voluptés; mais les lumières et la vertu n'y mènent à rien de distingué, parce que tout est dans l'État le prix de l'argent. Autrefois, elles trouvaient des récompenses assurées dans les différentes places de l'Église, de la magistrature et de l'administration; aujourd'hui, elles ne servent qu'à faire des livres. Mais ce fruit peu prisé des gens du monde, est toujours digne de son origine céleste. C'est à ces mêmes livres qu'il est réservé particulièrement de donner de l'éclat à la vertu obscure, de consoler les malheureux, d'éclairer les nations, et de dire la vérité même aux rois. C'est, sans contredit, la fonction la plus auguste dont le ciel puisse honorer un mortel sur la terre. Quel est l'homme qui ne se console de l'injustice ou du mépris de ceux qui disposent de la fortune, lorsqu'il pense que son ouvrage ira, de siècle en siècle et de nations en nations, servir de barrière à l'erreur et aux tyrans; et que, du sein de l'obscurité où il a vécu, il jaillira une gloire qui effacera celle de la plupart des rois, dont les monuments périssent dans l'oubli, malgré les flatteurs qui les élèvent et qui les vantent?

### PAUL.

« Ah ! je ne voudrais cette gloire que pour la répandre sur Virginie, et la rendre chère à l'univers. Mais vous qui avez tant de connaissances, dites-moi quel sera un jour notre sort. Je voudrais être savant, au moins pour connaître l'avenir.

### LE VIEILLARD.

« Qui voudrait vivre, mon fils, s'il connaissait l'avenir ? Un seul malheur prévu nous donne tant de vaines inquiétudes ! La vue d'un malheur certain empoisonnerait tous les jours qui le précéderaient. Il ne faut pas même trop approfondir ce qui nous environne ; et le ciel, qui nous donna la réflexion pour prévoir nos besoins, nous a donné des besoins pour mettre des bornes à nos réflexions.

### PAUL.

« Avec de l'argent, dites-vous, on acquiert en Europe des dignités et des honneurs. J'irai m'enrichir au Bengale, pour me rendre ensuite à Paris. Je vais m'embarquer.

###### LE VIEILLARD.

« Quoi ! vous quitteriez sa mère et la vôtre ?

###### PAUL.

« Vous m'avez vous-même donné le conseil de passer aux Indes.

###### LE VIEILLARD.

« Virginie était alors ici. Mais vous êtes maintenant l'unique soutien de votre mère et de la sienne.

###### PAUL.

« Virginie leur fera du bien par sa riche parente.

###### LE VIEILLARD.

« Il ne faut pas toujours compter sur les riches, surtout lorsqu'on est éloigné d'eux. Cette parente a peut-être des proches plus à plaindre que madame de La Tour, et plus favorablement placés pour s'attirer ses bienfaits.

###### PAUL.

« Oh ! alors il faut que Virginie revienne ici.

Qu'a-t-elle besoin d'avoir une parente riche? Elle était si contente sous ces cabanes, si jolie et si bien parée avec un mouchoir rouge, ou des fleurs autour de sa tête! Reviens, Virginie! quitte tes hôtels et tes grandeurs. Reviens dans ces rochers, à l'ombre de ces bois et de nos cocotiers. Hélas! tu es peut-être maintenant malheureuse!... » Et il se mettait à pleurer. « Mon père, ne me cachez rien : si vous ne pouvez me dire si nous reverrons Virginie, au moins apprenez-moi si vous croyez qu'elle m'aime encore, au milieu de ces grands seigneurs qui parlent au roi, et qui la vont voir.

###### LE VIEILLARD.

« Oh! mon ami, je suis sûr qu'elle vous aime, par plusieurs raisons, mais surtout parce qu'elle a de la vertu. » A ces mots, il me sauta au cou, transporté de joie.

###### PAUL.

« Mais que pensez-vous de ces riches d'Europe dont on envie le bonheur?

###### LE VIEILLARD.

« Ils sont pour la plupart insensibles à ce qui

pourrait leur plaire, par cela même qu'il ne leur coûte aucune peine. N'avez-vous pas éprouvé que le plaisir du repos s'achète par la fatigue; celui de manger, par la faim; celui de boire, par la soif? Eh bien! les richesses ôtent aux riches tous ces plaisirs-là, en prévenant leurs besoins. Joignez à l'ennui qui suit leur satiété, l'orgueil qui naît de leur opulence, et que la moindre privation blesse, lors même que les plus grandes jouissances ne les flattent plus. Le parfum de mille roses ne plaît qu'un instant; mais la douleur que cause une seule de leurs épines dure longtemps après sa piqûre. Un mal au milieu des plaisirs est pour les riches une épine au milieu des fleurs. Pour les pauvres, au contraire, un plaisir au milieu des maux est une fleur au milieu des épines: ils en goûtent vivement la jouissance. Tout effet augmente par son contraste. La nature a tout balancé. Quel état, à tout prendre, croyez-vous préférable, de n'avoir presque rien à espérer et tout à craindre, ou presque rien à craindre et tout à espérer? Le premier état est celui des riches, et le second celui des pauvres. Mais ces extrêmes sont également difficiles à supporter aux hommes, dont le bonheur consiste dans la médiocrité et la vertu.

### PAUL.

« Qu'entendez-vous par la vertu ?

### LE VIEILLARD.

« Mon fils, vous qui soutenez vos parents par vos travaux, vous n'avez pas besoin qu'on vous la définisse. La vertu est un effort fait sur nous-mêmes pour le bien d'autrui, dans l'intention de plaire à Dieu seul.

### PAUL.

« Oh! que Virginie est vertueuse! C'est par vertu qu'elle a voulu être riche, afin d'être bienfaisante. C'est par vertu qu'elle est partie de cette île; la vertu l'y ramènera. »

L'idée de son retour prochain ranimant l'imagination de ce jeune homme, toutes ses inquiétudes s'évanouissaient. Virginie n'avait point écrit, parce qu'elle allait arriver. Il fallait si peu de temps pour venir d'Europe avec un bon vent! Il faisait l'énumération des vaisseaux qui avaient fait ce trajet de quatre mille cinq cents lieues en moins de trois mois. Le vaisseau où elle s'était embarquée n'en mettrait pas plus de deux : les constructeurs étaient aujourd'hui si savants, et les marins si habiles! Il parlait des arrangements qu'il allait faire pour la recevoir, du nouveau logement qu'il allait bâtir, des plaisirs et des surprises qu'il lui ménagerait chaque jour, quand elle serait de retour. Ces pensées le ravissaient. Au moins, mon père, me disait-il, vous ne ferez plus rien que pour votre plaisir. Virginie étant riche, nous aurons beaucoup de noirs qui travailleront pour nous. Vous serez toujours avec nous, n'ayant d'autre souci que celui de vous amuser et de vous réjouir. Et il allait, hors de lui, porter à sa famille la joie dont il était rempli.

En peu de temps les grandes craintes succèdent aux grandes espérances. Les sentiments trop vifs jettent toujours l'âme dans les extrémités opposées. Souvent, dès le lendemain, Paul revenait me voir, accablé de tristesse. Il me disait : « Virginie ne m'écrit point. Si elle était « partie d'Europe, elle m'aurait mandé son dé-

« part. Ah! les bruits qui ont couru d'elle ne
« sont que trop fondés! Le grand monde l'a
« séduite; l'amour des richesses l'a perdue,
« comme tant d'autres. Dans ces livres qui
« peignent si bien les passions, la vertu n'est
« qu'un sujet de roman. Si Virginie avait eu
« de la vertu, elle n'aurait pas quitté sa pro-
« pre mère et moi. Pendant que je passe ma
« vie à penser à elle, elle m'oublie. Je m'afflige,
« et elle se divertit. Ah! cette pensée me déses-
« père. Tout travail me déplaît; toute société
« m'ennuie. Plût à Dieu que la guerre fût dé-
« clarée dans l'Inde! j'irais y mourir. »

« Mon fils, lui répondis-je, le courage qui
« nous jette dans la mort n'est que le courage
« d'un instant. Il est souvent excité par les vains
« applaudissements des hommes. Il en est un
« plus rare et plus nécessaire, qui nous fait
« supporter chaque jour, sans témoins et sans
« éloges, les traverses de la vie : c'est la patience.
« Elle s'appuie, non sur l'opinion d'autrui ou
« sur l'impulsion de nos passions, mais sur la
« volonté de Dieu. La patience est le courage de
« la vertu. »

« Ah! s'écria-t-il, je n'ai donc point de vertu!
« Tout m'accable et me désespère. — La vertu,
« repris-je, toujours égale, constante, invariable,
« n'est pas le partage de l'homme. Au milieu de
« tant de passions qui nous agitent, notre rai-
« son se trouble et s'obscurcit; mais il est des
« phares où nous pouvons en rallumer le flam-
« beau : ce sont les lettres et surtout la religion.

« C'est la religion qui supplée à l'insuffisance
« de nos lumières naturelles. C'est elle, ô mon
« fils, qui nous dirige d'un pas sûr dans le cours
« de notre laborieux pèlerinage, et qui nous soutient
« dans le sentier rude et âpre de la vertu par la
« vue de l'avenir; elle calme nos passions, ré-
« prime nos vices, épure tous nos sentiments na-
« turels, et nous excite à la vertu par les exemples
« augustes des saints personnages qu'elle célèbre,
« et dont elle nous offre des images toujours vé-
« nérées. Elle seule peut faire goûter à notre
« cœur une joie véritable. Enfin, c'est d'elle et
« d'elle seule que nous devons attendre la force
« dont nous avons besoin dans les grandes épreu-
« ves qu'il plaît à la Providence de nous envoyer.

« Les lettres peuvent aussi être considérées

« comme un secours venu du ciel. Ce sont
« comme des rayons de cette sagesse qui gou-
« verne l'univers, et qui, semblables à ceux
« du soleil, éclairent, réjouissent, échauffent
« l'âme des mortels qui se vouent à leur
« culte. Comme le feu, elles approprient toute
« la nature à notre usage. Par elles, nous ré-
« unissons autour de nous les choses, les lieux,
« les hommes et les temps. Ce sont des filles
« du ciel qui descendent sur la terre pour
« charmer les maux du genre humain. Les
« grands écrivains qu'elle inspire ont tou-
« jours paru dans les temps les plus difficiles à
« supporter à toute société, les temps de bar-
« barie et ceux de dépravation. Mon fils, les let-
« tres ont consolé une infinité d'hommes plus
« malheureux que vous : Xénophon, exilé de
« sa patrie après y avoir ramené dix mille
« Grecs ; Scipion l'Africain, lassé des ca-
« lomnies des Romains ; Lucullus, de leurs bri-
« gues ; Catinat, de l'ingratitude de la cour.

« Lisez-donc, mon fils. Les sages qui ont écrit
« avant nous sont des voyageurs qui nous ont
« précédés dans les sentiers de l'infortune, qui

« nous tendent la main, et nous invitent à nous
« joindre à leur compagnie, lorsque tout nous
« abandonne. Un bon livre est un bon ami.

« — Ah! s'écriait Paul, je n'avais pas besoin de
« savoir lire quand Virginie était ici. Elle n'avait
« pas plus étudié que moi; mais quand elle me
« regardait en m'appelant son ami, il m'était
« impossible d'avoir du chagrin.

« — Sans doute, lui disais-je, il n'y a point de
« société plus agréable qu'une amie dont on par-
« tage les travaux et les délassements. Il y a de
« plus dans la femme une gaieté légère qui dis-
« sipe la tristesse de l'homme. Ses grâces font
« évanouir les noirs fantômes de la réflexion.
« Sur son visage sont les doux attraits et la con-
« fiance. Quelle joie n'est rendue plus vive par
« sa joie? Quel front ne se déride à son sourire?
« Quelle colère résiste à ses larmes? Virginie
« reviendra avec plus de philosophie que vous
« n'en avez. Elle sera bien surprise de ne pas
« retrouver le jardin tout à fait rétabli, elle qui
« ne songe qu'à l'embellir, malgré les persécu-
« tions de sa parente, loin de sa mère et de
« vous. »

L'idée du retour prochain de Virginie renouvelait le courage de Paul, et le ramenait à ses occupations champêtres : heureux, au milieu de ses peines, de proposer à son travail une fin qui plaisait à ses regrets !

Un matin, au point du jour (c'était le 24 décembre 1744), Paul, en se levant, aperçut un pavillon blanc arboré sur la montagne de la Découverte. Ce pavillon était le signalement d'un vaisseau qu'on voyait en mer. Paul courut à la ville pour savoir s'il n'apportait pas des nouvelles de Virginie. Il y resta jusqu'au retour du pilote du port, qui s'était embarqué pour aller le reconnaître, suivant l'usage. Cet homme ne revint que le soir. Il rapporta au gouverneur que le vaisseau signalé était *le Saint-Géran*, du port de sept cents tonneaux, commandé par un capitaine appelé M. Aubin; qu'il était à quatre lieues au large, et qu'il ne mouillerait au Port-Louis que le lendemain dans l'après-midi, si le vent était favorable. Il n'en faisait point du tout alors. Le pilote remit au gouverneur les lettres que ce vaisseau apportait de France. Il y en avait une pour madame de La Tour, de l'écriture de

Virginie. Paul s'en saisit aussitôt, la baisa avec transport, la mit dans son sein, et courut à l'habitation. Du plus loin qu'il aperçut la famille, qui attendait son retour sur le rocher des Adieux, il éleva la lettre en l'air sans pouvoir parler; et aussitôt tout le monde se rassembla chez madame de La Tour pour en entendre la lecture. Virginie mandait à sa mère qu'elle avait éprouvé beaucoup de mauvais procédés de la part de sa grand'tante, qui l'avait voulu marier malgré elle, ensuite déshéritée, et enfin renvoyée dans un temps qui ne lui permettait d'arriver à l'Ile de France que dans la saison des ouragans; qu'elle avait essayé en vain de la fléchir en lui représentant ce qu'elle devait à sa mère et aux habitudes du premier âge; qu'elle en avait été traitée de fille insensée, dont la tête était gâtée par les romans; qu'elle n'était maintenant sensible qu'au bonheur de revoir et d'embrasser sa chère famille; et qu'elle eût satisfait cet ardent désir dès le jour même, si le capitaine lui eût permis de s'embarquer dans la chaloupe du pilote; mais qu'il s'était opposé à son départ, à cause de l'éloignement de la terre, et d'une grosse mer qui régnait au large, malgré le calme des vents.

A peine cette lettre fut lue, que toute la famille transportée de joie, s'écria : « Virginie est « arrivée! » Maîtres et serviteurs, tous s'embrassèrent. Madame de La Tour dit à Paul : « Mon fils, allez prévenir notre voisin de l'arri- « vée de Virginie. » Aussitôt Domingue alluma un flambeau de bois de ronde, et Paul et lui s'acheminèrent vers mon habitation.

Il pouvait être dix heures du soir. Je venais d'éteindre ma lampe et de me coucher, lorsque j'aperçus, à travers les palissades de ma cabane, une lumière dans le bois. Bientôt après j'entendis la voix de Paul qui m'appelait. Je me lève; et à peine j'étais habillé, que Paul, hors de lui et tout essoufflé, me saute au cou, en me disant : « Allons, allons, Virginie est arrivée! Allons « au port, le vaisseau y mouillera au point du « jour. » Sur-le-champ nous nous mettons en route. Comme nous traversions les bois de la Montagne-Longue, et que nous étions déjà sur le chemin qui mène des Pamplemousses au port, j'entendis quelqu'un marcher derrière nous.

C'était un noir qui s'avançait à grands pas. Dès qu'il nous eut atteints, je lui demandai d'où il venait, et où il allait en si grande hâte. Il me répondit : « Je viens du quartier de l'île appelé « la Poudre-d'Or : on m'envoie au port, avertir « le gouverneur qu'un vaisseau de France est « mouillé sous l'île d'Ambre. Il tire du canon « pour demander du secours ; car la mer est bien « mauvaise. » Cet homme ayant ainsi parlé, continua sa route sans s'arrêter davantage.

Je dis alors à Paul : « Allons vers le quartier « de la Poudre-d'Or, au-devant de Virginie; « il n'y a que trois lieues d'ici. » Nous nous mîmes donc en route vers le nord de l'île. Il faisait une chaleur étouffante. La lune était levée : on voyait autour d'elle trois grands cercles noirs. Le ciel était d'une obscurité affreuse. On distinguait, à la lueur fréquente des éclairs, de longues files de nuages épais, sombres, peu élevés, qui s'entassaient vers le milieu de l'île, et venaient de la mer avec une grande vitesse, quoiqu'on ne sentît pas le moindre vent à terre. Chemin faisant, nous crûmes entendre rouler le tonnerre; mais ayant prêté l'oreille attentivement, nous reconnûmes que c'étaient des coups de canon répétés par les échos. Ces coups de canon lointains, joints à l'aspect d'un ciel orageux, me firent frémir. Je ne pouvais douter qu'ils ne fussent les signaux de détresse d'un vaisseau en perdition. Une demi-heure après, nous n'entendîmes plus tirer du tout, et ce silence me parut encore plus effrayant que le bruit lugubre qui l'avait précédé.

Nous nous hâtions d'avancer sans dire un mot, et sans oser nous communiquer nos inquiétudes. Vers minuit, nous arrivâmes tout en nage sur le bord de la mer, au quartier de la Poudre-d'Or. Les flots s'y brisaient avec un bruit épouvantable; ils en couvraient les rochers et les grèves d'écumes d'un blanc éblouissant, et d'étincelles de feu. Malgré les ténèbres, nous distinguâmes, à ces lueurs phosphoriques, les pirogues des pêcheurs, qu'on avait tirées bien avant sur le sable.

A quelque distance de là, nous vîmes, à l'entrée du bois, un feu autour duquel plusieurs habitants s'étaient rassemblés. Nous fûmes nous y reposer, en attendant le jour. Pendant que nous étions assis auprès de ce feu, un des habitants nous raconta que, dans l'après-midi, il avait vu un vaisseau en pleine mer, porté sur l'île par les courants; que la nuit l'avait dérobé à sa vue; que, deux heures après le coucher du soleil, il l'avait entendu tirer du canon pour appeler du secours; mais que la mer était si mauvaise, qu'on n'avait pu mettre aucun bateau dehors pour aller à lui; que, bientôt après, il avait cru apercevoir ses fanaux allumés, et que, dans ce cas, il craignait que le vaisseau, venu si près du rivage, n'eût passé entre la terre et la petite île d'Ambre, prenant celle-ci pour le Coin de Mire, près duquel passent les vaisseaux qui arrivent au Port-Louis : que si cela était (ce qu'il ne pouvait toutefois affirmer), ce vaisseau était dans le plus grand péril. Un autre habitant prit la parole, et nous dit qu'il avait traversé plusieurs fois le canal qui sépare l'île d'Ambre de la côte; qu'il l'avait sondé; que la tenure et le mouillage en étaient très-bons, et que le vaisseau y était en parfaite sûreté, comme dans le meilleur port. « J'y mettrais toute ma fortune, ajouta-t-il, et « j'y dormirais aussi tranquillement qu'à terre. »

Un troisième habitant dit qu'il était impossible que ce vaisseau entrât dans ce canal, où à peine les chaloupes pouvaient naviguer. Il assura qu'il l'avait vu mouiller au delà de l'île d'Ambre; en sorte que, si le vent venait à s'élever au matin, il serait le maître de pousser au large, ou de gagner le port. D'autres habitants ouvrirent d'autres opinions. Pendant qu'ils contestaient entre eux, suivant la coutume des créoles oisifs, Paul et moi nous gardions un profond silence. Nous restâmes là jusqu'au petit point du jour; mais il faisait trop peu de clarté au ciel pour qu'on pût distinguer aucun objet sur la mer, qui d'ailleurs était couverte de brume : nous n'entrevîmes au large qu'un nuage sombre, qu'on nous dit être l'île d'Ambre, située à un quart de lieue de la côte. On n'apercevait, dans ce jour ténébreux, que la pointe du rivage où nous étions, et quelques pitons des montagnes de l'intérieur de l'île, qui apparaissent de temps en temps au milieu des nuages qui circulaient autour.

Vers les sept heures du matin, nous entendîmes dans les bois un bruit de tambour; c'était le gouverneur, M. de La Bourdonnays, qui arrivait à cheval, suivi d'un détachement de soldats armés de fusils, et d'un grand nombre d'habitants et de noirs. Il plaça ses soldats sur le rivage, et leur ordonna de faire feu de leurs armes tous à la fois. A peine leur décharge fut faite, que nous aperçûmes sur la mer une lueur, suivie presque aussitôt d'un coup de canon. Nous jugeâmes que le vaisseau était à peu de distance de nous, et nous courûmes tous du côté où nous avions vu son signal. Nous aperçûmes alors, à travers le brouillard, le corps et les vergues d'un grand vaisseau. Nous en étions si près, que, malgré le bruit des flots, nous entendîmes le sifflet du maître qui commandait la manœuvre, et les cris des matelots, qui crièrent trois fois VIVE LE ROI! car c'est le cri des Français dans les dangers extrêmes, ainsi que dans les grandes joies; comme si, dans les dangers, ils appelaient leur prince à leur secours, ou comme s'ils voulaient témoigner alors qu'ils sont prêts à périr pour lui.

Depuis le moment où *le Saint-Géran* aperçut que nous étions à portée de le secourir, il ne cessa de tirer du canon de trois minutes en trois minutes. M. de La Bourdonnays fit allumer de grands feux de distance en distance sur la grève, et envoya chez tous les habitants du voisinage chercher des vivres, des planches, des câbles, et des tonneaux vides. On en vit arriver bientôt une foule, accompagnée de leurs noirs chargés de provisions et d'agrès qui venaient des habitations de la Poudre-d'Or, du quartier de Flaque, et de la rivière du Rempart. Un des plus anciens des habitants s'approcha du gouverneur, et lui dit : « Monsieur, on a entendu toute la nuit des « bruits sourds dans la montagne. Dans les bois, « les feuilles des arbres remuent sans qu'il fasse « de vent. Les oiseaux de marine se réfugient à « terre : certainement tous ces signes annoncent « un ouragan. — Eh bien ! mes amis, répondit « le gouverneur, nous y sommes préparés, et « sûrement le vaisseau l'est aussi. »

En effet, tout présageait l'arrivée prochaine d'un ouragan. Les nuages qu'on distinguait au zénith étaient à leur centre d'un noir affreux, et cuivrés sur leurs bords. L'air retentissait des cris des pailles-en-culs, des frégates, des coupeurs d'eau, et d'une multitude d'oiseaux de marine, qui, malgré l'obscurité de l'atmosphère, venaient de tous les points de l'horizon chercher des retraites dans l'île.

Vers les neuf heures du matin, on entendit du côté de la mer des bruits épouvantables, comme si des torrents d'eau, mêlés à des tonnerres, eussent roulé du haut des montagnes. Tout le monde s'écria : « Voilà l'ouragan ! » et dans l'instant un tourbillon affreux de vent enleva la brume qui couvrait l'île d'Ambre et son canal. *Le Saint-Géran* parut alors à découvert, avec son pont chargé de monde, ses vergues et ses mâts de hune amenés sur le tillac, son pavillon en berne, quatre câbles sur son avant, et un de retenue sur son arrière ; il était mouillé entre l'île d'Ambre et la terre, en deçà de la ceinture de récifs qui entoure l'Ile de France, et qu'il avait franchie par un endroit où jamais vaisseau n'avait passé avant lui. Il présentait son avant aux flots qui venaient de la pleine mer, et à chaque lame d'eau qui s'engageait dans le canal, sa proue se soulevait tout entière, de sorte qu'on en voyait la carène en l'air ; mais, dans ce mouvement, sa poupe, venant à plonger, disparaissait à la vue jusqu'au couronnement, comme si elle eût été submergée. Dans cette position, où le vent et la mer le jetaient à terre, il lui était également impossible de s'en aller par où il était venu, ou, en coupant ses câbles, d'échouer sur le rivage, dont il était séparé par de hauts-fonds semés de récifs. Chaque lame qui venait briser sur la côte s'avançait en mugissant jusqu'au fond des anses, et y jetait des galets à plus de cinquante pieds dans les terres; puis, venant à se retirer, elle découvrait une grande partie du lit du rivage, dont elle roulait les cailloux avec un bruit rauque et affreux. La mer, soulevée par le vent, grossissait à chaque instant, et tout le canal compris entre cette île et l'île d'Ambre n'était qu'une vaste nappe d'écumes blanches, creusées de vagues noires et profondes. Ces écumes s'amassaient dans le fond des anses, à plus de six pieds de hauteur, et le vent qui en balayait la surface les portait par-dessus l'escarpement du rivage à plus d'une demi-lieue dans les terres. A leurs flocons blancs et innombrables, qui étaient chassés horizontalement jusqu'au pied des montagnes, on eût dit d'une neige qui sortait de la mer. L'horizon offrait tous les signes d'une longue tempête; la mer y paraissait confondue avec le ciel. Il s'en détachait sans cesse des nuages d'une forme horrible, qui traversaient le zénith avec la vitesse des oiseaux, tandis que d'autres y paraissaient immobiles comme de grands rochers. On n'apercevait aucune partie azurée du firmament; une lueur olivâtre et blafarde éclairait seule tous les objets de la terre, de la mer et des cieux.

Dans les balancements du vaisseau, ce qu'on craignait arriva. Les câbles de son avant rompirent; et comme il n'était plus retenu que par une seule ansière, il fut jeté sur les rochers, à une demi-encâblure du rivage. Ce ne fut qu'un cri de douleur parmi nous. Paul allait s'élancer à la mer, lorsque je le saisis par le bras. « Mon « fils, lui dis-je, voulez-vous périr? — Que j'aille « à son secours, s'écria-t-il, ou que je meure ! » Comme le désespoir lui ôtait la raison, pour prévenir sa perte, Domingue et moi nous lui attachâmes à la ceinture une longue corde, dont nous saisîmes l'une des extrémités. Paul s'avança vers *le Saint-Géran,* tantôt nageant, tantôt marchant sur les récifs. Quelquefois il avait l'espoir de l'aborder; car la mer, dans ses mouvements irréguliers, laissait le vaisseau presque à sec, de manière qu'on en eût pu faire le tour à pied; mais bientôt après, revenant sur ses pas avec une nouvelle furie, elle le couvrait d'énormes voûtes d'eau qui soulevaient tout l'avant de sa carène, et rejetaient bien loin sur le rivage le malheureux Paul, les jambes en sang, la poitrine meurtrie, et à demi noyé. A peine ce jeune homme avait-il repris l'usage de ses sens, qu'il se relevait, et retournait avec une nouvelle ardeur vers le vaisseau, que la mer cependant entr'ouvrait par d'horribles secousses.

Tout l'équipage, désespérant alors de son salut, se précipitait en foule à la mer, sur des vergues, des planches, des cages à poules, des tables et des tonneaux. On vit alors un objet digne d'une éternelle pitié : une jeune demoiselle parut dans la galerie de la poupe du *Saint-Géran,* tendant les bras vers celui qui faisait tant d'efforts pour la joindre. C'était Virginie. Elle avait reconnu Paul à son intrépidité. La vue de cette aimable personne, exposée à un si terrible danger, nous remplit de douleur et de désespoir.

Pour Virginie, d'un port noble et assuré, elle nous faisait signe de la main, comme nous disant un éternel adieu. Tous les matelots s'étaient jetés à la mer. Il n'en restait plus qu'un sur le pont, qui était tout nu et nerveux comme Hercule. Il s'approcha de Virginie avec respect : nous le vîmes se jeter à ses genoux, et s'efforcer même de lui ôter ses habits ; mais elle, le repoussant avec dignité, détourna de lui sa vue. On entendit aussitôt ces cris redoublés des spectateurs : « Sauvez-la, sauvez-la ! ne la quittez pas ! » Mais, dans ce moment, une montagne d'eau d'une effroyable grandeur s'engouffra entre l'île d'Ambre et la côte, et s'avança en rugissant vers le vaisseau, qu'elle menaçait de ses flancs noirs et de ses sommets écumants. A cette terrible vue, le matelot s'élança seul à la mer ; et Virginie, voyant la mort inévitable, posa une main sur ses habits, l'autre sur son cœur, et levant en haut des yeux sereins, parut un ange qui prend son vol vers les cieux.

O jour affreux ! hélas ! tout fut englouti. La lame jeta bien avant dans les terres une partie des spectateurs qu'un mouvement d'humanité avait portés à s'avancer vers Virginie, ainsi que le matelot qui l'avait voulu sauver à la nage. Cet homme, échappé à une mort presque certaine, s'agenouilla sur le sable, en disant : « O mon Dieu ! « vous m'avez sauvé la vie; mais je l'aurais donnée de bon cœur pour cette digne demoiselle « qui n'a jamais voulu se déshabiller comme « moi. » Domingue et moi, nous retirâmes des flots le malheureux Paul sans connaissance, rendant le sang par la bouche et par les oreilles. Le gouverneur le fit mettre entre les mains des chirurgiens; et nous cherchâmes de notre côté, le long du rivage, si la mer n'y apporterait point le corps de Virginie; mais le vent ayant tourné subitement, comme il arrive dans les ouragans, nous eûmes le chagrin de penser que nous ne pourrions pas même rendre à cette fille infortunée les devoirs de la sépulture. Nous nous éloignâmes de ce lieu, accablés de consternation, tous l'esprit frappé d'une seule perte, dans un naufrage où un grand nombre de personnes avaient péri, déplorant la fin si funeste et si peu attendue d'une fille aussi vertueuse, et ne trouvant de consolation que dans la pensée d'une Providence qui préside à tous les événements.

Cependant on avait mis Paul, qui commençait à reprendre ses sens, dans une maison voisine, jusqu'à ce qu'il fût en état d'être transporté à son habitation. Pour moi, je m'en revins avec Domingue, afin de préparer la mère de Virginie et son amie à ce désastreux événement. Quand nous fûmes à l'entrée du vallon de la rivière des Lataniers, des noirs nous dirent que la mer jetait beaucoup de débris du vaisseau dans la baie vis-à-vis. Nous y descendîmes; et un des premiers objets que j'aperçus sur le rivage fut le corps de Virginie; elle était à moitié couverte de sable, dans l'attitude où nous l'avions vue périr : ses traits n'étaient point sensiblement altérés; ses yeux étaient fermés, mais la sérénité était encore sur son front; seulement les pâles violettes de la mort se confondaient sur ses joues avec les roses de la pudeur. Une de ses mains était sur ses habits; et l'autre, qu'elle appuyait sur son cœur, était fortement fermée et roidie. J'en dégageai avec peine une petite boîte; mais quelle fut ma surprise, lorsque je vis que c'était le portrait de

Une de ses mains était sur ses habits, et l'autre, qu'elle appuyait sur son cœur, était fortement fermée et roidie.

Paul, qu'elle lui avait promis de ne jamais abandonner tant qu'elle vivrait ! A cette dernière marque de la constance et de l'attachement de cette fille infortunée, je pleurai amèrement. Pour Domingue, il se frappait la poitrine, et perçait l'air de ses cris douloureux. Nous portâmes le corps de Virginie dans une cabane de pêcheurs, où nous le donnâmes à garder à de pauvres femmes malabares, qui prirent soin de l'ensevelir.

Pendant qu'elles s'occupaient de ce triste office, nous montâmes en tremblant à l'habitation ; nous y trouvâmes madame de La Tour et Marguerite en prières, en attendant des nouvelles du vaisseau. Dès que madame de La Tour m'aperçut, elle s'écria : « Où est ma fille, ma chère fille, mon enfant ? » Ne pouvant douter de son malheur à mon silence et à mes larmes, elle fut saisie tout à coup d'étouffements et d'angoisses douloureuses ; sa voix ne faisait plus entendre que des soupirs et des sanglots. Pour Marguerite, elle s'écria : « Où est mon fils ? Je ne vois point mon fils ! » et elle s'évanouit. Nous courûmes à elle, et, l'ayant fait revenir, je l'assurai que Paul était vivant, et que le gouverneur en faisait prendre soin; elle ne reprit ses sens que pour s'occuper de son amie, qui tombait de temps en temps dans de longs évanouissements. Madame de La Tour passa toute la nuit dans ces cruelles souffrances; et, par leurs longues périodes, j'ai jugé qu'aucune douleur n'était égale à la douleur maternelle. Quand elle recouvrait la connaissance, elle tournait des regards fixes et mornes vers le ciel. En vain son amie et moi nous lui pressions les mains dans les nôtres, en vain nous l'appelions par les noms les plus tendres; elle paraissait insensible à ces témoignages de notre ancienne affection, et il ne sortait de sa poitrine oppressée que de sourds gémissements.

Dès le matin, on apporta Paul couché dans un palanquin; il avait repris l'usage de ses sens, mais il ne pouvait proférer une parole. Son entrevue avec sa mère et madame de La Tour, que j'avais d'abord redoutée, produisit un meilleur effet que tous les soins que j'avais pris jusqu'alors. Un rayon de consolation parut sur le visage de ces deux malheureuses mères; elles se mirent l'une et l'autre auprès de lui, le saisirent dans leurs bras, le baisèrent; et leurs larmes, qui avaient été suspendues jusqu'alors par l'excès de leur chagrin, commencèrent à couler. Paul y mêla bientôt les siennes. La nature s'étant ainsi soulagée dans ces trois infortunés, un long assoupissement succéda à l'état convulsif de leur douleur, et leur procura un repos léthargique, semblable, à la vérité, à celui de la mort.

M. de La Bourdonnays m'envoya avertir secrètement que le corps de Virginie avait été apporté à la ville par son ordre, et que de là on allait le transférer à l'église des Pamplemousses. Je descendis aussitôt au Port-Louis, où je trouvai des habitants de tous les quartiers, rassemblés pour assister à ses funérailles, comme si l'île eût perdu en elle ce qu'elle avait de plus cher. Dans le port, les vaisseaux avait leurs vergues croisées, leurs pavillons en berne, et tiraient du canon par longs intervalles. Des grenadiers ouvraient la marche du convoi; ils portaient leurs fusils baissés; leurs tambours, couverts de longs crêpes, ne faisaient entendre que des sons lugubres, et on voyait l'abattement peint dans les traits de ces guerriers, qui avaient tant de fois affronté la mort dans les combats sans changer de visage. Huit jeunes demoiselles des plus considérables de l'île, vêtues de blanc, et tenant des palmes à la main, portaient le corps de leur vertueuse compagne, couvert de fleurs. Un chœur de petits enfants le suivait en chantant des hymnes; après eux venait tout ce que l'île avait de plus distingué dans ses habitants et dans son état-major, à la suite duquel marchait le gouverneur, suivi de la foule du peuple.

Voilà ce que l'administration avait ordonné, pour rendre quelques honneurs à la vertu de Virginie. Mais quand son corps fut arrivé au pied de cette montagne, à la vue de ces mêmes cabanes dont elle avait fait si longtemps le bonheur, et que sa mort remplissait maintenant de désespoir, toute la pompe funèbre fut dérangée; les hymnes et les chants cessèrent; on n'entendit plus dans la plaine que des soupirs et des sanglots; on vit accourir alors des troupes de jeunes filles des habitations voisines, pour faire toucher au cercueil de Virginie des mouchoirs, des chapelets et des couronnes de fleurs, en l'invoquant comme une sainte. Les mères demandaient à Dieu une fille comme elle; les pauvres, une amie aussi tendre; les esclaves, une maîtresse aussi bonne.

Lorsqu'elle fut arrivée au lieu de sa sépulture, des négresses de Madagascar et des Cafres de Mozambique déposèrent autour d'elle des paniers de fruits, et suspendirent des pièces d'étoffes aux arbres voisins, suivant l'usage de leurs pays; des Indiennes du Bengale et de la côte malabare apportèrent des cages pleines d'oiseaux, auxquels elles donnèrent la liberté sur son corps : tant la perte d'un objet aimable intéresse toutes les nations! et tant est grand le pouvoir de la vertu malheureuse, puisqu'elle réunit toutes les sympathies autour de son tombeau!

Il fallut mettre des gardes auprès de sa fosse, et en écarter quelques filles de pauvres habitants qui voulaient s'y jeter à toute force, disant qu'elles n'avaient plus de consolation à espérer dans le monde, et qu'il ne leur restait qu'à mourir avec celle qui était leur unique bienfaitrice.

On l'enterra près de l'église des Pamplemousses, sur son côté occidental, au pied d'une touffe de bambous, où, en venant à la messe avec sa mère et Marguerite, elle aimait à se reposer, assise à côté de celui qu'elle appelait alors son frère.

Au retour de cette pompe funèbre, M. de La Bourdonnays monta ici, suivi d'une partie de son nombreux cortége. Il offrit à madame de La Tour et à son amie tous les secours qui dépendaient de lui. Il s'exprima en peu de mots, mais avec indignation, contre sa tante dénaturée; et s'approchant de Paul, il lui dit tout ce qu'il crut propre à le consoler. « Je désirais, lui dit-il, « votre bonheur et celui de votre famille : Dieu « m'en est témoin. Mon ami, il faut aller en « France; je vous y ferai avoir du service. Dans « votre absence, j'aurai soin de votre mère comme « de la mienne. » Et en même temps il lui présenta la main; mais Paul retira la sienne, et détourna la tête pour ne le pas voir.

Pour moi, je restai dans l'habitation de mes amies infortunées, pour leur donner ainsi qu'à Paul tous les secours dont j'étais capable. Au bout de trois semaines, Paul fut en état de marcher; mais son chagrin paraissait augmenter à mesure que son corps reprenait des forces. Il était insensible à tout; ses regards étaient éteints, et il ne répondait rien à toutes les questions qu'on pouvait lui faire. Madame de La Tour, qui était mourante, lui disait souvent : « Mon fils, tant « que je vous verrai, je croirai voir ma chère « Virginie. » A ce nom de Virginie, il tressaillait et s'éloignait d'elle, malgré les invitations de sa mère, qui le rappelait auprès de son amie. Il allait seul se retirer dans le jardin, et s'asseyait au pied du cocotier de Virginie, les yeux fixés sur sa fontaine. Le chirurgien du gouverneur, qui avait pris le plus grand soin de lui et de ces dames, nous dit que, pour le tirer de sa noire mélancolie, il fallait lui laisser faire tout ce qu'il lui plairait, sans le contrarier en rien; qu'il n'y avait que ce seul moyen de vaincre le silence auquel il s'obstinait.

Je résolus de suivre son conseil. Dès que Paul sentit ses forces un peu rétablies, le premier usage qu'il en fit fut de s'éloigner de l'habitation. Comme je ne le perdais pas de vue, je me mis en marche après lui, et je dis à Domingue de prendre des vivres, et de nous accompagner. A mesure que ce jeune homme descendait cette montagne, sa joie et ses forces semblaient renaître. Il prit d'abord le chemin des Pamplemousses; et quand il fut auprès de l'église, dans l'allée des bambous, il s'en fut droit au lieu où il vit de la terre fraîchement remuée : là, il s'agenouilla, et, levant les yeux au ciel, il fit une longue prière. Sa démarche me parut de bon augure pour le retour de sa raison, puisque cette marque de confiance envers l'Être suprême faisait voir que son âme commençait à reprendre ses fonctions naturelles. Domingue et moi, nous nous mîmes à genoux à son exemple, et nous priâmes avec lui. Ensuite il se leva, et prit sa route vers le nord de l'île, sans faire beaucoup d'attention à nous. Comme je savais qu'il ignorait non-seulement où on avait déposé le corps de Virginie, mais même s'il avait été retiré de la mer, je lui demandai pourquoi il avait été prier Dieu au pied de ces bambous; il me répondit : « Nous y avons été si souvent ! »

Il continua sa route jusqu'à l'entrée de la forêt, où la nuit nous surprit. Là, je l'engageai par mon exemple à prendre quelque nourriture; ensuite nous dormîmes sur l'herbe, au pied d'un arbre.

Il s'agenouilla et fit une longue prière.

Le lendemain, je crus qu'il se déterminerait à revenir sur ses pas. En effet, il regarda quelque temps dans la plaine l'église des Pamplemousses avec ses longues avenues de bambous, et il fit quelques mouvements comme pour y retourner; mais il s'enfonça brusquement dans la forêt, en dirigeant toujours sa route vers le nord. Je pénétrai son intention, et je m'efforçai en vain de l'en distraire. Nous arrivâmes sur le milieu du jour au quartier de la Poudre-d'Or. Il descendit précipitamment au bord de la mer, vis-à-vis du lieu où avait péri *le Saint-Géran*. A la vue de l'île d'Ambre, et de son canal alors uni comme un miroir, il s'écria : « Virginie! ô ma chère « Virginie! » et aussitôt il tomba en défaillance. Domingue et moi nous le portâmes dans l'intérieur de la forêt, où nous le fîmes revenir avec bien de la peine. Dès qu'il eut repris ses sens, il voulut retourner sur les bords de la mer; mais l'ayant supplié de ne pas renouveler sa douleur et la nôtre par de si cruels ressouvenirs, il prit une autre direction. Enfin, pendant huit jours, il se rendit dans tous les lieux où il s'était trouvé avec la compagne de son enfance. Il parcourut le sentier par où elle avait été demander la grâce de l'esclave de la Rivière-Noire; il revit ensuite les bords de la rivière des Trois-Mamelles, où elle s'assit ne pouvant plus marcher, et la partie du bois où elle s'était égarée. Tous les lieux qui lui rappelaient les inquiétudes, les jeux, les repas, la bienfaisance de sa bien-aimée, la rivière de la Montagne-Longue, ma petite maison, la cascade voisine, le papayer qu'elle avait planté, les pelouses où elle aimait à courir, les carrefours de la forêt où elle se plaisait à chanter firent tour à tour couler ses larmes; et les mêmes échos qui avaient retenti tant de fois de leurs cris de joie communs, ne répétaient plus maintenant que ces mots douloureux : « Virginie! ô ma « chère Virginie! »

Dans cette vie sauvage et vagabonde, ses yeux se cavèrent, son teint jaunit, et sa santé s'altéra de plus en plus. Persuadé que le sentiment de nos maux redouble par le souvenir de nos plaisirs, et que les passions s'accroissent dans la solitude, je résolus d'éloigner mon infortuné ami des lieux qui lui rappelaient le souvenir de sa perte, et de le transférer dans quelque endroit de l'île où il y eût beaucoup de dissipation. Pour cet effet, je le conduisis sur les hauteurs habitées du quartier Williams, où il n'avait jamais été. L'agriculture et le commerce répandaient dans cette partie de l'île beaucoup de mouvement et de variété. Il y avait des troupes de charpentier qui équarrissaient des bois, et d'autres qui les sciaient en planches; des voitures allaient et venaient le long de ses chemins; de grands troupeaux de bœufs et de chevaux y paissaient dans de vastes pâturages, et la campagne y était parsemée d'habitations. L'élévation du sol y permettait en plusieurs lieux la culture de diverses espèces de végétaux de l'Europe. On y voyait çà et là des moissons de blé dans la plaine, des tapis de fraisiers dans les éclaircies des bois, et des haies de rosiers le long des routes. La fraîcheur de l'air, en donnant de la tension aux nerfs, y était même favorable à la santé des blancs. De ces hauteurs situées vers le milieu de l'île, et entourées de grands bois, on n'apercevait ni la mer, ni le Port-Louis, ni l'église des Pamplemousses, ni rien qui pût rappeler à Paul le souvenir de Virginie. Les montagnes mêmes qui présentent différentes branches du côté de Port-Louis, n'offrent plus, du côté des plaines de Williams, qu'un long promontoire en ligne droite et perpendiculaire, d'où s'élèvent plusieurs longues pyramides de rochers où se rassemblent les nuages.

Ce fut donc dans ces plaines que je conduisis Paul. Je le tenais sans cesse en action, marchant avec lui au soleil et à la pluie, de jour et de nuit, l'égarant exprès dans les bois, les terrains nouvellement défrichés, les champs, afin de distraire son esprit par la fatigue de son corps, et de donner le change à ses réflexions par l'ignorance du lieu où nous étions, et du chemin que nous avions perdu. Mais l'âme, affligée par la perte de ce qui lui fut cher, en retrouve partout les traces. La nuit et le jour, le calme des solitudes et le bruit des habitations, le temps même, qui emporte tant de souvenirs, rien ne peut l'en écarter. Comme l'aiguille touchée de l'aimant, elle a beau être agitée, dès qu'elle rentre dans son repos, elle se tourne vers le pôle qui l'attire. Quand je demandais à Paul, égaré au milieu des plaines de Williams : « Où irons-nous

« maintenant ? » il se tournait vers le nord, et me disait : « Voilà nos montagnes ; retour-
« nons-y. »

Je vis bien que tous les moyens que je tentais pour le distraire étaient inutiles, et qu'il ne me restait d'autre ressource que de m'adresser à sa raison, en y employant les faibles moyens de la mienne. Je lui répondis donc : « Oui, voilà
« les montagnes où demeurait votre chère Virgi-
« nie, et voilà le portrait que vous lui aviez
« donné, et qu'en mourant elle portait sur son
« cœur. » Je présentai alors à Paul le petit portrait qu'il avait donné à Virginie au bord de la fontaine des cocotiers. Il saisit avidement ce portrait de ses faibles mains, et le porta sur sa bouche : des larmes roulèrent dans ses yeux.

Je lui dis : « Mon fils, écoutez-moi, qui suis
« votre ami, qui ai été celui de Virginie, et qui,
« au milieu de vos espérances, ai souvent tâché
« de fortifier votre raison contre les accidents
« imprévus de la vie. Que déplorez-vous avec
« tant d'amertume ? Est-ce votre malheur ? est-ce
« celui de Virginie ?

« Votre malheur ? Oui, sans doute, il est grand.

« Vous avez perdu la plus aimable des filles, qui
« était digne de toute votre affection. Elle avait
« sacrifié ses intérêts aux vôtres, et vous avait
« préféré à la fortune, comme la seule récom-
« pense digne de sa vertu. Mais que savez-vous
« si l'objet de qui vous deviez attendre un bon-
« heur si pur n'eût pas été pour vous la source
« d'une infinité de peines? Elle était sans bien,
« et déshéritée; vous n'aviez désormais à parta-
« ger avec elle que votre seul travail. Revenue
« plus délicate par son éducation, et plus cou-
« rageuse par son malheur même, vous l'auriez
« vue chaque jour succomber, en s'efforçant de
« partager vos fatigues pour soutenir votre
« famille.

« Vous me direz : Le gouverneur nous aurait
« aidés. Que savez-vous si, dans une colonie qui
« change si souvent d'administrateurs, vous
« aurez souvent des La Bourdonnays? s'il ne
« viendra pas ici des chefs sans bienveillance et
« sans humanité? Virginie n'est plus; mais
« il vous reste ce qu'après vous elle a le plus
« aimé, sa mère et la vôtre, que votre douleur
« inconsolable conduira au tombeau. Mettez votre

« bonheur à les aider, comme elle l'y avait mis
« elle-même. Mon fils, la bienfaisance est le
« bonheur de la vertu; il n'y en a point de plus
« assuré et de plus grand sur la terre. Les projets
« de plaisirs, de repos, de délices, d'abondance,
« de gloire, ne sont point faits pour l'homme,
« faible, voyageur, et passager. Voyez comme
« un pas vers la fortune nous a précipités tous
« d'abîme en abîme. Vous vous y êtes opposé,
« il est vrai; mais qui n'eût pas cru que le
« voyage de Virginie devait se terminer par son
« bonheur et par le vôtre? Les invitations d'une
« parente riche et âgée, les conseils d'un sage
« gouverneur, les applaudissements d'une colo-
« nie, les exhortations et l'autorité d'un pasteur
« respectable, ont décidé du malheur de Virgi-
« nie. Ainsi nous courons à notre perte, trompés
« par la prudence même de ceux qui nous gou-
« vernent. Il eût mieux valu sans doute ne pas
« les croire, ni se fier à la voix et aux espérances
« d'un monde trompeur; mais enfin, de tant
« d'hommes que nous voyons si occupés dans
« ces plaines, de tant d'autres qui vont chercher
« la fortune aux Indes, ou qui, sans sortir de

« chez eux, jouissent en repos, en Europe, des
« travaux de ceux-ci, il n'y en a aucun qui ne
« soit destiné à perdre un jour ce qu'il chérit le
« plus, grandeurs, fortune, femme, enfants,
« amis. La plupart auront à joindre à leur perte
« le souvenir de leur propre imprudence. Pour
« vous, en rentrant en vous-même, vous n'avez
« rien à vous reprocher, vous avez été fidèle à
« l'amitié. Vous avez eu, à la fleur de la jeu-
« nesse, la prudence d'un sage, en ne vous écar-
« tant pas du sentiment de la nature. Vos
« vues étaient légitimes, parce qu'elles étaient
« pures, simples, désintéressées, et que vous
« aviez sur Virginie des droits sacrés qu'aucune
« fortune ne pouvait balancer. Vous l'avez per-
« due; et ce n'est ni votre imprudence, ni votre
« avarice, ni votre fausse sagesse, qui vous l'ont
« fait perdre, mais Dieu même, qui a employé
« les passions d'autrui pour vous ôter l'objet de
« vos affections; Dieu, de qui vous tenez tout,
« qui voit tout ce qui vous convient, et dont la
« sagesse ne vous laisse aucun lieu au repentir
« et au désespoir qui marchent à la suite des
« maux dont nous avons été la cause.

« Voilà ce que vous pouvez vous dire dans
« votre infortune : Est-ce donc le malheur de Vir-
« ginie, sa fin, son état présent, que vous déplo-
« rez? Elle a subi le sort réservé à la naissance,
« à la beauté, et aux empires même. La vie
« de l'homme, avec tous ses projets, s'élève
« comme une petite tour dont la mort est le cou-
« ronnement. En naissant, elle était condamnée
« à mourir. Heureuse d'avoir dénoué les liens de
« la vie avant sa mère, avant la vôtre, avant vous,
« c'est-à-dire de n'être pas morte plusieurs fois
« avant la dernière!

« La mort, mon fils, est un bien pour tous les
« hommes; elle est la nuit de ce jour inquiet
« qu'on appelle la vie. C'est dans le sommeil de
« la mort que reposent pour jamais les maladies,
« les douleurs, les chagrins, les craintes, qui
« agitent sans cesse les malheureux vivants.
« Examinez les hommes qui paraissent les plus
« heureux : vous verrez qu'ils ont acheté leur
« prétendu bonheur bien chèrement; la consi-
« dération publique, par des maux domestiques;
« la fortune par la perte de la santé; le plaisir si
« rare d'être aimé, par des sacrifices continuels :

« et souvent, à la fin d'une vie sacrifiée aux in-
« térêts d'autrui, ils ne voient autour d'eux que
« des amis faux et des parents ingrats. Mais Vir-
« ginie a été heureuse jusqu'au dernier moment.
« Elle l'a été avec nous par les biens de la na-
« ture; loin de nous, par ceux de la vertu : et
« même, dans le moment terrible où nous l'avons
« vue périr, elle était encore heureuse; car, soit
« qu'elle jetât les yeux sur une colonie entière
« à qui elle causait une désolation universelle,
« ou sur vous, qui couriez avec tant d'intrépi-
« dité à son secours, elle a vu combien elle nous
« était chère à tous. Elle s'est fortifiée contre
« l'avenir, par le souvenir de l'innocence de sa
« vie; et elle a reçu alors le prix que le ciel ré-
« serve à la vertu, un courage supérieur au
« danger. Elle a présenté à la mort un visage
« serein.

« Mon fils, Dieu donne à la vertu tous les évé-
« nements de la vie à supporter, pour faire voir
« qu'elle seule peut en faire usage, et y trouver
« du bonheur et de la gloire. Quand il lui réserve
« une réputation illustre, il l'élève sur un grand
« théâtre, et la met aux prises avec la mort:

« alors son courage sert d'exemple, et le sou-
« venir de ses malheurs reçoit à jamais un tri-
« but de larmes de la postérité. Voilà le monu-
« ment immortel qui lui est réservé sur une terre
« où tout passe, et où la mémoire même de la
« plupart des rois est bientôt ensevelie dans un
« éternel oubli.

« Mais Virginie existe encore. Mon fils, voyez
« que tout change sur la terre, et que rien ne
« s'y perd. Aucun art humain ne pourrait anéan-
« tir la plus petite particule de matière; et ce
« qui fut raisonnable, sensible, aimant, vertueux,
« religieux aurait péri, lorsque les éléments dont
« il était revêtu sont indestructibles! Ah! si
« Virginie a été heureuse avec nous, elle l'est
« maintenant bien davantage. Il y a un Dieu,
« mon fils : toute la nature l'annonce; je n'ai
« pas besoin de vous le prouver. Il n'y a que la
« méchanceté des hommes qui leur fasse nier une
« justice qu'ils craignent. Son sentiment est dans
« votre cœur, ainsi que ses ouvrages sont sous
« vos yeux. Croyez-vous donc qu'il laisse Vir-
« ginie sans récompense? Croyez-vous que cette
« même puissance, qui avait revêtu cette âme si

« noble d'une forme si belle où vous sentiez un art
« divin, n'aurait pu la tirer des flots? que celui
« qui a arrangé le bonheur actuel des hommes
« par des lois que vous ne connaissez pas, ne
« puisse en préparer un autre à Virginie par des
« lois qui vous sont également inconnues?
« Quand nous étions dans le néant, si nous eus-
« sions été capables de penser, aurions-nous pu
« nous former une idée de notre existence? Et
« maintenant que nous sommes dans cette exis-
« tence ténébreuse et fugitive, pouvons-nous
« prévoir ce qu'il y a au delà de la mort, par où
« nous en devons sortir? Dieu a-t-il besoin,
« comme l'homme, du petit globe de notre terre,
« pour servir de théâtre à son intelligence et à
« sa bonté, et n'a-t-il pu propager la vie hu-
« maine que dans les champs de la mort? Il n'y
« a pas dans l'Océan une seule goutte d'eau qui
« ne soit pleine d'êtres vivants qui ressortissent
« à nous; et il n'existerait rien pour nous parmi
« tant d'astres qui roulent sur nos têtes! Quoi!
« il n'y aurait d'intelligence suprême et de bonté
« divine précisément que là où nous sommes!
« et dans ces globes rayonnants et innombrables,

« dans ces champs infinis de lumière qui les en-
« vironnent, que ni les orages ni les nuits
« n'obscurcissent jamais, il n'y aurait qu'un es-
« pace vain et un néant éternel[1] !

« Sans doute il est quelque part un lieu où la
« vertu reçoit sa récompense. Virginie mainte-
« nant est heureuse. Ah! si du séjour des anges
« elle pouvait se communiquer à vous, elle vous
« dirait, comme dans ses adieux : O Paul! la
« vie n'est qu'une épreuve. J'ai été trouvée fidèle
« aux lois de la religion, de l'amité et de la vertu.
« J'ai traversé les mers pour obéir à mes pa-
« rents; j'ai renoncé aux richesses pour conser-
« ver ma foi; et j'ai mieux aimé perdre la vie
« que de violer la pudeur. Le ciel a trouvé ma
« carrière suffisamment remplie. J'ai échappé
« pour toujours à la pauvreté, à la calomnie,
« aux tempêtes, au spectacle des douleurs d'au-
« trui. Aucun des maux qui effrayent les hommes
« ne peut plus désormais m'atteindre; et vous

[1] Bernardin de Saint-Pierre semble ici confondre la pluralité des mondes et l'immortalité de l'âme. Ce sont pourtant deux choses tout à fait distinctes : l'une est une vérité certaine; l'autre n'est qu'une hypothèse plus ou moins plausible.
*Note de l'Éditeur.*

« me plaignez ! Je suis pure et inaltérable comme
« une particule de lumière ; et vous me rappelez
« dans la nuit de la vie ! O Paul ! ô mon ami !
« souviens-toi de ces jours de bonheur où dès
« le matin nous goûtions une joie si pure en
« voyant le soleil se lever sur les pitons de ces
« rochers, et répandre ses rayons au sein de nos
« forêts. Nous éprouvions un ravissement dont
« nous ne pouvions comprendre la cause. Dans
« nos souhaits innocents, nous désirions être
« tout vue, pour jouir des riches couleurs de
« l'aurore ; tout odorat, pour sentir les parfums
« de nos plantes ; tout ouïe, pour entendre les
« concerts de nos oiseaux ; tout cœur, pour con-
« naître ces bienfaits. Maintenant à la source de
« la beauté d'où découle tout ce qui est agréable
« sur la terre, mon âme voit, goûte, entend,
« touche immédiatement ce qu'elle ne pouvait
« sentir alors que par de faibles organes. Ah !
« quelle langue pourrait décrire ces rivages d'un
« orient éternel, que j'habite pour toujours ?
« Tout ce qu'une puissance infinie et une bonté
« céleste ont pu créer pour consoler un être mal-
« heureux ; tout ce que l'amitié d'une infinité

« d'êtres, réjouis de la même félicité, peut mettre
« d'harmonie dans des transports communs,
« nous l'éprouvons sans mélange. Soutiens donc
« l'épreuve qui t'est donnée, pour exercer ta
« vertu et accroître un jour ta récompense. O mon
« ami, mon jeune ami, élève ton âme vers l'infini,
« pour supporter des peines d'un moment ! »

Ma propre émotion mit fin à mon discours. Pour Paul, me regardant fixement, il s'écria : « Elle n'est plus ! elle n'est plus ! » et une longue faiblesse succéda à ces douloureuses paroles. Ensuite, revenant à lui, il dit : « Puisque la mort
« est un bien, et que Virginie est heureuse, je
« veux aussi mourir pour me rejoindre à Virgi-
« nie. » Ainsi mes motifs de consolation ne servirent qu'à nourrir son désespoir. J'étais comme un homme qui veut sauver son ami coulant à fond au milieu d'un fleuve, sans vouloir nager. La douleur l'avait submergé. Hélas ! les malheurs du premier âge préparent l'homme à entrer dans la vie ; et Paul n'en avait jamais éprouvé. »

Je le ramenai à son habitation. J'y trouvai sa mère et madame de La Tour dans un état de langueur qui avait encore augmenté. Marguerite était la plus abattue. Les caractères vifs, sur lesquels glissent les peines légères, sont ceux qui résistent le moins aux grands chagrins.

Elle me dit : « O mon bon voisin ! il m'a sem-
« blé, cette nuit, voir Virginie vêtue de blanc,
« au milieu de bocages et de jardins délicieux.
« Elle m'a dit : Je jouis d'un bonheur digne d'en-
« vie. Ensuite elle s'est approchée de Paul d'un
« air riant, et l'a enlevé avec elle. Comme je
« m'efforçais de retenir mon fils, j'ai senti que
« je quittais moi-même la terre, et que je le sui-
« vais avec un plaisir inexprimable. Alors j'ai
« voulu dire adieu à mon amie; aussitôt je l'ai
« vue qui nous suivait avec Marie et Domingue.
« Mais ce que je trouve encore de plus étrange,
« c'est que madame de La Tour a fait, cette nuit
« même, un songe accompagné des mêmes cir-
« constances. »

Je lui répondis : « Mon amie, je crois que rien
« n'arrive dans le monde sans la permission de
« Dieu. Les songes annoncent quelquefois la
« vérité. »

Madame de La Tour me fit le récit d'un songe tout à fait semblable, qu'elle avait eu cette même nuit. Je n'avais jamais remarqué dans ces deux dames aucun penchant à la superstition; je fus donc frappé de la concordance de leur songe, et je ne doutai pas en moi-même qu'il ne vînt à se réaliser. Cette opinion, que la vérité se présente quelquefois à nous pendant le sommeil, est répandue chez tous les peuples de la terre. L'Ancien et le Nouveau Testament nous fournissent quantité d'exemples de songes qui se sont réalisés. Pour moi, je n'ai besoin à cet égard que de ma propre expérience; et j'ai éprouvé plus d'une fois que les songes sont des avertissements que nous donne quelque intelligence qui s'intéresse à nous. Si l'homme a bien le pouvoir de faire parvenir ses intentions jusqu'au bout du monde par des moyens secrets et cachés, pourquoi l'intelligence qui gouverne l'univers n'en emploierait-elle pas de semblables pour la même fin? Un ami console son ami par une lettre qui traverse une multitude de royaumes, circule au milieu des haines des nations, et vient apporter de la joie et de l'espérance à un seul homme : pourquoi le souverain protecteur de l'innocence ne peut-il venir, par quelque voie secrète, au secours d'une âme vertueuse qui ne met sa confiance qu'en lui seul? A-t-il besoin d'employer quelque signe extérieur pour exécuter sa volonté, lui qui agit sans cesse dans tous ses ouvrages par un travail intérieur?

Quoi qu'il en soit, celui de mes amies infortunées se réalisa bientôt. Paul mourut deux mois après la mort de sa chère Virginie, dont il prononçait sans cesse le nom. Marguerite vit venir sa fin huit jours après celle de son fils, avec une joie qu'il n'est donné qu'à la vertu d'éprouver. Elle fit les plus tendres adieux à madame de La Tour, « dans l'espérance, lui dit-elle, d'une douce et éternelle réunion. La vie est une épreuve; il est donc permis de la demander courte. La mort nous délivre de tous les maux d'ici-bas; on peut donc la désirer, pourvu que ce désir soit subordonné aux desseins de la divine providence. »

Le gouvernement prit soin de Domingue et de Marie, qui n'étaient plus en état de servir, et qui ne survécurent pas longtemps à leurs maîtresses. Pour le pauvre Fidèle[1], il était mort de

---

[1] Le chien de Domingue.

Paul mourut deux mois après la mort de sa chère Virginie.

langueur à peu près dans le même temps que son maître.

J'amenai chez moi madame de La Tour, qui se soutenait au milieu de si grandes pertes avec une grandeur d'âme incroyable. Elle avait consolé Paul et Marguerite jusqu'au dernier instant, comme si elle n'avait eu que leur malheur à supporter. Quand elle ne les vit plus, elle m'en parlait, chaque jour, comme d'amis chéris qui étaient dans le voisinage. Cependant elle ne leur survécut que d'un mois. Quant à sa tante, loin de lui reprocher ses maux, elle priait Dieu de les lui pardonner, et d'apaiser les troubles affreux d'esprit où nous apprîmes qu'elle était tombée immédiatement après qu'elle eut renvoyé Virginie avec tant d'inhumanité.

Cette parente dénaturée ne porta pas loin la punition de sa dureté. J'appris par l'arrivée successive de plusieurs vaisseaux, qu'elle était agitée de vapeurs qui lui rendaient la vie et la mort également insupportables. Tantôt elle se reprochait la fin prématurée de sa charmante petite-nièce, et la perte de sa mère qui s'en était suivie. Tantôt elle s'applaudissait d'avoir repoussé loin d'elle deux malheureuses qui, disait-elle, avaient déshonoré sa maison par la bassesse de leurs inclinations. Quelquefois, se mettant en fureur à la vue de ce grand nombre de misérables dont Paris est rempli : « Que n'envoie-t-on, « s'écriait-elle, ces fainéants périr dans nos co-« lonies? » Elle ajoutait que les idées d'humanité, de vertu, de religion, adoptées par tous les peuples, n'étaient que des inventions de la politique de leurs princes. Puis, se jetant tout à coup dans une extrémité opposée, elle s'abandonnait à des terreurs superstitieuses qui la remplissaient de frayeurs mortelles.

Ainsi elle passa plusieurs années, tour à tour athée et superstitieuse, ayant également en horreur la mort et la vie. Mais ce qui acheva la fin d'une si déplorable existence, fut le sujet même auquel elle avait sacrifié les sentiments de la nature. Elle eut le chagrin de voir que sa fortune passerait, après elle, à des parents qu'elle haïssait. Elle chercha donc à en aliéner la meilleure partie; mais ceux-ci, profitant des accès de vapeurs auxquels elle était sujette, la firent enfermer comme folle, et mettre ses biens en direction. Ainsi ses richesses mêmes achevèrent sa perte; et, comme elles avaient endurci le cœur de celle qui les possédait, elles dénaturèrent de même le cœur de ceux qui les désiraient. Elle mourut donc; et, ce qui est le comble du malheur, avec assez d'usage de sa raison pour connaître qu'elle était dépouillée et méprisée par les mêmes personnes dont l'opinion l'avait dirigée toute sa vie.

On a mis auprès de Virginie, au pied des mêmes roseaux, son ami Paul, et autour d'eux leurs tendres mères et leurs fidèles serviteurs. On n'a point élevé de marbre sur leurs humbles tertres, ni gravé d'inscriptions à leurs vertus; mais leur mémoire est restée ineffaçable dans le cœur de ceux qu'ils ont obligés. Leurs ombres n'ont pas besoin de l'éclat qu'ils ont fui pendant leur vie; mais si elles s'intéressent encore à ce qui se passe sur la terre, sans doute elles aiment à errer sous les toits de chaume qu'habite la vertu laborieuse; à consoler la pauvreté mécontente de son sort; à nourrir dans les cœurs une amitié durable, le goût des biens naturels, l'amour du travail, et la crainte des richesses.

La voix du peuple, qui se tait sur les monuments élevés à la gloire des rois, a donné à quelques parties de cette île des noms qui éterniseront la perte de Virginie. On voit près de l'île d'Ambre, au milieu des écueils, un lieu appelé LA PASSE DU SAINT-GÉRAN, du nom de ce vaisseau qui y périt en la ramenant d'Europe. L'extrémité de cette longue pointe de terre que vous apercevez à trois lieues d'ici, à demi-couverte des flots de la mer, que *le Saint-Géran* ne put doubler, la veille de l'ouragan, pour entrer dans le port, s'appelle LE CAP MALHEUREUX ; et voici devant nous, au bout de ce vallon, LA BAIE DU TOMBEAU, où Virginie fut trouvée ensevelie dans le sable; comme si la mer eût voulu rapporter son corps à sa famille, et rendre les derniers devoirs à sa pudeur sur les mêmes rivages qu'elle avait honorés de son innocence.

Jeunes gens si tendrement unis ! mères infortunées ! chère famille ! ces bois qui vous donnaient leurs ombrages, ces fontaines qui coulaient pour vous, ces côteaux où vous reposiez ensemble, déplorent encore votre perte. Nul, depuis vous, n'a osé cultiver cette terre désolée, ni relever ces humbles cabanes. Vos chèvres sont devenues sauvages; vos vergers sont détruits; vos oiseaux sont enfuis; et l'on n'entend plus que le cris des éperviers qui volent en rond au haut de ce bassin de rochers. Pour moi, depuis que je ne vous vois plus, je suis comme un ami qui n'a plus d'amis, comme un père qui a perdu ses enfants, comme un voyageur qui erre sur la terre, où je suis resté seul.

En disant ces mots, ce bon vieillard s'éloigna en versant des larmes; et les miennes avaient coulé plus d'une fois pendant ce funeste récit.

FIN DE PAUL ET VIRGINIE.

# LA CHAUMIÈRE INDIENNE

# LA CHAUMIÈRE INDIENNE.

Il y a environ trente ans qu'il se forma à Londres une compagnie de savants anglais, qui entreprit d'aller chercher, dans diverses parties du monde, des lumières sur toutes les sciences, afin d'éclairer les hommes et de les rendre plus heureux. Elle était défrayée par une compagnie de souscripteurs de la même nation, composée de négociants, de lords, d'évêques, d'universités, de la famille royale d'Angleterre, à laquelle se joignirent quelques souverains du nord de l'Europe. Ces savants étaient au nombre de vingt; et la Société royale de Londres avait donné à chacun d'eux un volume contenant l'état des questions dont il devait apporter les solutions. Ces questions montaient au nombre de trois mille cinq cents. Quoiqu'elles fussent toutes différentes pour chacun de ses docteurs, et convenables au pays où ils devaient voyager, elles étaient toutes liées entre elles, en sorte que la lumière répandue sur l'une devait nécessairement s'étendre sur toutes les autres. Le président de la Société royale, qui les avait rédigées, à l'aide de ses confrères, avait fort bien senti que l'éclaircissement d'une difficulté dépend souvent de la solution d'une autre, et celle-ci d'une précédente; ce qui mène dans la recherche de la vérité, bien plus loin qu'on ne pense. Enfin, pour me servir des expressions mêmes employées par le président dans leurs instructions, c'était le plus superbe édifice encyclopédique qu'aucune nation eût encore élevé aux progrès des connaissances humaines; ce qui prouve bien, ajoutait-il, la nécessité des corps académiques, pour mettre de l'ensemble dans les vérités dispersées par toute la terre.

Chacun de ces savants voyageurs avait, outre

son volume de questions à éclaircir, la commission d'acheter, chemin faisant, les plus anciens exemplaires de la Bible et les manuscrits les plus rares en tout genre, ou au moins de ne rien épargner pour s'en procurer de bonnes copies. Pour cela, leurs souscripteurs leur avaient procuré à tous des lettres de recommandation pour les consuls, ministres et ambassadeurs de la Grande-Bretagne qu'ils devaient trouver sur leur route, et, ce qui vaut encore mieux, de bonnes lettres de change, endossées par les plus fameux banquiers de Londres.

Le plus savant de ces docteurs, qui savait l'hébreu, l'arabe et l'indou, fut envoyé par terre aux Indes orientales, le berceau de tous les arts et de toutes les sciences. Il prit d'abord son chemin par la Hollande, et visita successivement la synagogue d'Amsterdam et le synode de Dordrecht; en France, l'Académie des sciences de Paris; en Italie, quantité d'Académies, de muséum et de bibliothèques, entre autres le muséum de Florence, la bibliothèque de Saint-Marc, à Venise; et à Rome, celle du Vatican. Étant à Rome, il balança si, avant de se diriger vers l'orient, il irait en Espagne consulter la fameuse université de Salamanque; mais, dans la crainte de l'inquisition, il aima mieux s'embarquer tout droit pour la Turquie. Il passa donc à Constantinople, où, pour son argent, un effendi le mit à même de feuilleter tous les livres de la mosquée de Sainte-Sophie. De là il fut en Égypte, chez les Cophtes; puis chez les Druses du mont Liban; de là à Sana, en Arabie; ensuite à Ispahan, à Kandahar, Dehli, Agra : enfin, après trois ans de course, il arriva sur les bords du Gange, à Bénarès, l'Athènes des Indes, où il conféra avec les brames. Sa collection d'anciennes éditions, de livres originaux, de manuscrits rares, de copies, d'extraits et d'annotations en tout genre, se trouva alors la plus considérable qu'aucun particulier eût jamais faite. Il suffit de dire qu'elle composait quatre-vingt-dix ballots, pesant ensemble neuf mille cinq cent quarante livres, poids de troy[1]. Il était sur le point de s'embarquer pour Londres avec une si riche cargaison de lumières, plein de joie d'avoir surpassé les espé-

---

[1] Le poids de troy, autrement dit livre de troy ou troyenne en anglais *pound-troy*) est de douze onces, poids de marc.

rances de la Société royale, lorsqu'une réflexion toute simple vint l'accabler de chagrin.

Il pensa qu'après avoir conféré avec les rabbins juifs, les ministres protestants, les surintendants des églises luthériennes, les académiciens de Paris, de la Crusca, des Arcades, et de vingt-quatre autres des plus célèbres académies d'Italie, les papas grecs, les molhas turcs, les verbiests arméniens, les seidres et les casys persans, les cheiks arabes, les anciens parsis, les pandects indiens, loin d'avoir éclairci aucune des trois mille cinq cents questions de la Société royale, il n'avait contribué qu'à en multiplier les doutes; et, comme elles étaient toutes liées les unes aux autres, il s'ensuivait au contraire de ce qu'avait pensé son illustre président, que l'obscurité d'une solution obscurcissait l'évidence d'une autre, que les vérités les plus claires étaient devenues tout à fait problématiques, et qu'il était même impossible d'en démêler aucune dans ce vaste labyrinthe de réponses et d'autorités contradictoires.

Le docteur en jugeait par un simple aperçu. Parmi ces questions, il y en avait à résoudre deux cents sur la théologie des Égyptiens, quatre cent quatre-vingts sur celle des Perses ; trois cent douze sur l'ancienne religion des brames ; cinq cent huit sur la langue hanscrit ou sacrée ; trois sur l'état actuel du peuple indien ; deux cent onze sur le commerce des Anglais aux Indes ; sept cent vingt-neuf sur les anciens monuments des îles d'Éléphanta et de Salsette, dans le voisinage de l'île de Bombay ; cinq sur l'antiquité du monde ; six cent soixante-treize sur l'origine de l'ambre gris, et sur les propriétés de différentes espèces de bézoards ; une sur la cause non encore examinée du cours de l'océan indien, qui flue six mois vers l'orient et six mois vers l'occident ; et trois cent soixante dix-huit sur les sources et les inondations périodiques du Gange. A cette occasion, le docteur était invité de recueillir, sur sa route, tout ce qu'il pourrait touchant les sources et les inondations du Nil, qui occupaient les savants de l'Europe depuis tant de siècles. Mais il jugea cette matière suffisamment débattue, et étrangère d'ailleurs à sa mission. Or, sur chacune des questions proposées par la Société royale, il apportait, l'une dans l'autre, cinq solutions différentes, qui, pour les trois mille cinq cents questions, donnaient dix-sept mille cinq cent réponses et, en supposant que chacun de ses dix-neuf confrères en rapportât autant de son côté, il s'ensuivait que la Société royale aurait trois cent cinquante mille difficultés à résoudre avant de pouvoir établir aucune vérité sur une base solide. Ainsi, toute leur collection, loin de faire converger chaque proposition vers un centre commun, suivant les termes de leur instruction, les ferait au contraire diverger l'une de l'autre, sans qu'il fût possible de les rapprocher. Une autre réflexion faisait encore plus de peine au docteur : c'est que, quoiqu'il eût employé, dans ses laborieuses recherches, tout le sang-froid de son pays, et une politesse qui lui était particulière, il s'était fait des ennemis implacables de la plupart des docteurs avec lesquels il avait argumenté. Que deviendra donc, disait-il, le repos de mes compatriotes, quand je leur aurai rapporté dans mes quatre-vingt-dix ballots, au lieu de la vérité, de nouveaux sujets de doutes et de disputes?

Il était au moment de s'embarquer pour l'Angleterre, plein de perplexité et d'ennui, lorsque les brames de Bénarès lui apprirent que le brame supérieur de la fameuse pagode de Jagrenat, ou Jagernat, située sur la côte d'Orixa, au bord de la mer, près d'une des embouchures du Gange, était seul capable de résoudre toutes les questions de la Société de Londres. C'était en effet le plus fameux pandect, ou docteur dont on eût jamais ouï parler : on venait le consulter de toutes les parties de l'Inde, et de plusieurs royaumes de l'Asie.

Aussitôt le docteur anglais partit pour Calcutta, et s'adressa au directeur de la compagnie anglaise des Indes, qui, pour l'honneur de sa nation et la gloire des sciences, lui donna, pour le porter à Jagrenat, un palanquin à tendelets de soie cramoisie, à glands d'or, avec deux relais de vigoureux coulis ou porteurs, de quatre hommes chacun ; deux portefaix ; un porteur d'eau, un porteur de gargoulette, pour le rafraîchir ; un porteur de pipe, un porteur d'ombrelle pour le couvrir du soleil le jour ; un malsachi ou porte-flambeau, pour la nuit ; un fendeur de bois ; deux cuisiniers ; deux chameaux et leurs conducteurs, pour porter ses provisions et ses bagages ; deux pions ou coureurs, pour l'annoncer; quatre cipayes ou reispoutes, montés sur des chevaux persans, pour l'escorter; et un porte-étendard, avec son étendard aux armes d'Angleterre. On eût pris le docteur, avec son bel équipage, pour un commis de la compagnie des Indes. Il y avait cependant cette différence que le docteur, au lieu d'aller chercher des présents, était chargé d'en faire. Comme on ne paraît point aux Indes les mains vides devant les personnes constituées en dignité, le directeur lui avait donné, aux frais de sa nation, un beau télescope et un beau tapis de Perse, pour le chef des brames; des chittes superbes pour sa femme; et trois pièces de taffetas de la Chine, rouges, blanches et jaunes, pour faire des écharpes à ses disciples. Les présents chargés sur les chameaux, le docteur se mit en route dans son palanquin, avec le Livre de la Société royale.

Chemin faisant, il pensait à la question par laquelle il débuterait avec le chef des brames de Jagrenat, s'il commencerait par une des trois cent soixante-dix-huit qui avaient rapport aux sources et aux inondations du Gange, ou par celle qui regardait le cours alternatif et semi-annuel de la mer des Indes, qui pouvait servir à découvrir les sources et les mouvements périodiques de l'Océan par tout le globe. Mais, quoique cette question intéressât la physique infiniment plus que toutes celles qui avaient été faites depuis tant de siècles sur les sources et les accroissements mêmes du Nil, elle n'avait pas encore attiré l'attention des savants de l'Europe. Il préférait donc d'interroger le brame sur l'universalité du déluge, qui a excité tant de disputes; ou, en remontant plus haut, s'il est vrai que le soleil ait changé plusieurs fois son cours, se levant à l'occident se couchant à l'orient, suivant la tradition des prêtres de l'Égypte, rapportée par Hérodote; et même sur l'époque de la création de la terre, à laquelle les Indiens donnent plusieurs millions d'années d'antiquité. Quelquefois il trouvait qu'il serait plus utile de le consulter sur la meilleure sorte de gouvernement à donner à une nation, et même sur les droits de l'homme, dont il n'y a de code nulle part; mais ces dernières questions n'étaient pas dans son livre.

C'est ainsi que le docteur raisonnait avec lui-même. Après dix jours de marche, il arriva sur les bords du golfe du Bengale; il rencontra sur sa route quantité de gens qui revenaient de Jagrenat, tous enchantés de la science du chef des pandects qu'ils venaient de consulter. Le onzième jour, au soleil levant, il aperçut la fameuse pagode de Jagrenat, bâtie sur le bord de la mer, qu'elle semblait dominer avec ses grands murs rouges et ses galeries, ses dômes et ses tourelles de marbre blanc. Elle s'élevait au centre de neuf avenues d'arbres toujours verts, qui divergent vers autant de royaumes. Chacune de ces avenues est formée d'une espèce d'arbre différente, de palmiers arecs, de tecques, de cocotiers, de manguiers, de lataniers, d'arbres de camphre, de bambous, de badamiers, d'arbres de sandal, et se dirige vers Ceylan, Golconde, l'Arabie, la Perse, le Thibet, la Chine, le royaume d'Ava, celui de Siam, et les îles de la mer des Indes. Le docteur arriva à la pagode par l'avenue de bambous qui côtoie le Gange et les îles enchantées de son embouchure. Cette pagode, quoique bâtie dans une plaine, est si élevée, que, l'ayant aperçue le matin, il ne put s'y rendre que vers le soir. Il fut véritablement frappé d'admiration quand il considéra de près sa magnificence et sa grandeur. Ses portes de bronze étincelaient des rayons du soleil couchant, et les aigles planaient autour de son faîte, qui se perdait dans les nues. Elle était entourée de grands bassins de marbre blanc, qui réfléchissaient au fond de leurs eaux transparentes ses dômes, ses galeries et ses portes : tout autour régnaient de vastes cours, et des jardins environnés de grands bâtiments où logeaient les brames qui la desservaient.

Les pions du docteur coururent l'annoncer, et aussitôt une troupe de jeunes bayadères sortit d'un des jardins, et vint au-devant de lui en chantant et en dansant au son des tambours de basque. Elles avaient pour colliers des cordons de fleurs de mougris, et pour ceintures des guirlandes de fleurs de frangipanier. Le docteur, entouré de leurs parfums, de leur danse et de leur musique, s'avança jusqu'à la porte de la pagode, au fond de laquelle il aperçut, à la clarté de plusieurs lampes d'or et d'argent, la statue de Jagrenat, la septième incarnation de Brama, en forme de pyramide, sans pieds et sans mains,

Un vieux brame qui en gardait la porte l'arrêta en lui demandant quel était le sujet qui l'amenait.

qu'il avait perdus en voulant porter le monde pour le sauver[1]. Devant lui étaient prosternés, la face contre terre, des pénitents, dont les uns promettaient, à haute voix, de se faire accrocher, le jour de sa fête, à son char par les épaules, et les autres, de se faire écraser sous ses roues. Quoique le spectacle de ces fanatiques, qui poussaient de profonds gémissements en prononçant leurs horribles vœux, inspirât une sorte de terreur, le docteur se préparait à entrer dans la pagode, lorsqu'un vieux brame, qui en gardait la porte, l'arrêta, et lui demanda quel était le sujet qui l'amenait. Lorsqu'il l'eut appris, il dit au docteur : « Qu'attendu sa qualité de frangui ou d'impur, il ne pouvait se présenter ni devant Jagrenat, ni devant son grand prêtre, qu'il n'eût été lavé trois fois dans un des lavoirs du temple, et qu'il n'eût rien sur lui qui fût de la dépouille d'aucun animal, mais surtout ni poil de vache, parce qu'elle est adorée des brames, ni poil de porc, parce qu'il leur est en horreur. — Comment ferai-je donc? lui répondit le docteur. J'apporte en présent, au chef

---

[1] Voyez Kircher.

des brames, un tapis de Perse, de poil de chèvre d'Angora, et des étoffes de la Chine, qui sont de soie. — Toutes choses, repartit le brame, offertes au temple de Jagrenat, ou à son grand prêtre, sont purifiées par le don même; mais il n'en peut être ainsi de vos habillements. » Il fallut donc que le docteur ôtât son surtout de laine d'Angleterre, ses souliers de peau de chèvre, et son chapeau de castor. Ensuite, le vieux brame l'ayant lavé trois fois, le revêtit d'une toile de coton couleur de sandal, et le conduisit à l'entrée de l'appartement du chef des brames. Le docteur se préparait à y entrer, tenant sous son bras le livre des questions de la Société royale, lorsque son introducteur lui demanda de quelle matière ce livre était couvert. « Il est relié en veau, répondit le docteur. — Comment! dit le brame hors de lui, ne vous ai-je pas prévenu que la vache était adorée des brames? et vous osez vous présenter devant leur chef avec un livre couvert de la peau d'un veau! » Le docteur aurait été obligé d'aller se purifier dans le Gange, s'il n'eût abrégé toute difficulté en présentant quelques pagodes ou pièces d'or à son introducteur. Il laissa donc le livre des questions dans son palanquin ; mais il s'en consola facilement en se rappelant les principales questions qu'il avait à adresser à l'oracle de Jagrenat.

Le vieux brame introduisit donc le docteur anglais, revêtu de sa toile de coton, nu-tête et nu-pieds, chez le grand prêtre de Jagrenat, dans un vaste salon, soutenu par des colonnes de bois de sandal. Les murs en étaient verts, étant corroyés de stuc mêlé de bouze de vache, si brillant et si poli qu'on pouvait s'y mirer. Le plancher était couvert de nattes très-fines, de six pieds de long sur autant de large. Au fond du salon était une estrade, entourée d'une balustrade de bois d'ébène, et sur cette estrade on entrevoyait, à travers un treillis de cannes d'Inde vernies en rouge, le vénérable chef des pandects avec sa barbe blanche, et trois fils de coton passés en bandoulière, suivant l'usage des brames. Il était assis sur un tapis jaune, les jambes croisées, dans un état d'immobilité si parfaite qu'il ne remuait pas même les yeux. Quelques-uns de ses disciples chassaient les mouches autour de lui, avec des éventails de queue de paon; d'autres brûlaient dans des cassolettes d'argent des parfums de bois d'aloès; et d'autres jouaient du tympanon sur un mode très-doux. Le reste, en grand nombre, parmi lesquels étaient des faquirs, des joguis et des santons, était rangé sur plusieurs files, des deux côtés de la salle, dans un profond silence, les yeux fixés en terre, et les bras croisés sur la poitrine.

Le docteur voulut d'abord s'avancer jusqu'au chef des pandects, pour lui faire son compliment; mais son introducteur le retint à neuf nattes de là, en lui disant que les omrahs, ou grands seigneurs indiens, n'allaient pas plus loin; que les rajahs, ou souverains de l'Inde, ne s'avançaient qu'à six nattes, les princes, fils du Mogol, à trois; et qu'on n'accordait qu'au Mogol l'honneur d'approcher jusqu'au vénérable chef, pour lui baiser les pieds.

Cependant plusieurs brames apportèrent, jusqu'au pied de l'estrade, le télescope, les chittes, les pièces de soie et le tapis, que les gens du docteur avaient déposés à l'entrée de la salle; et le vieux brame y ayant jeté les yeux, sans donner aucune marque d'approbation, on les emporta dans l'intérieur des appartements.

Le docteur anglais allait commencer un fort beau discours en langue indou, lorsque son introducteur le prévint qu'il devait attendre que le grand prêtre l'interrogeât. Il le fit donc asseoir sur ses talons, les jambes croisées comme un tailleur, suivant l'usage du pays. Le docteur murmurait en lui-même de tant de formalités; mais que ne fait-on pas pour trouver la vérité, après être venu la chercher aux Indes?

Dès que le docteur se fut assis, la musique se tut; et après quelques moments d'un profond silence, le chef des pandects lui fit demander pourquoi il était venu à Jagrenat.

Quoique le grand prêtre de Jagrenat eût parlé en langage indou assez distinctement pour être entendu d'une partie de l'assemblée, sa parole fut portée par un faquir qui la transmit à un autre, et cet autre à un troisième, qui la rendit au docteur. Celui-ci répondit, dans la même langue, qu'il était venu à Jagrenat consulter le chef des brames, sur un certain nombre de questions de la plus haute importance.

Les demandes furent portées au vieux chef des pandects et les réponses rapportées au docteur anglais par plusieurs faquirs qui servirent d'interlocuteurs. Nous ne raconterons pas en détail ce grave entretien : qu'il nous suffise de dire que les réponses du chef des Brames, tirées de ses livres et de la tradition braminique, ne parurent pas au docteur de nature à jeter beaucoup de lumière sur les problèmes dont il désirait la solution. Bref, il se retira peu satisfait des éclaircissements du vieux brame, et trouva que sa science était loin de répondre à sa réputation.

Le temps était à l'orage, et la nuit approchait; il demanda à la passer dans un des logements de la pagode; mais on lui refusa d'y coucher, à cause qu'il était frangui. Comme la cérémonie l'avait fort altéré, il demanda à boire. On lui apporta de l'eau dans une gargoulette; mais dès qu'il y eut bu, on la cassa, parce que, comme frangui, il l'avait souillée en buvant à même. Alors le docteur, très-piqué de cette dernière cérémonie, appela ses gens, et étant remonté dans son palanquin, il se remit en route par l'allée des bambous, le long de la mer, à l'entrée de la nuit, et sous un ciel couvert de nuages. Chemin faisant, il se disait à lui-même : « Le proverbe indien est bien vrai : Tout Européen qui vient aux Indes gagne de la patience, s'il n'en a pas; et il la perd, s'il en a. Pour moi, j'ai perdu la mienne. Il concluait, après toutes les recherches qu'il avait faites en vain, qu'il est dans le domaine de la science humaine plus d'une question dont on n'aura peut-être jamais la solution; et qu'il faut par conséquent se résoudre à ignorer ce qu'il n'est pas possible de savoir.

Pendant que le docteur raisonnait ainsi dans son palanquin, il survint un de ces ouragans qu'on appelle aux Indes un typhon. Le vent venait de la mer, et faisant refluer les eaux du Gange, les brisait en écume contre les îles de son embouchure. Il enlevait de leurs rivages des colonnes de sable, et de leurs forêts des nuées de feuilles, qu'il emportait pêle-mêle à travers le fleuve et les campagnes, jusqu'au haut des airs. Quelquefois il s'engouffrait dans l'allée des bambous; et quoique ces roseaux indiens fussent aussi élevés que les plus grands arbres, il les agitait comme l'herbe des prairies. On voyait, à travers les tourbillons de poussière et de feuilles, leur longue avenue tout ondoyante, dont une partie se renversait à droite et à gauche jusqu'à terre, tandis que l'autre se relevait en gémissant. Les gens du docteur, dans la crainte d'en être écrasés, ou d'être submergés par les eaux du Gange qui débordaient déjà leurs rivages, prirent leur chemin à travers les champs, en se dirigeant au hasard vers les hauteurs voisines. Cependant la nuit vint ; et ils marchaient depuis trois heures dans l'obscurité la plus profonde, ne sachant où ils allaient, lorsqu'un éclair, fendant les nues et blanchissant tout l'horizon, leur fit voir bien loin sur leur droite la pagode de Jagrenat, les îles du Gange, la mer agitée ; et tout près, devant eux, un petit vallon et un bois entre deux collines. Ils coururent s'y réfugier, et déjà le tonnerre faisait entendre ses lugubres roulements, lorsqu'ils arrivèrent à l'entrée du vallon. Il était flanqué de rochers, et rempli de vieux arbres d'une grosseur prodigieuse. Quoique la tempête courbât leurs cimes avec d'horribles mugissements, leurs troncs monstrueux étaient inébranlables comme les rochers qui les environnaient. Cette portion de forêt antique paraissait l'asile du repos, mais il était difficile d'y pénétrer. Des rotins, qui serpentaient à son entrée, couvraient le pied de ces arbres; et des lianes, qui s'enlaçaient d'un tronc à l'autre, ne présentaient de tous côtés qu'un rempart de feuillages où paraissaient quelques cavernes de verdure, mais qui n'avaient point d'issue. Cependant les reispoutes s'y étant ouvert un passage avec leurs sabres, tous les gens de la suite y entrèrent avec le palanquin. Ils s'y croyaient à l'abri de l'orage, lorsque la pluie qui tombait à verse forma autour d'eux mille torrents. Dans cette perplexité, ils aperçurent sous les arbres, dans le lieu le plus étroit du vallon, une lumière et une cabane. Le masalchi y courut pour allumer son flambeau; mais il revint un peu après, hors d'haleine, criant : « N'approchez pas d'ici, il y a un paria! » Aussitôt la troupe effrayée cria : « Un paria! un paria! » Le docteur croyant que c'était quelque animal féroce, mit la main sur ses pistolets. « Qu'est-ce qu'un paria? demanda-t-il à son porte-flambeau[1]. — C'est, lui

[1] Il peut paraître assez surprenant qu'un savant docteur,

répondit celui-ci, un homme qui n'a ni foi ni loi. — C'est, ajouta le chef des reispoutes, un Indien de caste si infâme, qu'il est permis de le tuer si on en est seulement touché. Si nous entrons chez lui, nous ne pouvons, de neuf lunes, mettre le pied dans aucune pagode; et pour nous purifier, il faudra nous baigner neuf fois dans le Gange, et nous faire laver autant de fois, de la tête aux pieds, d'urine de vache, par la main d'un brame. » Tous les Indiens s'écrièrent : « Nous n'entrerons point chez un paria. — Comment, dit le docteur à son porte-flambeau, avez-vous su que votre compatriote était paria, c'est-à-dire sans foi ni loi? — C'est, répondit le porte-flambeau, que, lorsque j'ai ouvert sa cabane, j'ai vu qu'il était couché avec son chien sur la même natte que sa femme, à laquelle il présentait à boire dans une corne de vache. » Tous les gens de la suite du docteur répétèrent : « Nous n'entrerons point chez un paria. — Restez ici si vous voulez, leur dit l'Anglais; pour moi, toutes les castes de l'Inde

qui a choisi les Indes pour le lieu de ses explorations, y arrive sans savoir ce que c'est qu'un paria. C'est une petite invraisemblance.

me sont égales, lorsqu'il s'agit de me mettre à l'abri de la pluie. »

En disant ces mots, il sauta en bas de son palanquin, et prenant sous son bras son livre de questions avec son sac de nuit, et à la main ses pistolets et sa pipe, il s'en vint tout seul à la porte de la cabane. A peine il y eut frappé, qu'un homme d'une physionomie fort douce vint lui en ouvrir la porte, et s'éloigna de lui aussitôt, en lui disant : « Seigneur, je ne suis qu'un pauvre paria, qui ne suis pas digne de vous recevoir; mais si vous jugez à propos de vous mettre à l'abri chez moi, vous m'honorerez beaucoup. — Mon frère, lui répondit l'Anglais, j'accepte de bon cœur votre hospitalité. » Cependant, le paria sortit avec une torche à la main, une charge de bois sec sur son dos, et un panier plein de cocos et de bananes sous son bras; il s'approcha des gens de la suite du docteur, qui étaient à quelque distance de là sous un arbre, et leur dit : « Puisque vous ne voulez pas me faire l'honneur d'entrer chez moi, voilà des fruits enveloppés de leurs écorces que vous pouvez manger sans être souillés, et voilà du feu pour vous sécher et vous préserver des tigres. Que Dieu vous conserve ! » Il rentra aussitôt dans sa cabane, et dit au docteur : « Seigneur, je vous le répète, je ne suis qu'un malheureux paria; mais comme à votre teint blanc et à vos habits je vois que vous n'êtes pas Indien, j'espère que vous n'aurez pas de répugnance pour les aliments que vous présentera votre pauvre serviteur. » En même temps il mit à terre, sur une natte, des mangues, des pommes de crême, des ignames, des patates cuites sous la cendre, des bananes grillées, et un pot de riz accommodé au sucre et au lait de coco; après quoi il se retira sur sa natte, auprès de sa femme et de son enfant, endormi près d'elle dans un berceau. « Homme vertueux, lui dit l'Anglais, vous valez beaucoup mieux que moi, puisque vous faites du bien à ceux qui vous méprisent. Si vous ne m'honorez pas de votre présence sur cette même natte, je croirai que vous me prenez moi-même pour un homme méchant, et je sors à l'instant de votre cabane, dussé-je être noyé par la pluie ou dévoré par les tigres. »

Le paria vint s'asseoir sur la même natte que

son hôte, et ils se mirent tous deux à manger. Cependant le docteur jouissait du plaisir d'être en sûreté au milieu de la tempête. La cabane était inébranlable : outre qu'elle se trouvait placée dans la partie la plus étroite du vallon, elle était bâtie sous un arbre de war ou figuier des banians, dont les branches, qui poussent des paquets de racines à leurs extrémités, forment autant d'arcades qui appuient le tronc principal. Le feuillage de cet arbre était si épais, qu'il n'y passait pas une goutte de pluie; et quoique l'ouragan fît entendre ses terribles rugissements entremêlés des éclats de la foudre, la fumée du foyer qui sortait par le milieu du toit, et la lumière de la lampe, n'étaient pas même agitées. Le docteur admirait autour de lui le calme de l'Indien et de sa femme, encore plus profond que celui des éléments. Leur enfant, noir et poli comme l'ébène, dormait dans son berceau; sa mère le berçait avec son pied, tandis qu'elle s'amusait à lui faire un collier avec des pois d'angole rouges et noirs. Le père jetait alternativement sur l'un et sur l'autre des regards pleins de tendresse. Enfin, jusqu'au chien prenait part au bonheur commun : couché avec un chat auprès du feu, il entr'ouvrait de temps en temps les yeux, et soupirait en regardant son maître.

Dès que l'Anglais eut cessé de manger, le paria lui présenta un charbon de feu pour allumer sa pipe; et ayant pareillement allumé la sienne, il fit un signe à sa femme, qui apporta sur la natte deux tasses de coco et une grande calebasse pleine de punch qu'elle avait préparé, pendant le souper, avec de l'eau, de l'arrack, du jus de citron et du jus de canne de sucre.

Pendant qu'ils fumaient et buvaient alternativement, le docteur dit à l'Indien : « Je vous crois un des hommes les plus heureux que j'aie jamais rencontrés, et par conséquent un des plus sages. Permettez-moi de vous faire quelques questions. Comment êtes-vous si tranquille au milieu d'un si terrible orage? Vous n'êtes cependant à couvert que par un arbre, et les arbres attirent la foudre. Jamais, répondit le paria, la foudre n'est tombée sur un figuier des banians. — Voilà qui est fort curieux, reprit le docteur; c'est sans doute parce que cet arbre a une électricité négative, comme le laurier. — Je ne vous comprends pas, repartit le paria; pour moi, je pense que

Pendant qu'ils fumaient et buvaient alternativement, le docteur dit à l'Indien....

Dieu, dans ces climats orageux, ayant donné au figuier des banians un feuillage fort épais, et des arcades pour y mettre les hommes à l'abri de l'orage, il ne permet pas qu'ils y soient atteints du tonnerre. — Votre réponse est bien religieuse, repartit le docteur. Ainsi c'est votre confiance en Dieu qui vous tranquillise. La conscience rassure mieux que la science. Pour moi, j'ai été envoyé d'Angleterre, ma patrie, pour chercher la vérité chez les savants d'un grand nombre de nations, afin d'éclairer les hommes et de les rendre plus heureux; mais, après bien des courses, après bien des discussions avec ces savants, je n'ai pu venir à bout d'éclaircir les problèmes sur lesquels j'étais chargé de les consulter.»

« Dites-moi, pourquoi votre caste est-elle si avilie dans l'Inde, et celle des brames si honorée ? Je viens de chez le supérieur de la pagode de Jagrenat, qui ne pense pas plus que son idole, et qui se fait adorer comme un dieu. — C'est, répondit le paria, parce que les brames disent que dans l'origine ils sont sortis de la tête du dieu Brama, et que les parias sont descendus de ses pieds. Ils ajoutent de plus qu'un jour Brama, en voyageant, demanda à manger à un paria, qui lui présenta de la chair humaine : depuis cette tradition leur caste est honorée, et la nôtre est maudite dans toute l'Inde. Il ne nous est pas permis d'approcher des villes; et tout naïre ou reispoute peut nous tuer, si nous l'approchons seulement à la portée de notre haleine. — Par saint Georges! s'écria l'Anglais, voilà qui est bien fou et bien injuste! Comment les brames ont-ils pu persuader une pareille sottise aux Indiens? — En la leur apprenant dès l'enfance, dit le paria, et en la leur répétant sans cesse : les hommes trop souvent s'instruisent comme les perroquets, et croient facilement ce qui flatte leur orgueil. — Infortuné! dit l'Anglais, comment avez-vous fait pour vous tirer de l'abîme de l'infamie où les brames vous avaient jeté en naissant? Je ne trouve rien de plus désespérant pour un homme que de le rendre vil à ses propres yeux : c'est lui ôter la première des consolations; car la plus sûre de toutes est celle qu'on trouve à rentrer en soi-même. »

« Je me suis dit d'abord, reprit le paria : L'histoire du dieu Brama est-elle bien vraie; sur quel fondement repose-t-elle? Les brames ont sans doute imaginé qu'un paria avait voulu rendre Brama anthropophage pour se venger des parias, qui refusaient de croire à ce qu'ils débitaient de leur sainteté sans en donner aucune preuve. Enfin je me dis : Je suppose que je sois haï de Dieu, qui me fait du bien; je veux tâcher de me rendre agréable à lui, en faisant, à son exemple, du bien à ceux que je devrais haïr. »

« Mais, lui demanda l'Anglais, comment faisiez-vous pour vivre, étant repoussé de tout le monde? — D'abord, dit l'Indien, je me dis : Si tout le monde est ton ennemi, sois à toi-même ton ami. Ton malheur n'est pas au-dessus des forces d'un homme. Quelque grande que soit la pluie, un petit oiseau n'en reçoit qu'une goutte à la fois. J'allais dans les bois et le long des rivières chercher à manger, mais je n'y recueillais le plus souvent que quelque fruit sauvage, et j'avais à craindre les bêtes féroces : ainsi je connus que la nature n'avait presque rien fait pour l'homme seul, et qu'elle avait attaché mon existence à cette même société qui me rejetait de son sein. Je fréquentai alors les champs abandonnés, qui sont en grand nombre dans l'Inde, et j'y rencontrais toujours quelque plante comestible qui avait survécu à la ruine de ses cultivateurs. Je voyageais ainsi de province en province, assuré de trouver partout ma subsistance dans les débris de l'agriculture. Quand je trouvais les semences de quelque végétal utile, je les ressemais, en disant : Si ce n'est pas pour moi, ce sera pour d'autres. Je me trouvais moins misérable en voyant que je pouvais faire quelque bien. Il y avait une chose que je désirais passionnément, c'était d'entrer dans quelques villes. J'admirais de loin leurs remparts et leurs tours, le concours prodigieux de barques sur leurs rivières et de caravanes sur leurs chemins, chargées de marchandises qui y abordaient de tous les points de l'horizon; les troupes de gens de guerre qui y venaient monter la garde du fond des provinces; les marches des ambassadeurs avec leurs suites nombreuses, qui y arrivaient des royaumes étrangers pour y notifier des événements heureux, ou pour y faire des alliances. Je m'approchais le plus qu'il m'était permis de leurs avenues, contemplant avec étonnement les longues colonnes de poussière que tant de voyageurs y faisaient lever, et je tressaillais de désir à ce bruit confus qui sort des grandes villes, et qui, dans les campagnes voisines, ressemble au murmure des flots qui se brisent sur les rivages de la mer. Je me disais : Une congrégation d'hommes de tant d'états différents, qui mettent en commun leur industrie, leurs richesses et leur joie, doit faire d'une ville un séjour de délices. Mais s'il ne m'est pas permis d'en approcher pendant le jour, qui m'empêche d'y entrer pendant la nuit? Une faible souris qui a tant d'ennemis, va et vient où elle veut à la faveur des ténèbres; elle passe de la cabane du pauvre dans le palais des rois. Pour jouir de la vie, il lui suffit de la lumière des étoiles; pourquoi me faut-il celle du soleil? C'était aux environs de Delhi que je faisais ces réflexions : elles m'enhardirent au point que j'entrai dans la ville avec la nuit; j'y pénétrai par la porte de Lahor. D'abord, je parcourus une longue rue solitaire, formée, à droite et à gauche, de maisons bordées de terrasses portées par des arcades, où sont les boutiques des marchands. De distance à autre je rencontrai de grands caravansérails bien fermés, et de vastes bazars ou marchés, où régnait le plus grand silence. En approchant de l'intérieur de la ville, je traversai le superbe quartier des omrahs, rempli de palais et de jardins situés le long de la Gemna. Tout y retentissait du bruit des instruments et des chansons des bayadères qui dansaient sur les bords du fleuve, à la lueur des flambeaux. Je me présentai à la porte d'un jardin pour jouir d'un si doux spectacle; mais j'en fus repoussé par des esclaves qui en chassaient les misérables à coups de bâton. Plus loin, les voix perçantes des mollahs, qui annonçaient du haut des airs les heures de la nuit, m'apprirent que j'étais au pied des minarets d'une mosquée. Près de là étaient les factoreries des Européens avec leurs pavillons, et des gardiens qui criaient sans cesse : *Kaberdar!* Prenez garde à vous! Je côtoyai ensuite un grand bâtiment, que je reconnus pour une prison, au bruit des chaînes et aux gémissements qui en sortaient. J'entendis bientôt les cris de la douleur dans un vaste hôpital, d'où l'on sortait des chariots pleins de cadavres. Chemin faisant, je rencontrai des voleurs qui fuyaient le long des rues, des patrouilles de gardes qui couraient après eux, des groupes de mendiants qui, malgré les coups de rotin, sollicitaient aux portes des palais quelques débris de leurs festins. Enfin, après une longue marche dans la même rue, je parvins à une place immense qui entoure la forteresse habitée par le Grand-Mogol. Elle était couverte de tentes de rajahs ou nababs de sa garde, et de leurs escadrons, distingués les uns des autres par des flambeaux, des étendards et de longues cannes terminées par des queues de vaches du Thibet. Un large fossé plein d'eau et hérissé d'artillerie, faisait, comme la place, le tour de la forteresse. Je considérais, à la clarté des feux de la garde, les tours du château qui s'élevaient jusqu'aux nues, et la longueur de ses remparts qui se perdaient dans l'horizon. J'aurais bien voulu y pénétrer, mais de grands korahs ou fouets suspendus à des poteaux, m'ôtèrent même le désir de mettre le pied dans la place. Je me tins donc à une de ses extrémités auprès de quelques nègres esclaves, qui me permirent de me reposer auprès d'un feu autour duquel ils étaient assis.

De là je considérai avec admiration le palais impérial, et je me dis : C'est donc ici que demeure le plus heureux des hommes ! c'est pour son obéissance que tant de brames et de mollahs prêchent; pour sa gloire, que tant d'ambassadeurs arrivent; pour ses trésors, que tant de provinces s'épuisent; pour ses voluptés, que tant de caravanes voyagent; et pour sa sûreté, que tant d'hommes armés veillent en silence !

« Pendant que je faisais ces réflexions, de grands cris de joie se firent entendre dans toute la place, et je vis passer huit chameaux décorés de banderoles. J'appris qu'ils étaient chargés de têtes de rebelles que les généraux du Mogol lui envoyaient de la province de Décan, où un de ses fils, qu'il en avait nommé gouverneur, lui faisait la guerre depuis trois ans. Un peu après arriva, à bride abattue, un courrier monté sur un dromadaire : il venait annoncer la perte d'une ville frontière de l'Inde, par la trahison d'un de ses commandants, qui l'avait livrée au roi de Perse. A peine ce courrier était passé, qu'un autre, envoyé par le gouverneur du Bengale, vint apporter la nouvelle que les Européens, auxquels l'empereur avait accordé, pour le bien du commerce, un comptoir à l'embouchure du Gange, y avaient bâti une forteresse, et s'y étaient emparés de la navigation du fleuve. Quelques moments après l'arrivée de ces deux courriers, on vit sortir du château un officier à la tête d'un détachement des gardes. Le Mogol lui avait ordonné d'aller dans le quartier des omrahs, et d'en amener trois des principaux, chargés de chaînes, accusés d'être d'intelligence avec les ennemis de l'État. Il avait fait arrêter la veille un mollah, qui faisait dans ses sermons l'éloge du roi de Perse, et disait hautement que l'empereur des Indes était infidèle, parce que, contre la loi de Mahomet, il buvait du vin. Enfin, on assurait qu'il venait de faire étrangler et jeter dans la Gemna une de ses femmes et deux capitaines de sa garde, convaincus d'avoir trempé dans la rébellion de son fils. Pendant que je réfléchissais sur ces tragiques événements, une longue colonne de feu s'éleva tout à coup des cuisines du sérail ; ses tourbillons de fumée se confondaient avec les nuages, et sa lueur rouge éclairait les tours de la forteresse, ses fossés, la place, les minarets des mosquées, et s'étendait jusqu'à l'horizon. Aussitôt les grosses timbales de cuivre, et les karnas ou grands hautbois de la garde, sonnèrent l'alarme avec un bruit épouvantable : des escadrons de cavalerie se répandirent dans la ville, enfonçant les portes des maisons voisines du château, et forçant, à grands coups de korahs, leurs habitants d'accourir au feu. J'éprouvai aussi moi-même combien le voisinage des grands est dangereux aux petits. Les grands sont comme le feu, qui brûle même ceux qui lui jettent de l'encens, s'ils s'en approchent de trop près. Je voulus m'échapper, mais toutes les avenues de la place étaient fermées. Il m'eût été impossible d'en sortir, si, par la providence de Dieu, le côté où je m'étais mis n'eût été celui du sérail. Comme les eunuques en déménageaient les femmes sur des éléphants, ils facilitèrent mon évasion ; car si partout les gardes obligeaient, à coups de fouet, les hommes de venir au secours du château, les éléphants, à coups de trompe, les forçaient de s'en éloigner. Ainsi, tantôt poursuivi par les uns, tantôt repoussé par les autres, je sortis de cet affreux chaos ; et, à la clarté de l'incendie, je gagnai l'autre extrêmité du faubourg, où sous des huttes, loin des grands, le peuple reposait en paix de ses travaux. Ce fut là que je commençai à respirer. Je me dis : J'ai donc vu une ville! j'ai vu la demeure des maîtres des nations! Oh! de combien de maîtres ne sont-ils pas eux-mêmes les esclaves! Ils obéissent, jusque dans le temps du repos, aux voluptés, à l'ambition, à la superstition, à l'avarice; ils ont à craindre, même dans le sommeil, une foule d'êtres misérables et malfaisants dont ils sont entourés, des voleurs, des mendiants, des courtisanes, des incendiaires, et jusqu'à leurs soldats, leurs grands et leurs ministres. Que doit être une ville pendant le jour, si elle est ainsi troublée pendant la nuit? Les maux de l'homme croissent avec ses jouissances : combien l'empereur, qui les réunit toutes, n'est-il pas à plaindre! Il a à redouter les guerres civiles et étrangères, et les objets mêmes qui font sa consolation et sa défense, ses généraux, ses gardes, ses serviteurs, ses femmes et ses enfants. Les fossés de sa forteresse ne sauraient arrêter les fantômes qui l'assiégent, ni ses éléphants si bien dressés repousser loin de lui les noirs soucis. Pour moi, je ne crains rien de tout cela : aucun tyran n'a d'empire ni sur mon corps, ni sur mon âme. Je puis suivre librement l'impulsion de ma conscience, et je n'ai rien à redouter d'aucun homme, si je ne me tourmente moi-même : en vérité, un paria est moins malheureux qu'un empereur. En disant ces mots, les larmes me vinrent aux yeux, et, tombant à genoux, je remerciai le ciel, qui, pour m'apprendre à supporter mes maux, m'en avait montré de plus intolérables que les miens.

« Depuis ce temps, je n'ai fréquenté dans Delhi que les faubourgs. De là, je voyais les étoiles éclairer les habitations des hommes et se confondre avec leurs feux, comme si le ciel et la ville n'eussent fait qu'un même domaine. Quand la lune venait éclairer ce paysage, j'y apercevais d'autres couleurs que celle du jour. J'admirais les tours, les maisons et les arbres, à la fois argentés et couverts de crêpes, qui se reflétaient au loin dans les eaux de la Gemna. Je parcourais en liberté de grands quartiers solitaires et silencieux, et il me semblait alors que toute la ville était à moi. Cependant l'humanité m'y aurait refusé une poignée de riz, tant la religion des brames m'y avait rendu odieux! Ne pouvant donc trouver à vivre parmi les vivants, je cherchais ma subsistance parmi les morts; j'allais dans les cimetières manger sur les tombeaux les mets offerts par la pitié des parents. C'était dans ces lieux que j'aimais à réfléchir. Je me disais : C'est ici la ville de la paix; ici ont disparu la puissance et l'orgueil; l'innocence et la vertu sont en sûreté; ici sont mortes toutes les craintes de la vie, même celle de mourir : c'est ici l'hôtellerie où pour toujours le voyageur a dételé, et où le paria repose. Dans ces pensées, je trouvais la mort désirable, et je venais à mépriser la terre. Je considérais l'orient, d'où sortait à chaque instant une multitude d'étoiles. Mon âme s'élevait donc dans le firmament avec les astres; et, lorsque l'aurore venait joindre à leurs douces et éternelles clartés ses teintes de rose, je me croyais aux portes du ciel. Mais dès que ces feux doraient les sommets des pagodes, je disparaissais comme une ombre; jallais, loin des hommes, me reposer dans les champs au pied d'un arbre, où je m'endormais au chant des oiseaux. »

« Homme sensible et infortuné, dit l'Anglais, votre récit est bien touchant : croyez-moi, la plupart des villes ne méritent d'être vues que la nuit. Après tout, la nature a des beautés nocturnes qui ne sont pas les moins touchantes; un poëte fameux de mon pays n'en a pas célébré d'autres. Mais, dites-moi, comment enfin avez-vous fait pour vous rendre heureux à la lumière du jour? »

« C'était déjà beaucoup d'être heureux la nuit, reprit l'Indien; mais si la solitude a ses jouissances, elle a ses privations; elle paraît à l'infortuné un port tranquille, d'où il voit s'écouler les passions des autres hommes sans en être ébranlé; mais, pendant qu'il se félicite de son immobilité, le temps l'entraîne lui-même. On ne jette point l'ancre dans le fleuve de la vie; il emporte également celui qui lutte contre son cours et celui qui s'y abandonne, le sage comme l'insensé; et tous deux arrivent à la fin de leurs jours, l'un après en avoir abusé, et l'autre sans en avoir joui. Je ne voulais pas être plus sage que la nature, ni trouver mon bonheur hors des lois qu'elle a prescrites à l'homme. Je désirais surtout un ami à qui je pusse communiquer mes plaisirs et mes peines. Je le cherchai longtemps parmi mes égaux; mais je n'y vis que des envieux. Cependant j'en trouvai un sensible, reconnaissant, fidèle, inaccessible aux préjugés : à la vérité, ce n'était pas dans mon espèce, mais dans celle des animaux : c'était ce chien que vous voyez. On l'avait exposé, tout petit, au coin d'une rue, où il était près de mourir de faim. Il me toucha de compassion : je l'élevai; il s'attacha à moi, et je m'en fis un compagnon inséparable. Ce n'était pas assez : il me fallait un ami plus malheureux qu'un chien, qui connût tous les maux de la société humaine, et qui m'aidât à les supporter; qui ne désirât que les biens de la nature, et avec qui je pusse en jouir. Ce n'est qu'en s'entrelaçant que deux faibles arbrisseaux résistent à l'orage. La Providence combla mes désirs en me donnant une femme vertueuse. Ce fut à la source de mes malheurs que je trouvai celle de mon bonheur. Une nuit que j'étais au cimetière des brames, j'aperçus, au clair de la lune, une jeune bramine à demi couverte de son voile jaune. A l'aspect d'une femme du sang de mes tyrans, je reculai d'horreur; mais je m'en rapprochai dans un sentiment de compassion, en voyant le soin dont elle était occupée. Elle mettait à manger sur un tertre qui couvrait les cendres de sa mère, brûlée depuis peu toute vive, avec le corps de son père, suivant l'usage de sa caste; et elle y brûlait de l'encens, pour appeler son ombre. Les larmes me vinrent aux yeux en voyant une personne plus infortunée que moi. Je me dis : Hélas! je suis lié des liens de l'infamie, mais tu l'es de ceux de la gloire. Au moins je vis tranquille au fond de mon précipice; et toi, toujours tremblante sur le bord du tien. Le même destin qui t'a enlevé ta mère te menace aussi de t'enlever un jour. Tu n'as reçu qu'une vie, et tu dois mourir de deux morts : si ta propre mort ne te fait descendre au tombeau, celle de ton époux t'y entraînera toute vivante. Je pleurais, et elle pleurait aussi; nos yeux, baignés de larmes, se rencontrèrent, et se parlèrent comme ceux des malheureux : elle détourna les siens, s'enveloppa de son voile, et se retira. La nuit suivante, je revins au même lieu. Cette fois, elle avait mis une plus grande provision de vivres sur le tombeau de sa

Elle brûlait de l'encens sur un tertre qui couvrait les cendres de sa mère.

mère : elle avait jugé que j'en avais besoin ; et, comme les brames empoisonnent souvent leurs mets funéraires pour empêcher les parias de les manger, pour me rassurer sur l'usage des siens, elle n'y avait apporté que des fruits. Je fus touché de cette marque d'humanité ; et, pour lui témoigner le respect que je portais à son offrande filiale, au lieu de prendre ses fruits, j'y joignis des fleurs : c'étaient des pavots, qui exprimaient la part que je prenais à sa douleur. La nuit suivante, je vis avec joie qu'elle avait approuvé mon hommage ; les pavots étaient arrosés, et elle avait mis un nouveau panier de fruits à quelque distance du tombeau. La pitié et la reconnaissance m'enhardirent. N'osant lui parler comme paria, de peur de la compromettre, j'entrepris, comme homme, de lui exprimer toutes les affections qu'elle faisait naître dans mon âme : suivant l'usage des Indes, j'empruntai, pour me faire entendre, le langage des fleurs ; j'ajoutai aux pavots des soucis. La nuit d'après, je trouvai mes pavots et mes soucis baignés d'eau. La nuit suivante, je devins plus hardi : je joignis aux pavots et aux soucis une fleur de foulsapatte, qui sert aux cordonniers à teindre leurs cuirs en noir, comme l'expression d'un amour humble et malheureux. Le lendemain, dès l'aurore, je courus au tombeau; mais j'y vis la foulsapatte desséchée, parce qu'elle n'avait pas été arrosée. La nuit suivante, j'y mis, en tremblant, une tulipe dont les feuilles rouges et le cœur noir exprimaient les sentiments dont j'étais animé : le lendemain, je retrouvai ma tulipe dans l'état de la foulsapatte. J'étais accablé de chagrin; cependant le surlendemain j'y apportai un bouton de rose avec ses épines, comme le symbole de mes espérances mêlées de beaucoup de craintes. Mais quel fut mon désespoir quand je vis, aux premiers rayons du jour, mon bouton de rose loin du tombeau! je crus que je perdrais la raison. Quoi qu'il pût m'en arriver, je résolus de lui parler. La nuit suivante, dès qu'elle parut, je me jetai à ses pieds; mais j'y restai tout interdit en lui présentant ma rose. Elle prit la parole, et me dit : « Infortuné! tu désires me connaître, et bientôt je ne serai plus. Il faut, à l'exemple de ma mère, que j'accompagne au bûcher mon époux qui vient de mourir : il était vieux, je l'épousai très-jeune : adieu, retire-toi, et oublie-moi ; dans trois jours, je ne serai qu'un peu de cendre. » En disant ces mots, elle soupira. Pour moi, pénétré de douleur, je lui dis : « Malheureuse bramine ! la nature a rompu les liens que la société vous avait imposés ; achevez de rompre ceux qui vous retiennent encore : vous le pouvez, en unissant votre sort au mien. — Quoi ! reprit-elle en pleurant, j'échapperais à la mort pour vivre avec toi dans l'opprobre ? Ah ! si tu as quelqu'estime pour moi, laisse-moi mourir. — A Dieu ne plaise, m'écriai-je, que je ne vous tire de vos maux que pour vous plonger dans les miens ! Chère bramine, fuyons ensemble au fond des forêts : il vaut encore mieux se fier aux tigres qu'aux hommes. Mais le ciel, dans qui j'espère, ne nous abandonnera pas. Fuyons : la nuit, ton malheur, ton innocence, tout nous favorise. Hâtons-nous, veuve infortunée ! déjà ton bûcher se prépare, et ton époux mort t'y appelle. Pauvre liane renversée, appuie-toi sur moi, je serai ton palmier. » Alors elle jeta, en gémissant, un regard sur le tombeau de sa mère, puis vers le ciel ; et, laissant tomber une de ses mains dans la mienne, de l'autre elle prit ma rose. Aussitôt je la saisis par le bras, et nous nous mîmes en route. Je jetai son voile dans le Gange, pour faire croire à ses parents qu'elle s'y était noyée. Nous marchâmes pendant plusieurs nuits le long du fleuve, nous cachant le jour dans des rizières. Enfin, nous arrivâmes dans cette contrée, que la guerre autrefois a dépeuplée d'habitants, et, après nous être unis par les liens du mariage, nous nous retirâmes au fond de ce bois, où j'ai bâti cette cabane et planté un petit jardin : nous y vivons très-heureux. Je révère ma femme comme le soleil, et je l'aime comme la lune. Dans cette solitude, nous nous tenons lieu de tout : nous étions méprisés du monde; mais comme nous nous estimons mutuellement, les louanges que je lui donne, ou celles que j'en reçois, nous paraissent plus douces que les applaudissements d'un peuple. » En disant ces mots, il regardait son enfant dans son berceau, et sa femme qui versait des larmes de joie.

Le docteur, en essuyant les siennes, dit à son hôte : « En vérité, ce qui est en honneur chez les hommes est souvent digne de leur mépris; et ce qui est méprisé d'eux mérite souvent d'en être honoré. Mais Dieu est juste : vous êtes mille fois plus heureux dans votre obscurité que le chef des brames de Jagrenat dans toute sa gloire. Il est exposé, ainsi que sa caste, à toutes les révolutions de la fortune; c'est sur les brames que tombent la plupart des fléaux des guerres civiles et étrangères qui désolent votre beau pays depuis tant de siècles; c'est à eux qu'on s'adresse souvent pour avoir des contributions forcées, à cause de l'empire qu'ils exercent sur l'opinion des peuples. Mais ce qu'il y a de plus cruel pour eux, ils sont les premières victimes de leur religion inhumaine. A force de prêcher l'erreur, ils s'en pénètrent eux-mêmes au point de perdre le sentiment de la vérité, de la justice, de l'humanité, de la piété; ils sont liés des chaînes de la superstition dont ils veulent captiver leurs compatriotes; ils sont forcés à chaque instant de se laver, de se purifier, et de s'abstenir d'une multitude de jouissances innocentes : enfin (ce qu'on ne peut dire sans horreur), par une suite de leurs dogmes barbares, ils voient brûler vives leurs parentes, leurs mères, leurs sœurs et leurs propres filles : ainsi les punit la nature dont ils ont violé les lois. Pour vous, il vous est permis d'être sincère, bon, juste, hospitalier, pieux; et vous échappez aux coups de la Fortune et aux maux de l'opinion par votre humiliation même.

Après cette conversation, le paria prit congé de son hôte pour le laisser reposer, et se retira, avec sa femme et le berceau de son enfant, dans une petite pièce voisine.

Le lendemain, au lever de l'aurore, le docteur fut réveillé par le chant des oiseaux nichés dans les branches du figuier d'Inde, et par les voix du paria et de sa femme, qui faisaient ensemble la prière du matin. Il se leva, et pendant qu'ils lui préparaient à déjeuner, il fut faire un tour dans le jardin : il le trouva, ainsi que la cabane, entouré des arcades du figuier d'Inde, si entrelacées, qu'elles formaient une haie impénétrable même à la vue. Il apercevait seulement au-dessus de leur feuillage les flancs rouges du rocher qui flanquait le vallon tout autour de lui; il en sortait une petite source qui arrosait ce jardin, planté sans ordre. On y voyait pêle-mêle des mangoustans, des orangers, des cocotiers, des litchis, des manguiers, des jacquiers, des bananiers, et d'autres végétaux tous chargés de fleurs ou de fruits. Leurs troncs même en étaient couverts : le bétel serpentait autour du palmier arec, et le poivrier le long de la canne à sucre. L'air était embaumé de leurs parfums. Quoique la plupart des arbres fussent encore dans l'ombre, les premiers rayons de l'aurore éclairaient déjà leurs sommets; on y voyait voltiger des colibris étincelants comme des rubis et des topazes, tandis que des bengalis et des sensa-soulé, ou cinq-cents-voix, cachés sous l'humide feuillée, faisaient entendre sur leurs nids leurs doux concerts. Le docteur se promenait sous ces charmants ombrages, loin des pensées savantes et ambitieuses, lorsque le paria vint l'inviter à déjeuner. « Votre jardin est délicieux, dit l'Anglais; je ne lui trouve d'autre défaut que d'être trop petit : à votre place j'y ajouterais un boulingrin[1], et je l'étendrais dans la forêt. — Seigneur, lui répondit le paria, moins on tient de place, plus on est à couvert. Une feuille suffit au nid de l'oiseau-mouche. » En disant ces mots, ils entrèrent

[1] Pièce de gazon.

dans la cabane, où ils trouvèrent dans un coin la femme du paria qui allaitait son enfant : elle avait servi le déjeuner. Après un repas silencieux, le docteur se préparant à partir, l'Indien lui dit : « Mon hôte, les campagnes sont encore inondées des pluies de la nuit, les chemins sont impraticables : passez ce jour avec nous. — Je ne le puis, dit le docteur, j'ai trop de monde avec moi. — Je le vois, reprit le paria, vous avez hâte de quitter le pays des brames pour retourner dans celui des chrétiens, dont la religion fait vivre tous les hommes en frères. » Le docteur se leva en soupirant. Alors le paria fit un signe à sa femme, qui, les yeux baissés et sans parler, présenta au docteur une corbeille de fleurs et de fruits. Le paria, prenant la parole pour elle, dit à l'Anglais : « Seigneur, excusez notre pauvreté; nous n'avons, pour parfumer nos hôtes suivant l'usage de l'Inde, ni ambre gris, ni bois d'aloès; nous n'avons que des fleurs et des fruits. Mais j'espère que vous ne mépriserez pas cette petite corbeille remplie par les mains de ma femme : il n'y a ni pavots, ni soucis, mais des jasmins, du mougris et des bergamottes, symboles, par la durée de leurs parfums, de notre affection, dont le souvenir nous restera lors même que nous ne nous verrons plus. » Le docteur prit la corbeille, et dit au paria : « Je ne saurais trop reconnaître votre hospitalité, et vous témoigner toute l'estime que je vous porte : acceptez cette montre d'or; elle est de Greenham, le plus fameux horloger de Londres; on ne la remonte qu'une fois par an. » Le paria lui répondit : Seigneur, nous n'avons pas besoin de montre; nous en avons une qui va toujours, et qui ne se dérange jamais : c'est le soleil. — Ma montre sonne les heures, ajouta le docteur. — Nos oiseaux les chantent, repartit le paria. — Au moins, dit le docteur, recevez ces cordons de corail, pour faire des colliers rouges à votre femme et à votre enfant. — Ma femme et mon enfant, répondit l'Indien, ne manqueront jamais de colliers rouges, tant que notre jardin produira des poids d'angole. — Acceptez donc, dit le docteur, ces pistolets, pour vous défendre des voleurs dans votre solitude. — La pauvreté, dit le paria, est un rempart qui éloigne de nous les voleurs; l'argent dont vos armes sont garnies suffirait pour les attirer. Au nom de Dieu qui nous protége et de qui nous attendons notre récompense, ne nous enlevez pas le prix de notre hospitalité. — Cependant, reprit l'Anglais, je désirerais que vous conservassiez quelque chose de moi. — Eh bien, mon hôte, répondit le paria, puisque vous le voulez, j'oserai vous proposer un échange; donnez-moi votre pipe, et recevez la mienne : lorsque je fumerai dans la vôtre, je me rappellerai qu'un pandect européen n'a pas dédaigné d'accepter l'hospitalité chez un pauvre paria. » Aussitôt le docteur lui présenta sa pipe de cuir d'Angleterre, dont l'embouchure était d'ambre jaune, et reçut en retour celle du paria, dont le tuyau était de bambou, et le fourneau de terre cuite.

Ensuite il appela ses gens, qui étaient tout morfondus de leur mauvaise nuit passée; et, après avoir embrassé le paria, il monta dans son palanquin. La femme du paria, qui pleurait, resta sur la porte de la cabane, tenant son enfant dans ses bras; mais son mari accompagna le docteur jusqu'à la sortie du bois, en le comblant de bénédictions. « Que Dieu soit votre récompense, lui disait-il, pour votre bonté envers les malheureux ! que je lui sois en sacrifice pour vous ! qu'il vous ramène heureusement en Angleterre, ce pays de savants et d'amis, qui cherchent la vérité par tout le monde, pour le bonheur des hommes ! » Le docteur lui répondit : « J'ai parcouru la moitié du globe, et j'ai vu en bien des lieux l'erreur et la discorde : je n'ai trouvé la tranquillité et le bonheur que dans votre cabane. » En disant ces mots, ils se séparèrent l'un de l'autre en versant des larmes. Le docteur était déjà bien loin dans la campagne, qu'il voyait encore le bon paria au pied d'un arbre, qui lui faisait signe des mains pour lui dire adieu.

Le docteur, de retour à Calcutta, s'embarqua pour Chandernagor, d'où il fit voile pour l'Angleterre. Arrivé à Londres, il remit les quatre-vingt-dix ballots de ses manuscrits au président de la Société royale, qui les déposa au Muséum britannique, où les savants et les journalistes s'occupent encore aujourd'hui à en faire des traductions, des éloges, des diatribes, des critiques et des pamphlets. Quant au docteur, il aimait à se rappeler le souvenir du paria, il fumait de temps en temps dans sa pipe; et quand on le questionnait sur ce qu'il avait appris de plus utile dans ses voyages, il répondait : « La droiture d'un cœur simple est préférable à la science orgueilleuse; le pauvre ignoré est souvent plus près du bonheur et de la vérité, que le docteur enflé d'un vain savoir; il vaut mieux rentrer en soi-même pour apprendre à se connaître, que de courir le monde pour découvrir les secrets de la nature ou des sciences. »

FIN DE LA CHAUMIÈRE INDIENNE.

# VOYAGE A L'ILE DE FRANCE

# AVERTISSEMENT.

Ces lettres et ces journaux ont été écrits à mes amis. A mon retour, je les ai mis en ordre et je les ai fait imprimer, afin de leur donner une marque publique d'amitié et de reconnaissance[1].

J'ai écrit sur les plantes et les animaux, et je ne suis point naturaliste. L'histoire naturelle n'étant point renfermée dans des bibliothèques, il m'a semblé que c'était un livre où tout le monde pouvait lire. J'ai cru y voir les caractères sensibles d'une Providence; et j'en ai parlé, non comme d'un système qui amuse mon esprit, mais comme d'un sentiment dont mon cœur est plein.

Au reste, je croirai avoir été utile aux hommes, si le faible tableau du sort des malheureux noirs peut leur épargner un seul coup de fouet, et si les Européens, qui crient en Europe contre la tyrannie, et qui font de si beaux traités de morale, cessent d'être aux Indes des tyrans barbares.

---

[1] Bernardin de Saint-Pierre fut, ainsi que nous l'avons dit dans la *Notice*, envoyé comme ingénieur à l'île de France où il séjourna trois ans.
(*Note de l'Éditeur.*)

Je croirai avoir rendu service à ma patrie, si j'empêche un seul honnête homme d'en sortir, et si je puis le déterminer à y cultiver un arpent de plus dans quelque lande abandonnée.

Pour aimer sa patrie, il faut la quitter. Je suis attaché à la mienne, quoique je n'y tienne ni par ma fortune ni par mon état; mais j'aime les lieux où, pour la première fois, j'ai vu la lumière, j'ai senti, j'ai aimé, j'ai parlé.

J'aime ce sol que tant d'étrangers adoptent, où tous les biens nécessaires abondent, et qui est préférable aux deux Indes par sa température, par la bonté de ses végétaux, et par l'industrie de son peuple.

Enfin, j'aime cette nation où les relations sont plus nombreuses, où l'estime est plus éclairée, l'amitié plus intime, et la vertu même plus aimable.

Je sais bien qu'on trouve en France, ainsi qu'autrefois à Athènes, ce qu'il y a de meilleur et de plus dépravé. Mais enfin c'est la nation qui a produit Henri IV, Turenne et Fénelon. Ces grands hommes, qui l'ont gouvernée, défendue et instruite, l'ont aussi aimée.

## LETTRES.

De Lorient, le 4 janvier 1768.

J'ai vu en Bretagne quantité de terres incultes. Il n'y croît que du genêt, et une plante à fleurs jaunes qui ne paraît composée que d'épines : les paysans l'appellent lande ou jan; ils la pilent, et la font manger aux bestiaux. Le genêt ne sert qu'à chauffer les fours : on pourrait en tirer un meilleur parti, surtout dans une province maritime. Les Romains en faisaient d'excellents cordages, qu'ils préféraient au chanvre pour le service des vaisseaux. C'est à Pline que je dois cette observation; on sait qu'il commanda les flottes de l'empire.

Vers la Basse-Bretagne, la nature paraît en quelque sorte rapetissée. Les collines, les vallons, les arbres, les hommes et les animaux y sont plus petits qu'ailleurs. La campagne, divisée en champs de blé, en pâturages entourés de fossés et ombragés de chênes, de châtaigniers et de haies vives, a un air négligé et mélancolique qui me plairait, sans la saison, qui rend tous les paysages tristes.

On trouve, en plusieurs endroits, des carrières d'ardoises, de marbre rouge et noir, des mines de plomb mêlé d'un argent très-ductile. Mais les véritables richesses du pays sont ses toiles, ses fils et ses bestiaux.

L'industrie devient plus active quand on approche des ports de mer. Le paysan bas-breton est à son aise. Il se regarde comme libre, dans le voisinage d'un élément sur lequel tous les chemins sont ouverts. Est-il trop pressé, il s'embarque. Il retrouve, sur le vaisseau où il se réfugie, le bois des chênes de son enclos, les toiles que sa famille a tissées, et le blé de ses guérets, dieux de ses foyers qui l'ont abandonné. Quelquefois, dans l'officier de son vaisseau il reconnaît le seigneur de son village. A leur misère commune, il voit que ce n'est qu'un homme, souvent plus à plaindre que lui. Libre sur sa propre réputation, il devient le maître de la sienne; et, du bout de la vergue où il est perché, il juge, au milieu du feu et de l'orage, celui qu'aux états il n'eût osé examiner.

---

*De Lorient, le 20 février 1768.*

En traversant Lorient, nous avons vu toute la place couverte de poisson : des raies blanches, violettes, d'autres toutes hérissées d'épines; des chiens de mer, des congres monstrueux qui serpentaient sur le pavé; de grands paniers pleins de crabes et de homards; des monceaux d'huîtres, de moules, de pétoncles; des merlus, des soles, des turbots... enfin une pêche miraculeuse, comme celle des apôtres.

Ces bonnes gens en ont la bonne foi et la piété : quand on pêche la sardine, un prêtre va avec la première barque et bénit les eaux. C'est la simplicité de mœurs des vieux temps : à mesure qu'ils arrivaient, leurs femmes et leurs enfants se pendaient à leurs cous.

Cette partie de la côte est fort poissonneuse. Les mêmes espèces de poissons y sont, pour la plupart, plus grandes qu'aux autres endroits, mais elles sont inférieures pour le goût. On m'a assuré que la pêche de la sardine rapportait quatre millions de revenu à la province. Il est assez singulier qu'il n'y ait point d'écrevisses dans les rivières de Bretagne; ce qui vient peut-être de ce que les eaux n'y sont pas assez vives.

PRÉFACE.

A bord du *Marquis de Castries,* le 3 mars 1768,
à onze heures du matin.

Je n'ai que le temps de vous faire mes adieux; nous appareillons.

Le vaisseau est à pic[1]. J'entends le bruit des sifflets, les hissements du cabestan, et les matelots qui virent l'ancre... Voici le dernier coup de canon. Nous sommes sous voiles, je vois fuir le rivage, les remparts et les toits du Port-Louis. Adieu, amis plus chers que les trésors de l'Inde!... Adieu, forêts que je ne reverrai peut-être plus! Temps heureux qui s'est écoulé comme un songe! Adieu!... adieu!...

[1] Un vaisseau est à pic sur son ancre quand le câble de l'ancre est tendu verticalement.

(*Note de l'Éditeur.*)

# JOURNAL.

### EN MARS 1768.

Le 5, il s'éleva un très-gros temps. Le vaisseau était en route sous ses deux basses voiles. J'étais très-fatigué du mal de mer. A dix heures et demie du matin, étant sur mon lit, j'éprouvai une forte secousse. Quelqu'un cria que le vaisseau venait de toucher. Je montai sur le pont, où je vis tout le monde consterné. Une lame venant de tribord avait enlevé à la mer la yole ou petite chaloupe, le maître des matelots et trois hommes. Un seul d'entre eux resta accroché dans les haubans du grand mât, d'où on le tira, l'épaule et la main fracassées. Il fut impossible de sauver les autres, que l'on ne revit plus.

Ce malheur vint de la faute du vaisseau qui gouvernait mal. Sa poupe était trop renflée dans l'eau, ce qui détruisait l'action du gouvernail. Le mauvais temps dura tout le jour, et l'agitation du vaisseau fit périr presque toutes nos volailles. J'avais un chien qui ne cessa de haleter de malaise. Les seuls animaux que j'y vis insensibles furent des moineaux et des serins, accoutumés à un mouvement perpétuel. On porte ces oiseaux aux Indes par curiosité.

Je fus très-incommodé, ainsi que les autres passagers. Il n'y a point de remède contre ce mal, qui excite des vomissements affreux. Il est utile cependant de prendre quelques nourritures sèches, et surtout des fruits acides.

Le 6, le temps se mit au beau. On pria Dieu pour les pauvres matelots noyés. Le maître était un fort honnête homme. On répara le désordre de la veille. La lame, en tombant sur le vaisseau, avait brisé la poutre qui borde le caillebotis, quoiqu'elle eût dix pouces de diamètre. Elle enfonça une des épontilles ou supports du gaillard d'avant dans le pont inférieur, et en rompit une des traverses.

Le 12 et le 13, on fit quelques règlements de police. Il fut décidé que chaque passager n'aurait qu'une bouteille d'eau par jour. Le repas du matin fut fixé à dix heures, et consistait en viandes salées et en légumes secs. Celui du soir, à quatre heures, était un peu meilleur. On éteignait tous les feux, passé huit heures.

Le 16, au lever du soleil, nous vîmes l'île de Palme devant nous; à gauche l'île de Ténériffe avec son pic, qui a la forme d'un dôme surmonté d'une pyramide. Ces îles furent couvertes de brume tout le jour, et la nuit d'éclairs et d'orages, spectacle qui effraya les premiers marins qui les découvrirent de nos temps. On sait que les Romains en avaient ouï parler, puisque Sertorius voulut s'y retirer. Les Carthaginois, qui trafiquaient en Afrique, les connaissaient. L'historien Juba en compte cinq, et en fait une description détaillée: il en appelle une l'île de Neige, parce que, dit-il, elle s'y conserve toute l'année. Nous vîmes, en effet, le pic couvert de neige, quoique l'air fût chaud. Ces îles sont, dit-on, les débris de cette grande île Atlantide dont parle Platon. A la profondeur des ravins dont leurs montagnes sont creusées, on peut croire que ce sont les débris de cette terre originelle bouleversée par un événement dont la tradition s'est conservée chez tous les peuples. Selon Juba, l'île Canarie prit son nom de la grandeur des chiens qu'on y élevait. Les Espagnols, à qui elles appartiennent, en tirent d'excellente malvoisie.

Le 22, la chaleur fut si forte, qu'elle fit casser une quantité de bouteilles de vin de Champagne, quoiqu'elles fussent encaissées dans du sel : c'est une pacotille que font beaucoup d'officiers pour les Indes; chaque bouteille s'y vend une pistole. Cette inondation, qui pénétrait tout, détruisit des laitues et du cresson que j'avais semés dans du coton mouillé, où ces plantes croissent à merveille.

Le 24, nous trouvâmes les vents alizés ou de nord-est; le vaisseau roulait beaucoup.

Le 26, beau temps et bon vent; nous dépassâmes la latitude des îles du cap Vert, que nous ne vîmes point : elles sont aux Portugais. On y trouve des rafraîchissements; mais le premier de tous, l'eau, s'y fait difficilement. Nous vîmes des poissons volants et une hirondelle de terre. On s'aperçut que le blé sarrasin s'échauffait dans la soute au point de n'y pouvoir supporter la main; on le mit à l'air. Il est arrivé que des vaisseaux se sont embrasés par de pareils accidents. Il y eut en 1760 un vaisseau anglais chargé de chanvre, qui brûla dans la mer Baltique. Le chanvre s'était enflammé de lui-même. J'en vis les débris sur les côtes de l'île de Bornholm.

Le 30, on se prépara à la pêche, et nous prîmes dix thons, dont le moindre pesait soixante livres : nous vîmes un requin. La chaleur augmentait, et l'équipage souffrait impatiemment la soif.

Le 31, on prit une bonite; des matelots altérés percèrent et ouvrirent pendant la nuit les jarres de plusieurs passagers, qui par là se trouvèrent, comme les gens de l'équipage, réduits à une pinte d'eau par jour.

OBSERVATIONS SUR LES MŒURS DES GENS DE MER.

Je ne vous parlerai que de l'influence de la mer sur les marins, afin d'inspirer quelque indulgence sur des défauts qui tiennent à leur état.

La promptitude qu'exige la manœuvre les rend grossiers dans leurs expressions. Comme ils vivent loin de la terre, ils se regardent comme indépendants : ils parlent souvent des princes, des lois et de la religion, avec une liberté égale à leur ignorance. Ce n'est pas que, suivant les circonstances, ils ne soient dévots, même superstitieux. J'en ai connu plus d'un qui n'aurait pas voulu appareiller un vendredi. En général, leur religion dépend du temps qu'il fait.

L'oisiveté où ils vivent leur fait aimer la médisance et les contes. Le banc de quart est le lieu où les officiers débitent les fables et les merveilles.

L'habitude de faire sans cesse de nouvelles connaissances les rend inconstants dans leurs sociétés et dans leurs goûts : sur mer ils désirent la terre, à terre ils regrettent la mer.

Dans une longue traversée, il est prudent de se livrer peu et de ne disputer jamais. La mer aigrit naturellement l'humeur. La plus légère contestation y dégénère en querelle. J'en ai vu naître pour des questions de philosophie. Il est vrai que ces questions ont quelquefois brouillé des philosophes à terre.

En général, les gens de mer sont taciturnes et sombres. Peut-on être gai au milieu des dangers, et privé des premiers besoins de la vie?

Il ne faut pas oublier leurs bonnes qualités. Ils sont francs, généreux, braves, et surtout bons maris. Un homme de mer se regarde comme étranger à terre, et surtout dans sa propre maison. Étonné de la nouveauté des meubles, du logement, des usages, il laisse à sa femme le pouvoir de le gouverner dans un monde qu'il connaît peu.

Les matelots ajoutent à ces bonnes et mauvaises qualités les vices de leur éducation. Ils sont adonnés à l'ivrognerie. On leur distribue chaque jour une ration de vin ou d'eau-de-vie. Ils sont sept hommes à chaque plat; j'en ai vu s'arranger entre eux pour boire alternativement la ration des sept. Quelques-uns sont adonnés au vol. Il y en a d'assez habiles pour dépouiller leurs camarades pendant le sommeil. Dans cette classe d'hommes si malheureux, il s'en trouve d'une probité rare. Ordinairement le maître, le canonnier et le premier pilote sont des hommes de confiance, sur lesquels roule toute la police de l'équipage. De ces trois hommes dépend la bonté de l'équipage, et souvent le succès de la navigation.

Le dernier homme du vaisseau est le coq, *coquus*, le cuisinier. Les mousses sont des enfants, traités souvent avec trop de barbarie. Il n'y a guère d'officier ou de matelot qui ne leur fasse éprouver son humeur. On s'amuse même sur quelques vaisseaux à les fouetter quand il fait calme, pour faire, dit-on, venir le vent. Ainsi l'homme, qui se plaint si souvent de sa faiblesse, abuse presque toujours de sa force.

Après avoir porté ma censure sur les mœurs des gens de mer, il est bon aussi que je l'étende sur les miennes.

J'ai fait une faute essentielle dans le journal de ce mois, en oubliant de rapporter le nom du maître des matelots et de deux autres infortunés qui furent enlevés d'un coup de mer de dessus le pont du vaisseau, le 5 du mois précédent, vers la hauteur du cap Finistère. A la vérité, ils n'étaient que matelots, mais ils étaient hommes, compagnons, et qui plus est coopérateurs de mon voyage, sur un vaisseau où je n'étais moi-même qu'un spéculateur oisif, et fort inutile à la manœuvre.

J'ai observé souvent, dans les relations de voyage des vaisseaux hollandais et anglais, que s'il vient à périr le moindre matelot, on y tient note de ses noms de famille et de baptême, de son âge, du lieu de sa naissance; à quoi l'on ajoute presque toujours quelque trait de ses mœurs qui le caractérise. On en trouve des exemples fréquents dans des relations même faites par des vice-amiraux, commodores, commandants, etc. Le capitaine Cook surtout y est fort exact dans ses *Voyages autour du monde*. Cet usage est une preuve du patriotisme et du fonds d'humanité qui règnent parmi ces nations. D'ailleurs, dans le journal d'un vaisseau, le nom, les mœurs et la famille d'un matelot qui périt à son service doivent être au moins aussi intéressants pour des hommes, que le nom, les mœurs et la famille d'un poisson ou d'un oiseau de marine pris en pleine mer, dont nos marins ne manquent pas d'enrichir leurs journaux, quand ils en trouvent l'occasion. Bien plus, il n'y a pas une vergue cassée, ou une manœuvre rompue sur le vaisseau, dont ils ne vous tiennent compte; le tout pour se donner un air savant et entendu aux choses de la mer.

Les mœurs des gens de mer sont beaucoup plus variées par leur vie cosmopolite et amphibie, et plus apparentes par la rudesse de leur métier et leur franchise, que celles des princes. C'est là que l'on peut connaître l'homme tout brut, luttant sans cesse et sans art, avec ses vices et ses vertus, contre ses passions et celles des autres, contre la fortune et les éléments. Malgré ses défauts, par lesquels il serait injuste de la désigner, je voudrais rendre toute cette classe d'hommes intéressante. D'ailleurs, il n'y a point de caractère si dépravé qui n'ait quelques bonnes qualités qui en compensent jusqu'à un certain point les vices. Souvent, sous les plus grossiers, comme l'ivrognerie, le jurement, les marins cachent d'excellentes qualités. Il s'en trouve d'intrépides, de généreux, qui, sans balancer, se jettent à la mer pour porter du secours au malheureux prêt à périr; d'autres sont remarquables par quelque industrie particulière. Il en est qui ont beaucoup d'imagination, et qui, pendant la durée d'un

Il en est qui ont beaucoup d'imagination et qui racontent
à leurs camarades des histoires.

quart de six heures, racontent à leurs camarades rassemblés autour d'eux des histoires merveilleuses, dont ils entrelacent les événements avec autant d'art et d'intérêt que ceux des *Mille et une Nuits ;* d'autres, fort taciturnes, écoutent toujours, ne s'expriment que par signes, et sont des jours entiers sans proférer un mot. La plupart intéressent par leurs infortunes, leurs naufrages; d'autres par les malheurs de leurs familles; tous par leur manière de voir, par leur religion, leurs opinions des sciences, de la guerre, de la cour et du gouvernement des pays qu'ils ont vus, ou par les combats où ils se sont trouvés, ou par leurs amours, si différentes de celles des bergers. Mais si, au lieu de se borner à étudier leurs mœurs, on s'occupait du soin de les adoucir, on trouverait des amis parmi eux, car ils sont très-reconnaissants. Je crois qu'un voyageur, en se mettant comme observateur de la société avec les compagnons de son voyage, bannirait pour lui-même et pour ses lecteurs la monotonie des voyages de long cours. Mais nous sommes si accoutumés à mépriser ce qui est au-dessous de nous, que je puis dire que, dans un voyage de quatre mois et demi, où l'on ne voyait que le ciel et l'eau, il n'y avait pas la moitié de nos simples matelots dont les noms fussent connus des passagers et même de leurs officiers; et que quand quelqu'un d'eux venait pour quelque service dans la chambre ou sur l'arrière, nous y faisions moins d'attention que si c'eût été un chat ou un chien; tant l'homme pauvre et misérable est souvent indifférent à l'homme son semblable.

## AVRIL 1768.

Le 4, nous eûmes un ciel orageux. Nous entendîmes le tonnerre, et nous essuyâmes un grain.

On jeta à la mer un matelot mort du scorbut; plusieurs autres en sont affectés : cette maladie, qui se manifeste de si bonne heure, répand la terreur dans l'équipage. Nous prîmes des bonites et des requins.

Du 5 et du 6. Hier, à trois heures de nuit, il fit un orage épouvantable qui nous obligea de tout amener, hors la misaine. Je remarquai constamment que le lever de la lune dissipe les nuages d'une manière sensible. Deux heures après qu'elle est sur l'horizon, le ciel est parfaitement net. Nous eûmes ces deux jours du calme, mêlé de grains pluvieux.

Le 7, nous prîmes des bonites. Je vis couper avec des ciseaux du verre dans l'eau avec une grande facilité; effet dont j'ignore la cause.

Le 10, on annonça le baptême de la ligne, dont nous étions à un degré. Un matelot, déguisé en masque, vint demander au capitaine à faire observer l'usage ancien. Ce sont des fêtes imaginées pour dissiper la mélancolie des équipages. Nos matelots sont fort tristes, le scorbut gagne insensiblement, et nous ne sommes pas au tiers du voyage.

Le 11, on fit la cérémonie du baptême. On rangea les principaux passagers le long d'un cordon, les pouces attachés avec un ruban. On leur versa quelques gouttes d'eau sur la tête. On donna ensuite quelque argent aux pilotes.

### OBSERVATIONS SUR LA MER ET LES POISSONS.

Il n'y a guère de vue plus triste que celle de la pleine mer. On s'impatiente bientôt d'être toujours au centre d'un cercle dont on n'atteint jamais la circonférence. Elle offre cependant des scènes intéressantes : je ne parle pas seulement des tempêtes; pendant le calme, et surtout la nuit dans les climats chauds, on est surpris de la voir étincelante. J'ai pris dans un verre de ces points lumineux dont elle est remplie; je les ai vus se mouvoir avec beaucoup de vivacité. On prétend que c'est du frai de poisson. On en voit quelquefois des amas semblables à des lunes. La nuit, lorsque le vaisseau fait route et qu'il est environné de poissons qui le suivent, la mer paraît comme un vaste feu d'artifice tout brillant de serpenteaux et d'étincelles d'argent.

Je vous laisse méditer sur la quantité prodigieuse d'êtres vivants dont cet élément est la patrie : je me borne à quelques observations sur différentes espèces de poissons que nous avons rencontrés en pleine mer.

Le bonnet-flamand, que les anciens appelaient, je crois, *poumon marin*, est une espèce d'animal formé d'une substance glaireuse; il ressemble assez à un champignon. Son chapiteau a un mouvement de contraction et de dilatation par le moyen duquel il avance fort lentement. Je ne lui connais aucune propriété. Cet animal est si commun, que nous en avons trouvé la mer couverte pendant plusieurs journées. Il varie beaucoup pour la grosseur et la couleur, mais la forme est la même. On en trouve de fort gros en été sur les côtes de Normandie.

La galère est de la même substance, mais cet animal paraît doué de plus d'intelligence et de malignité. Son corps est une espèce de vessie ovale, surmontée dans sa longeur d'une crête ou voile qui est toujours hors de la mer, dans la direction du vent. Quand le flot le renverse, il se relève fort vite, et présente toujours au vent la partie la plus ronde de son corps. J'en ai vu beaucoup à la fois rangés comme une flotte dans la même direction. Peut-être construirait-on quelque voilure sur ce mécanisme, au moyen de laquelle une barque avancerait dans le vent contraire. De la partie inférieure de la galère pendent plusieurs longs filets bleus, dont elle saisit ceux qui croient la prendre. Ces filets brûlent sur-le-champ, comme le plus violent caustique. J'ai vu un jour un jeune matelot qui, s'étant mis à la nage pour en prendre une, en eut les bras tout brûlés, et de frayeur pensa se noyer. La galère a de belles couleurs pendant qu'elle est en vie. J'en ai vu de bleu céleste et de couleur de rose. Le bonnet-flamand se trouve dans nos mers, et la galère en approchant des tropiques.

Dans le parage des Açores, j'ai vu une espèce de coquillage flottant et vivant dans l'écume de la mer, de la forme du fer d'une flèche ou d'un bec d'oiseau : il est petit, transparent, et très-aisé à rompre ; c'est peut-être celui qu'on trouve dans l'ambre gris.

A cette même latitude nous trouvâmes des limaçons bleus flottant à la surface de l'eau, au moyen de quelques vessies pleines d'air : leur coque était fort mince et très-fragile ; ils étaient remplis d'une liqueur d'un beau bleu purpurin. Ce n'est pas cependant le coquillage appelé pourpre par les anciens.

Une espèce de coquillage beaucoup plus commun est celui qui s'attache à la carène même du vaisseau, au moyen d'un ligament qu'il raccourcit dans le mauvais temps. Il est blanc, de la forme d'une amande, et composé de quatre pièces ; il met dehors plusieurs filaments qui ont un mouvement régulier. Il se multiplie en si grande quantité, que la course du vaisseau en est sensiblement retardée.

Le poisson volant est fort commun entre les deux tropiques : il est de la grosseur d'un hareng ; il vole en troupe et d'un seul jet aussi loin qu'une perdrix ; il est poursuivi dans la mer par les poissons, et dans l'air par les oiseaux. Sa destinée paraît fort malheureuse de retrouver dans l'air le danger qu'il a évité dans l'eau ; mais tout est compensé, car souvent aussi il échappe comme poisson aux oiseaux, et comme oiseau aux poissons. C'est dans les orages qu'on le voit devancer les frégates et les thons, qui font après lui des sauts prodigieux.

L'encornet est une petite sèche qui fait à peu près la même manœuvre. Elle a de plus la faculté d'obscurcir l'eau, en y versant une encre fort noire. Peut-être aussi ne nage-t-elle pas si bien. Elle est de la forme d'un cornet. Ces deux espèces de poissons tombent souvent à bord des vaisseaux. Ils sont bons à manger.

Le thon de la pleine mer m'a paru différer, pour le goût, de celui de la Méditerranée. Il est fort sec, et n'a de graisse qu'à l'orbite de l'œil. Sa chair paraît à l'étroit dans sa peau. Huit muscles, quatre grands et quatre petits, forment son corps, dont la coupe transversale ressemble à celle de plusieurs arbres sciés. On le pêche au lever et au coucher du soleil, parce qu'alors l'ombre des flots lui déguise mieux l'hameçon, qui est figuré en poisson volant.

Cette flotte de thons nous accompagne depuis six semaines. Il est facile de les reconnaître. Il y en a un entre autres qui a une plaie rouge sur le dos, pour avoir été harponné il y a quinze jours. Sa course n'en est pas retardée.

Le poisson peut-il vivre sans dormir, et l'eau marine serait-elle favorable aux plaies? J'ai lu quelque part que M. Chirac guérit M. le duc d'Orléans d'une blessure au poignet, en le lui faisant mettre dans des eaux de Balaruc.

La chair du thon est saine, mais elle altère. On m'assura qu'il était dangereux d'user du thon de ces parages qui a été salé. J'en vis l'expérience sur un matelot qui s'y exposa. Sa peau devint rouge comme l'écarlate, et il eut une fièvre de vingt-quatre heures.

Nous prenons aussi avec les thons beaucoup de bonites. C'est une sorte de maquerau, dont quelques-uns approchent de la grosseur des thons. Je leur ai trouvé à la fois de la laite et des œufs; et dans la chair de plusieurs, des vers vivants de la grosseur d'un grain d'avoine. Ce poisson n'en paraissait pas incommodé.

La grande-oreille est une espèce de bonite.

Les requins se trouvent en grande quantité aux environs de la ligne. Dès qu'il fait calme, le vaisseau en est entouré. Ce poisson nage lentement et sans bruit. Il est devancé par plusieurs petits poissons appelés *pilotins*, bariolés de noir et de jaune. S'il tombe quelque chose à la mer, en un clin d'œil ils viennent le reconnaître, et retournent au requin, qui s'approche de sa proie, se tourne et l'engloutit. Si c'est un oiseau, il n'y touche point : mais lorsque la faim le presse, il avale jusqu'à des clous.

Le requin est le tigre de la mer. J'en ai vu de plus de dix pieds de longueur. La nature lui a donné une vue très-faible. Il nage fort lentement, par la forme arrondie de sa tête; ce qui, joint à la position de sa gueule qui l'oblige de se tourner sur le dos pour avaler, préserve la plupart des poissons de sa voracité. Il n'a ni os, ni arêtes, mais des cartilages, ainsi que tous les poissons de mer voraces, comme le chien de mer, la raie, le polype, qui, comme lui, voient mal, sont mauvais nageurs, et ont la gueule placée en bas; ils sont de plus vivipares. Ainsi leur gloutonnerie a été compensée dans leur vitesse, leur vue, leur forme et leur génération. Les mâchoires du requin sont armées de cinq ou six rangs de dents en haut et en bas. Elles sont plates, tranchantes sur les côtés, aiguës, et taillées comme des lancettes. Il n'en a que deux rangs perpendiculaires; les autres sont couchées, et disposées de manière qu'elles remplacent par un mécanisme admirable celles qu'il est souvent exposé à rompre. On l'amorce avec une pièce de chair embrochée d'un croc de fer. Avant de le tirer de l'eau, on lui passe à la queue un nœud coulant; et lorsqu'il est sur le pont et qu'il s'efforce d'estropier les matelots, on la lui coupe à coups de hache. Cette queue n'a qu'un aileron, taillé comme une faux. Au reste, la pêche de ce poisson n'est d'aucune utilité. J'ai goûté de sa chair, qui a un goût de raie, avec une forte odeur d'urine. On dit qu'elle est fiévreuse. Les marins ne pêchent ce poisson que pour le mutiler. On lui crève les yeux, on l'éventre, on en attache plusieurs par la queue, et on les rejette à la mer; spectacle digne d'un matelot. Le requin est si vivace, que j'en ai vu remuer longtemps après qu'on leur avait coupé la tête. Cependant j'en ai vu noyer fort vite, en les plongeant plusieurs fois lorsqu'ils sont accrochés à l'hameçon.

On trouve presque toujours sur le requin un poisson appelé sucet. Il est gros comme un hareng. Il a sur la tête une surface ovale un peu concave, avec laquelle il s'attache en formant le vide, au moyen de dix-neuf lames qui y sont disposées comme les tringles d'une jalousie. J'en ai mis de vivants sur un verre uni, d'où je ne pouvais les arracher. Ce poisson a cela de très-singulier, qu'il nage le ventre et les ouïes en l'air. Sa peau est grenelée, et sa gueule armée de plusieurs rangs de petites dents. Nous avons plusieurs fois mangé des sucets, et nous leur avons trouvé le goût d'artichauts frits.

Outre le pilotin et le sucet, le requin nourrit

encore sur sa peau un insecte de la forme d'un demi-pois, avec un bec fort allongé. C'est une espèce de pou.

Le marsouin est un poisson fort connu. J'en ai vu une espèce dont le museau était fort pointu. Les matelots l'appellent *la flèche de la mer*, à cause de sa vitesse. J'en ai vu caracoler autour du vaisseau, tandis qu'il faisait deux lieues à l'heure. On darde cet animal, qui souffle lorsqu'il est pris et semble se plaindre : c'est une mauvaise pêche; sa chair est noire, dure, lourde et huileuse.

J'ai vu aussi une dorade, le plus léger, dit-on, des poissons. On prétend, mais à tort, que c'est le dauphin des anciens, dont Pline nous a donné une ample description : quoi qu'il en soit, nous n'éprouvâmes point son amitié pour les hommes. Nous vîmes à une grande profondeur briller ses ailerons dorés, et son dos du plus bel azur.

Quelquefois nous avons vu à une demi-lieue des baleines lancer leur jet d'eau. Elles sont plus petites que celles du nord. Elles me paraissaient, de loin, comme une chaloupe renversée.

Telles sont les espèces de poissons que j'ai vus

jusqu'à présent. On voit des requins dans le calme; ordinairement les dorades les suivent; les marsouins paraissent quand le vent fraîchit. Si ce détail vous a ennuyé, songez quels doivent être mes plaisirs. Il n'en est point pour l'homme sur un élément étranger, dont aucun des habitants n'a de relation avec lui.

## MAI 1768.

Les 20 et 21, temps pluvieux, vent variable. L'air est froid. Nous vîmes une baleine à portée de pistolet. On prétendit avoir vu des damiers, oiseaux voisins du Cap. Nous vîmes des taille-vents.

Le 26, vent violent. Vers le soir, un grain nous surprit avec toutes nos voiles dehors. Le vaisseau ne put arriver, il vint au vent et fut coiffé[1]. Vous ne sauriez imaginer notre désordre. Enfin, on manœuvra si heureusement qu'on

[1] On dit en termes de marine qu'un vaisseau est *coiffé*, lorsque, par une manœuvre ou un changement de vent subit, le vent frappe sur l'avant des voiles.
(*Note de l'Éditeur.*)

échappa de ce danger, où il pouvait nous en coûter au moins nos mâts. Nous vîmes les mêmes oiseaux. Nos pauvres matelots sont bien fatigués : après un orage, on ne leur donne aucun rafraîchissement.

J'ai admiré souvent le lever et le coucher du soleil. C'est un spectacle qu'il n'est pas moins difficile de décrire que de peindre. Figurez-vous à l'horizon une belle couleur orange qui se nuance de vert, et vient se perdre au zénith dans une teinte lilas, tandis que le reste du ciel est d'un magnifique azur. Les nuages qui flottent çà et là sont d'un beau gris de perle. Quelquefois ils se disposent en longues bandes cramoisies, de couleur ponceau et écarlate; toutes ces teintes sont vives, tranchées, et relevées de franges d'or.

Un soir les nuages se disposèrent vers l'occident sous la forme d'un vaste réseau, semblable à de la soie blanche. Lorsque le soleil vint à passer derrière, chaque maille du réseau parut relevée d'un filet d'or. L'or se changea ensuite en couleur de feu et en ponceau, et le fond du ciel se colora de teintes légères de pourpre, de vert et de bleu céleste.

## JUIN 1768.

Le 23, à minuit et demi, un coup de mer affreux enfonça quatre fenêtres des cinq de la grande chambre, quoique leurs volets fussent fermés par des croix de Saint-André. Le vaisseau fit un mouvement de l'arrière, comme s'il s'acculait. Au bruit, j'ouvris ma chambre, qui, dans l'instant, fut pleine d'eau et de meubles qui flottaient. L'eau sortait par la porte de la grande chambre comme par l'écluse d'un moulin; il en était entré plus de trente barriques. On appela les charpentiers, on apporta de la lumière, et on se hâta de clouer d'autres sabords aux fenêtres. Nous fuyions alors sous la misaine; le vent et la mer étaient épouvantables.

A peine ce désordre venait d'être réparé, qu'un grand caisson qui servait de table, plein de sel et de bouteilles de vin de Champagne, rompit ses attaches. Le roulis du vaisseau le faisait aller et venir comme un dé. Ce coffre énorme pesait plusieurs milliers, et menaçait de nous écraser dans nos chambres. Enfin il s'entr'ouvrit, et les bouteilles qui en sortaient roulaient et se brisaient avec un désordre inexprimable. Les charpentiers revinrent une seconde fois, et le remirent en place après bien du travail.

Comme le roulis m'empêchait de dormir, je m'étais jeté sur mon lit en bottes et en robe de chambre : mon chien paraissait saisi d'un effroi extraordinaire. Pendant que je m'amusais à calmer cet animal, je vis un éclair par un faux jour de mon sabord, et j'entendis le bruit du tonnerre. Il pouvait être trois heures et demie. Un instant après, un second coup de tonnerre éclata, et mon chien se mit à tressaillir et à hurler. Enfin un troisième éclair, suivi d'un troisième coup, succéda presque aussitôt, et j'entendis crier sous le gaillard que le vaisseau se trouvait en danger; en effet, ce bruit fut semblable à un coup de canon tiré près de nous; il ne roula point. Comme je sentais une forte odeur de soufre, je montai sur le pont, où j'éprouvai d'abord un froid très-vif. Il y régnait un grand silence, et la nuit était si obscure que je ne pouvais rien distinguer. Cependant ayant entrevu quelqu'un près de moi, je lui demandai ce qu'il y avait de nouveau. On

me répondit : « On vient de porter l'officier de
« quart dans sa chambre; il est évanoui, ainsi
« que le premier pilote. Le tonnerre est tombé
« sur le vaisseau, et notre grand mât est brisé. »
Je distinguai, en effet, la vergue du grand hunier tombé sur les barres de la grande hune. Il ne paraissait, au-dessus, ni mât, ni manœuvre. Tout l'équipage était retiré dans la chambre du conseil.

On fit une ronde sous le gaillard. Le tonnerre était descendu jusque-là le long du mât. Une femme qui venait d'accoucher avait vu un globe de feu au pied de son lit. Cependant on ne trouva aucune trace d'incendie; tout le monde attendit avec impatience la fin de la nuit.

Au point du jour, je remontai sur le pont. On voyait au ciel quelques nuages blancs, d'autres cuivrés. Le vent venait de l'ouest, où l'horizon paraissait d'un rouge ardent, comme si le soleil eût voulu se lever dans cette partie; le côté de l'est était tout noir. La mer formait des lames monstrueuses, semblables à des montagnes pointues formées de plusieurs étages de collines. De leur sommet s'élevaient de grands jets d'écume qui se coloraient de la couleur de l'arc-en-ciel.

Elles étaient si élevées, que du gaillard d'arrière elles nous paraissaient plus hautes que les hunes. Le vent faisait tant de bruit dans les cordages, qu'il était impossible de s'entendre. Nous fuyions vent arrière sous la misaine. Un tronçon du mât de hune pendait au bout du grand mât, qui était éclaté en huit endroits jusqu'au niveau du gaillard; cinq des cercles de fer dont il était lié étaient fondus; les passavants étaient couverts des débris des mâts de hune et de perroquet. Au lever du soleil, le vent redoubla avec une fureur inexprimable : notre vaisseau ne pouvant plus obéir à son gouvernail, vint en travers. Alors la misaine ayant fasié[1], son écoute[2] rompit; ses secousses étaient si violentes, qu'on crut qu'elle amènerait le mât à bas. Dans l'instant le gaillard d'avant se trouva comme engagé; les vagues brisaient sur le bossoir de bâbord, en sorte qu'on n'apercevait plus le beaupré. Des nuages d'écume nous inondaient jusque sous la dunette. Le na-

[1] *Fasier* se dit d'une voile qui bat, parce que le vent n'y porte pas de manière à l'enfler.
(*Note de l'Éditeur.*)

[2] Cordage attaché à la voile pour la déployer.
(*Note de l'Éditeur.*)

vire ne gouvernait plus; et étant tout à fait en travers à la lame, à chaque roulis il prenait l'eau sous le vent jusqu'au pied du grand mât, et se relevait avec la plus grande difficulté.

Dans ce moment de péril, le capitaine cria au timonier d'arriver; mais le vaisseau, sans mouvement, ne sentait plus sa barre. Il ordonna aux matelots de carguer la misaine, que le vent emportait par lambeaux : ces malheureux, effrayés, se réfugièrent sous le gaillard d'arrière. J'en vis pleurer un, d'autres se jetèrent à genoux en priant Dieu. Je m'avançai sur le passavant de bâbord en me cramponant aux manœuvres; un jacobin, aumônier du vaisseau, me suivit, et le sieur Sir André, passager, vint après. Plusieurs gens de l'équipage nous imitèrent, et nous vînmes à bout de carguer cette voile, dont plus de la moitié était emportée. On voulut border le petit foc[1] pour arriver, mais il fut déchiré comme une feuille de papier.

Nous restâmes donc à sec, en roulant d'une

---

[1] Voile triangulaire à l'avant du bâtiment. *Border* une voile, c'est l'arrêter, la tendre par en bas.

(*Note de l'Éditeur.*)

manière effroyable. Une fois, ayant lâché les manœuvres où je me retenais, je glissai jusqu'au pied du grand mât, où j'eus de l'eau jusqu'aux genoux. Enfin, après Dieu, notre salut vint de la solidité du vaisseau, et de ce qu'il était à trois ponts, sans quoi il se fût engagé. Notre situation dura jusqu'au soir, que la tempête s'apaisa. Une partie de nos meubles fut bouleversée et brisée; plus d'une fois je me trouvai les pieds perpendiculaires sur la cloison de ma chambre.

Tel fut le tribut que nous payâmes au canal de Mozambique, dont le passage est plus redouté des marins que celui du cap de Bonne-Espérance. Les officiers assurèrent qu'ils n'avaient jamais vu une aussi grosse mer. Toutes les parties hautes du vaisseau en étaient si ébranlées, que, dans les jointures des pilastres de la chambre, j'introduisais des os entiers de mouton, qui y étaient écrasés par le jeu de la charpente.

Le 24, à quatre heures du matin, il fit calme. La mer était encore fort grosse. On travailla, tout le jour, à amener la grande vergue, et à préparer deux jumelles pour fortifier le grand mât. L'effet du tonnerre est inexplicable. Le grand mât est éclaté en zigzag. Depuis les barres de hune jusqu'à cinq pieds au-dessous, du côté de l'avant, il y a un éclat; cinq pieds au-dessous, du côté de l'arrière, il y a un autre éclat; ainsi de suite jusqu'au niveau du gaillard. Il y a alternativement un espace brisé et un plein, de manière que le plein d'un côté répond au brisé de l'autre. Dans ces éclats, je n'ai remarqué aucune odeur, ni noirceur : le bois a conservé sa couleur naturelle.

Le gros temps fit périr presque tous nos bestiaux, et doubla le nombre de nos malades scorbutiques.

Le 25, on s'occupa à lier et à saisir les deux jumelles autour du mât. C'étaient des pièces de bois de quarante-cinq pieds de longueur, un peu creusées en gouttière, pour s'adapter sur la circonférence du mât. Chacun mit la main à l'œuvre, à cause de la faiblesse de l'équipage.

Le 26, petit temps. On chanta le *Te Deum*, pour remercier Dieu d'avoir passé le Cap et le canal de Mozambique. On s'occupa tout le jour à réparer le grand mât.

## JUILLET 1768.

Le 11, vent favorable. Nous avons aujourd'hui soixante-dix scorbutiques forcés de garder le lit. Si nous restons encore huit jours à la mer, nous périssons infailliblement. On a jeté à l'eau un jeune homme de dix-sept ans.

Le 14, en approchant de terre, beaucoup de personnes se trouvèrent mal. Je me sentais un dégoût universel : je suais abondamment. Nous mîmes notre pavillon en berne, et nous tirâmes par intervalles des coups de canon pour appeler du secours; mais le pilote seul vint à bord. Il nous parla de troubles entre les chefs de l'île, dont il imaginait que nous étions fort occupés; d'un autre côté, plusieurs d'entre nous croyaient que les querelles et les misères de notre vaisseau intéresseraient beaucoup les habitants.

### OBSERVATIONS SUR LE SCORBUT.

Le scorbut est occasionné par la mauvaise qualité de l'air et des aliments. Les officiers, qui sont mieux nourris et mieux logés que les matelots, sont les derniers attaqués de cette maladie, qui s'étend jusqu'aux animaux. Mon chien en fut très-incommodé. Il n'y a pas d'autre remède que l'air de la terre et l'usage des végétaux frais. Il y a quelques palliatifs qui peuvent modérer le progrès de ce mal, comme l'usage du riz, des liqueurs acides, du café, et l'abstinence de tout ce qui est salé. On attribue de grandes vertus à l'usage de la tortue : mais c'est un préjugé, comme tant d'autres que les marins adoptent si légèrement. Au cap de Bonne-Espérance, où il n'y a point de tortues, les scorbutiques guérissent au moins aussi promptement que dans l'hôpital de l'Ile de France, où on les traite avec les bouillons de cet animal. A notre arrivée, presque tout le monde fit usage de ce remède; je ne m'en servis point, parce que je n'en avais pas à ma disposition; je fus le premier guéri : je n'avais usé que des végétaux frais.

Le scorbut commence par une lassitude universelle : on désire le repos; l'esprit est chagrin; on est dégoûté de tout; on souffre le jour, on ne sent de soulagement que la nuit; il se manifeste ensuite par des taches rouges aux jambes et à la poitrine, et par des ulcères sanglants aux gencives. Souvent il n'y a point de symptômes extérieurs; mais s'il survient la plus légère blessure, elle devient incurable tant qu'on est sur mer, et elle fait des progrès très-rapides. J'avais eu une légère blessure au bout du doigt; en trois semaines la plaie l'avait dépouillé tout entier, et s'étendait déjà sur la main, malgré tous les remèdes qu'on y put faire. Quelques jours après mon arrivée, elle se guérit d'elle-même. Avant de débarquer les malades, on eut soin de les laisser un jour entier dans le vaisseau, respirer peu à peu l'air de la terre. Malgré ces précautions, il en coûta la vie à un homme qui ne put supporter cette révolution.

Je ne saurais vous dépeindre le triste état dans lequel nous sommes arrivés. Figurez-vous ce grand mât foudroyé, ce vaisseau avec son pavillon en berne, tirant du canon toutes les minutes; quelques matelots semblables à des spectres, assis sur le pont; nos écoutilles ouvertes, d'où s'exhalait une vapeur infecte; les entre-ponts pleins de mourants, les gaillards couverts de malades qu'on exposait au soleil, et qui mouraient en nous parlant. Je n'oublierai jamais un jeune homme de dix-huit ans à qui j'avais promis la veille un peu de limonade. Je le cherchais sur le pont parmi les autres; on me le montra sur la planche; il était mort pendant la nuit.

### MŒURS DES HABITANTS BLANCS.

L'Ile de France était déserte lorsque Mascarenhas la découvrit. Les premiers Français qui s'y établirent furent quelques cultivateurs de Bourbon. Ils y apportèrent une grande simplicité de mœurs, de la bonne foi, l'amour de l'hospitalité, et même de l'indifférence pour les richesses. M. de La Bourdonnays, qui est, en quelque sorte, le fondateur de cette colonie, y amena des ouvriers, et quelques mauvais sujets que leurs parents y faisaient passer; il les força d'être utiles.

Lorsqu'il eut rendu cette île intéressante par ses travaux, et qu'on la crut propre à devenir l'entrepôt du commerce de l'Inde, il y vint des gens de tout état.

D'abord des employés de la Compagnie.

Comme les premiers emplois de l'île étaient exercés par eux, ils y vécurent à peu près comme les nobles à Venise. Ils joignirent à ces mœurs aristocratiques un peu de cet esprit financier qui effarouche tant l'agriculteur. Tous les moyens d'établissement étaient entre leurs mains. Ils avaient à la fois la police, l'administration et les magasins. Quelques-uns faisaient défricher et bâtir, et ils revendaient leurs travaux assez cher à ceux qui cherchaient fortune. On cria contre eux, mais ils étaient tout-puissants.

Il s'y établit des marins de la Compagnie, qui depuis longtemps ne peuvent pas concevoir que les dangers et la peine du commerce des Indes soient pour eux, tandis que les honneurs et le profit sont pour d'autres. Cet établissement, voisin des Indes, faisant naître de grandes espérances, ils s'y arrêtèrent; ils étaient mécontents avant de s'y établir, ils le furent encore après.

Il y vint des officiers militaires de la Compagnie. C'étaient de braves gens, dont plusieurs avaient de la naissance. Ils ne pouvaient pas imaginer qu'un militaire pût s'abaisser à aller prendre l'ordre d'un homme qui quelquefois avait été garçon de comptoir : passe pour en recevoir sa paye. Ils n'aimaient pas les marins, qui sont trop décisifs : en se faisant habitants, ils ne changèrent point d'esprit, et ne firent pas fortune.

Quelques régiments du roi y relâchèrent, et même y séjournèrent. Des officiers, séduits par la beauté du ciel et par l'amour du repos, s'y fixèrent. Tout ployait sous le nom de la Compagnie. Ce n'était plus de ces distinctions de garnison qui flattent tant l'officier subalterne : chacun avait là ses prétentions; on les regardait presque comme des étrangers. Ce furent de grandes clameurs au nom du roi.

Il y était venu des missionnaires de Saint-Lazare, qui avaient gouverné paisiblement les hommes simples qui s'étaient les premiers établis; mais quand ils virent que la société, en s'augmentant, se divisait, ils s'en tinrent à leurs fonctions curiales et à quelques bonnes habitations : ils n'allaient chez les autres que quand ils y étaient appelés.

Il y passa quelques marchands avec un peu d'argent. Dans une île sans commerce, ils augmentèrent les abus d'un agio qu'ils y trouvèrent établi, et se livrèrent à de petits monopoles. Ils ne tardèrent pas à se rendre odieux à ces différentes classes d'hommes, qui ne pouvaient se souffrir : on les désigna sous le nom de Banians ; c'est comme qui dirait Juifs. D'un autre côté, ils affectèrent de mépriser les distinctions particulières de chaque habitant, prétendant qu'après avoir passé la ligne, tout le monde était à peu près égal.

Enfin la dernière guerre de l'Inde y jeta, comme une écume, des banqueroutiers, des libertins ruinés, des fripons, des scélérats, qui, chassés de l'Europe par leurs crimes, et de l'Asie par nos malheurs, tentèrent d'y rétablir leur fortune sur la ruine publique. A leur arrivée, les mécontentements généraux et particuliers augmentèrent; toutes les réputations furent flétries avec un art d'Asie inconnu à nos calomniateurs ; il n'y eut plus de femme chaste ni d'homme honnête; toute confiance fut éteinte, toute estime détruite. Ils parvinrent ainsi à décrier tout le monde pour mettre tout le monde à leur niveau.

Comme leurs espérances ne se fondaient que

sur le changement d'administration, ils vinrent enfin à bout de dégoûter la Compagnie, qui céda au roi en 1765 une colonie si orageuse et si dispendieuse.

Pour cette fois on crut que la paix et l'ordre allaient régner dans l'île; mais on n'avait fait qu'ajouter de nouveaux levains à la fermentation.

Il y débarqua un grand nombre de protégés de Paris, pour faire fortune dans une île inculte et sans commerce, où il n'y avait que du papier pour toute monnaie. Ce fut des mécontents d'une autre espèce.

Une partie des habitants, qui restaient attachés à la Compagnie par reconnaissance, virent avec peine l'administration royale. L'autre portion, qui avait compté sur les faveurs du nouveau gouvernement, voyant qu'il ne s'occupait que de plans économiques, fut d'autant plus aigrie qu'elle avait espéré plus longtemps.

A ces nouveaux schismes se joignirent les dissensions de plusieurs corps qui, en France même, ne peuvent se concilier, dans la marine du roi, la plume et l'épée; et enfin l'esprit de chacun des corps militaires et d'administration, lequel n'étant point, comme en Europe, dissipé par les plaisirs ou par les affaires générales, s'isole, et se nourrit de ses propres inquiétudes.

La discorde règne dans toutes les classes, et a banni de cette île l'amour de la société, qui semble devoir régner parmi des Français exilés au milieu des mers, aux extrémités du monde. Tous sont mécontents, tous voudraient faire fortune et s'en aller bien vite. A les entendre, chacun s'en va l'année prochaine. Il y en a qui depuis trente ans tiennent ce langage.

L'officier qui arrive d'Europe y perd bientôt l'émulation militaire. Pour l'ordinaire il a peu d'argent, et il manque de tout : sa case n'a point de meubles ; les vivres sont très-chers en détail ; il se trouve seul consommateur entre l'habitant et le marchand, qui renchérissent à l'envi. Il fait d'abord contre eux une guerre défensive ; il achète en gros ; il songe à profiter des occasions, car les marchandises haussent au double après le départ des vaisseaux. Le voilà occupé à saisir tous les moyens d'acheter à bon marché. Quand il commence à jouir des fruits de son économie, il pense qu'il est expatrié, pour un temps illimité, dans un pays pauvre : l'oisiveté, le défaut de société, l'appât du commerce, l'engagent à faire par intérêt ce qu'il avait fait par nécessité. Il y a sans doute des exceptions, et je les citerais avec plaisir, si elles n'étaient pas un peu nombreuses. M. de Steenhovre, le commandant, y donne l'exemple de toutes les vertus.

Les soldats fournissent beaucoup d'ouvriers ; car la chaleur permet aux blancs d'y travailler en plein air. On n'a pas tiré d'eux, pour le bien de cette colonie, un parti avantageux. Souvent, dans les recrues qu'on envoie d'Europe, il se trouve des misérables, coupables des plus grands crimes. Je ne conçois pas la politique d'imaginer que ceux qui troublent une société ancienne peuvent servir à en faire fleurir une nouvelle. Souvent le désespoir prend ces malheureux ; ils s'assassinent entre eux à coups de baïonnette.

Quoique les marins ne fassent qu'aller et venir, ils ne laissent pas d'influer beaucoup sur les mœurs de cette colonie. Leur politique est de se plaindre des lieux d'où ils sont partis, et de ceux où ils arrivent. A les entendre, le bon temps est passé, ils sont toujours ruinés : ils ont acheté fort cher et vendu à perte. La vérité est qu'ils croient n'avoir fait aucun bénéfice, s'ils n'ont vendu à cent cinquante pour cent : la barrique de vin de Bordeaux coûte jusqu'à cinq cents livres ; le reste à proportion. On ne croirait jamais que les marchandises de l'Europe se payent plus ici qu'aux Indes, et celles des Indes plus qu'en Europe. Les marins sont fort considérés des habitants, parce qu'ils en ont besoin. Leurs murmures, leurs allées et venues perpétuelles, donnent à cette île quelque chose des mœurs d'une auberge.

De tant d'hommes de divers états résulte un peuple de différentes nations qui se haïssent très-cordialement. On n'y estime que la fausseté. Pour y désigner un homme d'esprit, on dit : C'est un homme fin. C'est un éloge qui ne convient qu'à des renards. La finesse est un vice, et malheur à la société où il devient une qualité estimable ! D'un autre côté, on n'y aime point les gens méfiants. Cela paraît se contredire ; mais c'est qu'il n'y a rien à gagner avec des gens qui sont sur leurs gardes. Le méfiant déconcerte les fripons et les repousse. Ils se rassemblent auprès de l'homme fin : ils l'aident à faire des dupes.

On y est d'une insensibilité extrême pour tout ce qui fait le bonheur des âmes honnêtes. Nul goût pour les lettres et les arts. Les sentiments naturels y sont dépravés; souvent ils sont éteints. J'étais un jour à l'enterrement d'un habitant considérable, où personne n'était affligé; j'entendis son beau-frère remarquer qu'on n'avait pas fait la fosse assez profonde.

Cette indifférence s'étend à tout ce qui les environne. Les rues et les cours ne sont ni pavées ni plantées d'arbres; les maisons sont des pavillons de bois, que l'on peut aisément transporter sur des rouleaux; il n'y a aux fenêtres ni vitres ni rideaux; à peine y trouve-t-on quelques mauvais meubles.

Les gens oisifs se rassemblent sur la place à midi et au soir; là on agiote, on médit, on calomnie. Il y a très-peu de gens mariés à la ville. Ceux qui ne sont pas riches s'excusent sur la médiocrité de leur fortune; les autres veulent, disent-ils, s'établir en France. D'ailleurs il y a peu de partis avantageux : il est rare de trouver une fille qui apporte dix mille francs comptant en mariage.

La plupart des gens mariés vivent sur leurs habitations. Les femmes ne viennent guère à la ville que pour danser ou faire leurs pâques. Elles aiment la danse avec passion. Dès qu'il y a un bal, elles arrivent en foule, voiturées en palanquin. C'est une espèce de litière, enfilée d'un long bambou que quatre noirs portent sur leurs épaules : quatre autres les suivent pour les relayer. Autant d'enfants, autant de voitures attelées de huit hommes, y compris les relais. Les maris économes s'opposent à ces voyages, qui dérangent les travaux de l'habitation ; mais, faute de chemins, il ne peut y avoir de voitures roulantes.

Les femmes ont peu de couleur ; elles sont bien faites, et la plupart jolies. Elles ont naturellement de l'esprit : si leur éducation était moins négligée, leur société serait fort agréable ; mais j'en ai connu qui ne savaient pas lire. Chacune d'elles pouvant réunir à la ville un grand nombre d'hommes, les maîtresses de maisons se soucient peu de se voir hors le temps du bal. Lorsqu'elles sont rassemblées, elles ne se parlent point. Chacune d'elles apporte quelque prétention secrète, qu'elles tirent de la fortune, des emplois ou de la naissance de leurs maris; une Européenne se croit supérieure à une créole, et celle-ci regarde souvent l'autre comme une aventurière.

Au reste, elles ont des qualités domestiques très-estimables : elles sont fort sobres, ne boivent presque jamais que de l'eau. Leur propreté est extrême dans leurs habits. Elles sont habillées de mousseline doublée de taffetas couleur de rose. Elles aiment passionnément leurs enfants. A peine sont-ils nés, qu'ils courent tout nus dans la maison : jamais de maillot; on les baigne souvent; ils mangent des fruits à discrétion; point d'étude, point de chagrin : en peu de temps ils deviennent forts et robustes.

Cette éducation, qui se rapproche de la nature[1], leur en laisse toute l'ignorance; mais les vices des négresses qu'ils sucent avec leur lait, et leurs

[1] C'est-à-dire de la nature à peu près sauvage telle que la rêvaient Bernardin de Saint-Pierre et son ami Jean-Jacques.

fantaisies qu'ils exercent avec tyrannie sur les pauvres esclaves, y ajoutent toute la dépravation de la société. Pour remédier à ce mal, les gens aisés font passer de bonne heure leurs enfants en France, d'où ils reviennent souvent avec des vices plus aimables et plus dangereux.

On ne compte guère que quatre cents cultivateurs dans l'île. Il y a environ cent femmes d'un certain état, dont tout au plus dix restent à la ville. Vers le soir, on va en visite dans leurs maisons : on joue, ou l'on s'ennuie. Au coup de canon de huit heures, chacun se retire et va souper chez soi.

### DES NOIRS.

Dans le reste de la population de cette île, on compte les Indiens et les nègres.

Les premiers sont les Malabares. C'est un peuple fort doux. Ils viennent de Pondichéry, où ils se louent pour plusieurs années. Ils sont presque tous ouvriers; ils occupent un faubourg appelé le Camp des Noirs. Ce peuple est d'une teinte plus foncée que les insulaires de Madagascar, qui sont de véritables nègres; mais leurs traits sont réguliers comme ceux des Européens, et ils n'ont point les cheveux crépus. Ils sont assez sobres, fort économes, et peu réglés dans leurs mœurs. Ils sont coiffés d'un turban, et portent de longues robes de mousseline, de grands anneaux d'or aux oreilles, et des bracelets d'argent aux poignets. Il y en a qui se louent aux gens riches ou titrés, en qualité de *pions*. C'est une espèce de domestique qui remplit à peu près l'office de nos coureurs, excepté qu'il fait toutes ses commissions fort gravement. Il porte, pour marque de distinction, une canne à la main et un poignard à la ceinture. Il serait à souhaiter qu'il y eût un grand nombre de Malabares établis dans l'île, surtout de la caste des laboureurs; mais je n'en ai vu aucun qui voulût se livrer à l'agriculture.

C'est à Madagascar qu'on va chercher les noirs destinés à la culture des terres. On achète un homme pour un baril de poudre, pour des fusils, des toiles, et surtout des piastres. Le plus cher ne coûte guère que cinquante écus.

Cette nation n'a ni le nez si écrasé, ni la teinte si noire que les nègres de Guinée. Il y en a même qui ne sont que bruns; quelques-uns, comme les Balambous, ont les cheveux longs. J'en ai vu de blonds et de roux. Ils sont adroits, intelligents, sensibles à l'honneur et à la reconnaissance. La plus grande insulte qu'on puisse faire à un noir est d'injurier sa famille : ils sont peu sensibles aux injures personnelles. Ils font dans leur pays quantité de petits ouvrages avec beaucoup d'industrie. Leur zagaie, ou demi-pique, est très-bien forgée, quoiqu'ils n'aient que des pierres pour enclume et pour marteau. Leurs toiles ou pagnes, que leurs femmes ourdissent, sont très-fines et bien teintes. Ils les tournent autour d'eux avec grâce. Leur coiffure est une frisure très-composée ; ce sont des étages de boucles et de tresses entremêlées avec beaucoup d'art : c'est encore l'ouvrage des femmes. Ils aiment passionnément la danse et la musique. Leur instrument est le tam-tam; c'est une espèce d'arc où est adaptée une calebasse. Ils en tirent une sorte d'harmonie douce, dont ils accompagnent les chansons qu'ils composent. Les jeunes gens dansent aux chansons; les spectateurs battent la mesure et applaudissent.

Ils sont très-hospitaliers. Un noir qui voyage entre, sans être connu, dans la première cabane ; ceux qu'il y trouve partagent leurs vivres avec lui : on ne lui demande ni d'où il vient, ni où il va ; c'est leur usage.

Ils arrivent avec ces arts et ces mœurs à l'Ile de France. On les débarque tout nus, avec un chiffon autour des reins. On met les hommes d'un côté, et les femmes à part, avec leurs petits enfants, qui se pressent, de frayeur, contre leurs mères. L'habitant les visite, et achète ceux qui lui conviennent. Les frères, les sœurs, les amis sont séparés ; ils se font leurs adieux en pleurant, et partent pour l'habitation. Quelquefois ils se désespèrent ; ils s'imaginent que les blancs les vont manger, qu'ils font du vin rouge avec leur sang, et de la poudre à canon avec leurs os.

Voici comme on les traite. Au point du jour, trois coups de fouet sont le signal qui les appelle à l'ouvrage. Chacun se rend avec sa pioche dans les plantations, où ils travaillent, presque nus, à l'ardeur du soleil. On leur donne pour nourriture du maïs broyé, cuit à l'eau, ou des pains de manioc; pour habit, un morceau de toile. A la moindre négligence, on les attache, par les pieds et par les mains, sur une échelle; le commandeur, armé d'un fouet de poste, leur donne sur le derrière nu cinquante, cent, et jusqu'à deux cents coups. Chaque coup enlève une portion de la peau. Ensuite on détache le misérable tout sanglant; on lui met au cou un collier de fer à trois pointes, et on le ramène au travail. Il y en a qui sont plus d'un mois avant d'être en état de s'asseoir. Les femmes sont punies de la même manière.

Le soir, de retour dans leurs cases, on les fait prier Dieu pour la prospérité de leurs maîtres. Avant de se coucher, ils leur souhaitent une bonne nuit.

Il y a une loi faite en leur faveur, appelée le Code noir. Cette loi favorable ordonne qu'à chaque punition ils ne recevront pas plus de trente coups; qu'ils ne travailleront pas le dimanche; qu'on leur donnera de la viande toutes les semaines, des chemises tous les ans; mais on ne suit point la loi. Quelquefois, quand ils sont vieux, on les envoie chercher leur vie

Chacun se rend avec sa pioche dans les plantations où ils travaillent presque nus.

comme ils peuvent. Un jour, j'en vis un, qui n'avait que la peau et les os, découper la chair d'un cheval mort pour la manger ; c'était un squelette qui en dévorait un autre.

Quand les Européens paraissent émus, les habitants leur disent qu'ils ne connaissent pas les noirs. Ils les accusent d'être si gourmands, qu'ils vont la nuit enlever des vivres dans les habitations voisines ; si paresseux, qu'ils ne prennent aucun intérêt aux affaires de leurs maîtres, et que leurs femmes aiment mieux se faire avorter que de mettre des enfants au monde ; tant elles deviennent misérables dès qu'elles sont mères de famille !

Le caractère des nègres est naturellement enjoué ; mais après quelque temps d'esclavage, ils deviennent mélancoliques. Quand il s'agit de choisir une femme, ils préfèrent celles qui ont passé leur première jeunesse : ils disent qu'*elles font mieux la soupe*. Ils lui donnent tout ce qu'ils possèdent. Ils aiment à visiter leurs parents ou amis. Quelquefois ils se donnent des rendez-vous au milieu de la nuit ; ils dansent à l'abri de quelque rocher, au son lugubre d'une calebasse remplie de pois : mais la vue d'un blanc ou l'aboiement de son chien dissipe toutes ces assemblées nocturnes.

Ils ont aussi des chiens avec eux. Tout le monde sait que ces animaux reconnaissent parfaitement dans les ténèbres, non-seulement les blancs, mais les chiens même des blancs. Ils ont pour eux de la crainte et de l'aversion; ils hurlent dès qu'ils approchent. Ils n'ont d'indulgence que pour les noirs et leurs compagnons, qu'ils ne décèlent jamais. Les chiens des blancs, de leur côté, ont adopté les sentiments de leurs maîtres, et, au moindre signal, ils se jettent avec fureur sur les esclaves.

Enfin, lorsque les noirs ne peuvent plus supporter leur sort, ils se livrent au désespoir : les uns se pendent ou s'empoisonnent; d'autres se mettent dans une pirogue, et, sans voiles, sans vivres, sans boussole, se hasardent à faire un trajet de deux cents lieues de mer pour retourner à Madagascar. On en a vu aborder; on les a repris et rendus à leurs maîtres.

Pour l'ordinaire ils se réfugient dans les bois, où on leur donne la chasse avec des détachements de soldats, de nègres et de chiens; il y a des habitants qui s'en font une partie de plaisir. On les relance comme des bêtes sauvages; lorsqu'on ne peut les atteindre, on les tire à coups de fusil : on leur coupe la tête, on la porte en triomphe à la ville, au bout d'un bâton. Voilà ce que je vois presque toutes les semaines.

Quand on attrape les noirs fugitifs, on leur coupe une oreille et on les fouette. A la seconde désertion, ils sont encore fouettés, on leur coupe un jarret et on les met à la chaîne. A la troisième fois, ils sont pendus; mais alors on ne les dénonce pas, les maîtres craignent de perdre leur argent.

J'en ai vu pendre et rompre vifs; ils allaient au supplice avec joie, et le supportaient sans crier. J'ai vu une femme se jeter elle-même du haut de l'échelle. Ils croient qu'ils trouveront dans un autre monde une vie plus heureuse, et que le Père des hommes n'est pas injuste comme eux.

La religion fait ce qu'elle peut pour les consoler. De temps en temps on en baptise et on cherche à les instruire. On leur dit qu'ils sont devenus les frères des blancs, et qu'ils iront en paradis, s'ils vivent chrétiennement. Mais plusieurs d'entre eux ne sauraient croire que les Européens puissent jamais les mener au ciel; ils disent qu'ils sont sur la terre la cause de tous leurs maux. Ils disent qu'avant d'aborder chez eux, ils se battaient avec des bâtons ferrés; que nous leur avons appris à se tuer de loin avec du feu et des balles; que nous excitons parmi eux la guerre et la discorde, afin d'avoir des esclaves à bon marché; que nous les laissons souvent manquer d'habits, de vivres, et qu'on les bat cruellement sans raison. J'en ai vu plus d'un exemple. Une esclave, presque blanche, vint un jour se jeter à mes pieds : sa maîtresse la faisait lever de grand matin et veiller fort tard; lorsqu'elle s'endormait, elle lui frottait les lèvres d'ordures; si elle ne se léchait pas, elle la faisait fouetter. Elle me priait de demander sa grâce, que j'obtins. Souvent les maîtres l'accordent, et, deux jours après, ils doublent la punition. C'est ce que j'ai vu chez un conseiller dont les noirs s'étaient plaints au gouverneur : il m'assura qu'il les ferait écorcher le lendemain, de la tête aux pieds.

J'ai vu, chaque jour, fouetter des hommes et des femmes pour avoir cassé quelque poterie, oublié de fermer une porte; j'en ai vu de tout sanglants, frottés de vinaigre et de sel pour les guérir; j'en ai vu sur le port, dans l'excès de leur douleur, ne pouvoir plus crier; d'autres mordre le canon sur lequel on les attache... Ma plume se lasse d'écrire ces horreurs, mes yeux sont fatigués de les voir, et mes oreilles de les entendre. Je ne sais pas si le café et le sucre sont nécessaires au bonheur de l'Europe, mais je sais bien que ces deux végétaux ont fait le malheur de deux parties du monde. On a dépeuplé l'Amérique afin d'avoir une terre pour les planter; on dépeuple l'Afrique afin d'avoir une nation pour les cultiver. Que vous êtes heureux! quand les maux de la ville vous blessent, vous fuyez à la campagne. Vous y voyez de belles plaines, des collines, des hameaux, des moissons, des vendanges, un peuple qui danse et qui chante; l'image, au moins, du bonheur! Ici, je vois de pauvres négresses courbées sur leurs bêches, avec leurs enfants nus collés sur le dos; des noirs qui passent en tremblant devant moi. Quelquefois j'entends au loin le son de leur tambour, mais plus souvent celui des fouets qui éclatent en l'air comme des coups de pistolet, et des cris qui vont au cœur..... *Grâce, monsieur!*..... *Miséricorde!* Si je m'enfonce dans les solitudes, j'y trouve une terre raboteuse, toute hérissée de roches, des montagnes portant au-dessus des nuages leurs sommets inaccessibles, et des torrents qui se précipitent dans des abîmes. Les vents qui grondent dans ces vallons sauvages, le bruit sourd des flots qui se brisent sur les récifs, cette vaste mer qui s'étend au loin vers des régions inconnues aux hommes, tout me jette dans la tristesse, et ne porte dans mon âme que des idées d'exil et d'abandon.

### AGRICULTURE, HERBES, LÉGUMES ET FLEURS APPORTÉS DANS L'ILE.

Le gouvernement a fait apporter la plupart des plantes, des arbres et des animaux que je vais décrire. Quelques habitants y ont contribué, entre autres M. de Cossigny. J'eusse désiré savoir le nom des autres, afin de leur rendre l'honneur qu'ils méritent. Le don d'une plante utile me paraît plus précieux que la découverte d'une mine d'or, et un monument plus durable qu'une pyramide.

Le cresson se trouve dans tous les ruisseaux. On l'a apporté il y a dix ans. La dent-de-lion ou pissenlit et l'absinthe croissent volontiers dans les décombres et sur les terres remuées; mais surtout la molène y étale ses larges feuilles cotonnées, et y élève sa girandole de fleurs jaunes à une hauteur extraordinaire.

Le manioc, dont on distingue une seconde espèce appelée *camaignoc*, vient dans les lieux les plus secs; c'est une sorte d'arbrisseau dont la feuille est palmée comme celle du chanvre. Sa racine est grosse et longue comme le bras; on la râpe, et, sans la presser, on en fait des gâteaux fort lourds. On en donne trois livres par jour à chaque nègre pour toute nourriture. Ce végétal se multiplie aisément. M. de La Bourdonnays l'a fait venir d'Amérique. C'est une plante fort utile, en ce qu'elle est à l'abri des ouragans, et qu'elle assure la subsistance des nègres. Les chiens n'en veulent point.

Le maïs, ou blé turc, y vient très-beau : c'est un grain précieux ; il rapporte beaucoup, et ne se garde qu'un an, parce que les mites s'y mettent. On devrait encourager en Europe la culture d'un blé qu'on ne peut emmagasiner. Il sert à nourrir les noirs, les poules et les bestiaux. Observez que quelques habitants font de grands éloges du maïs et du manioc, mais ils n'en mangent point. J'en ai vu présenter de petits gâteaux au dessert. Quand il y a beaucoup de sucre, de farine de froment et de jaunes d'œufs, ils sont assez bons.

Le blé y croît bien : il ne s'élève pas à une grande hauteur. On le plante par grain, à la main, à cause des rochers ; on le coupe avec des couteaux, et on le bat avec des baguettes. Il ne se garde guère plus de deux ans. Quoique la farine du blé de l'Ile de France ne soit jamais bien blanche, j'en préfère le pain à celui des farines d'Europe, qui s'éventent ou s'échauffent toujours dans le voyage.

L'ananas, le plus beau des fruits par les mailles de sa cuirasse, par son panache teint en pourpre et par son odeur de violette, n'y mûrit jamais parfaitement. Son suc est très-froid, et dangereux à l'estomac. Son écorce a un goût fort poivré et brûlant; c'est peut-être un correctif. La nature a mis souvent les contraires dans les mêmes sujets : l'écorce du citron échauffe, son suc rafraîchit; le cuir de la grenade resserre, ses graines relâchent, etc.

Il semble que la nature ait traité les Africains et les Asiatiques en barbares, à qui elle a donné des végétaux magnifiques et monstrueux, et qu'elle agisse avec nous comme avec des êtres amis et sensibles. Oh! quand pourrai-je respirer le parfum des chèvrefeuilles, me reposer sur ces beaux tapis de verdure, de safran et de pourpre que paissent nos heureux troupeaux, et entendre les chansons du laboureur qui salue l'aurore avec un cœur content et des mains libres!

## ARBRISSEAUX ET ARBRES APPORTÉS A L'ILE DE FRANCE.

On a aussi planté, à l'Ile de France, le cocotier, sorte de palmier qui se plaît dans le sable. C'est un des arbres les plus utiles du commerce des Indes; cependant il ne sert guère qu'à donner de mauvaise huile et de mauvais câbles. On prétend qu'à Pondichéry chaque cocotier rapporte une pistole par an. Des voyageurs font de grands éloges de son fruit; mais notre lin donnera toujours de plus belle toile que sa bourre, nos vins seront toujours préférés à sa liqueur, et nos simples noisettes à sa grosse noix.

Le cocotier se plaît tellement près de l'eau salée, qu'on met du sel dans le trou où l'on plante son fruit, pour faciliter le développement du germe. Le coco paraît destiné à flotter dans la mer par une bourre qui l'aide à surnager, et par la dureté de sa coque, impénétrable à l'humidité. Elle ne s'ouvre pas par une suture, comme nos noix; mais le germe sort par un des trois petits trous que la nature a ménagés à son extrémité, après les avoir recouverts d'une pellicule. On a trouvé des cocotiers sur le bord de la mer, dans des îles désertes, et jusque sur les bancs de sable. Ce palmier est l'arbre des rivages méridionaux, comme le sapin est l'arbre du nord, et le dattier celui des montagnes brûlées de la Palestine.

Je ne crois pas me tromper en disant que le

coco a été fait pour flotter, et pour germer ensuite dans les sables ; chaque graine a sa manière de se ressemer qui lui est propre.

Quant à ceux qui croient que la nature, en élevant si haut le fruit lourd du cocotier, s'est fort écartée de la loi qui fait ramper la citrouille, ils ne font pas attention que le cocotier n'a qu'une petite tête qui donne fort peu d'ombre : on n'y va point, comme sous les chênes, chercher l'ombrage et la fraîcheur. Pourquoi ne pas observer plutôt qu'aux Indes comme en Europe les arbres fruitiers qui donnent des fruits mous sont d'une hauteur médiocre, afin qu'ils puissent tomber à terre sans se briser; qu'au contraire, ceux qui portent des fruits durs, comme le coco, la châtaigne, le gland, la noix, sont fort élevés, parce que leurs fruits, en tombant, n'ont rien à risquer? D'ailleurs les arbres feuillés des Indes donnent, comme en Europe, de l'ombre sans danger. Il y en a qui donnent de très-gros fruits, comme le jacq; mais alors ils les portent attachés au tronc, et à la portée de la main : ainsi la nature, que l'homme accuse d'imprudence, a ménagé à la fois son abri et sa nourriture.

Depuis peu on a découvert un crabe qui loge au pied des cocotiers. La nature lui a donné une longue patte terminée par un ongle. Elle lui sert à tirer la substance du fruit par ses trous. Il n'a point de grosses pinces comme les autres crabes : elles lui seraient inutiles. Cet animal se trouve sur l'île des Palmes, au nord de Madagascar, découverte en 1769 par le naufrage du vaisseau *l'Heureux*, qui y périt en allant au Bengale.

La température de cette île me paraît trop froide pour les arbres d'Asie, et trop chaude pour ceux d'Europe. Pline observe que l'influence du ciel est plus nécessaire que les qualités de la terre à la culture des arbres. Il dit que de son temps on voyait en Italie des poivriers et des cannelliers, et en Lydie des arbres d'encens ; mais ils ne faisaient qu'y végéter. Je crois cependant qu'on pourrait naturaliser dans les provinces méridionales de France le café, qui se plaît dans les lieux frais et tempérés. Ces essais coûteux ne peuvent guère être faits que par des princes ; mais aussi l'acquisition d'une plante nouvelle est une conquête douce et humaine, dont toute la nation profite. A quoi ont servi tant de guerres au dehors et au dedans de notre continent? Que nous importe aujourd'hui que Mithridate ait été vaincu par les Romains, et Montézuma par les Espagnols? Sans quelques fruits, l'Europe n'aurait qu'à pleurer sur des trophées inutiles; mais des peuples entiers vivent en Allemagne des pommes de terre venues de l'Amérique, et nos belles dames mangent des cerises qu'elles doivent à Lucullus. Le dessert a coûté cher; mais ce sont nos pères qui l'ont payé. Soyons plus sages, rassemblons les biens que la nature a dispersés, et commençons par les nôtres.

J'ai remarqué que la plupart des arbres de l'Ile de France n'ont que des écorces fort minces, quelques-uns même n'ont que des pellicules; en quoi ils diffèrent beaucoup de ceux du nord, que la nature a préservés du froid en les couvrant de plusieurs robes. La plupart ont leurs racines à fleur de terre, avec lesquelles ils saisissent les rochers. Ils sont peu élevés, leurs têtes sont peu garnies, ils sont fort pesants; ce qui, joint aux lianes dont ils sont attachés, les met en état de résister aux ouragans, qui auraient bientôt bouleversé les sapins et les chênes.

Quant à leurs qualités utiles, aucun n'est comparable au chêne pour la durée et la solidité, à l'orme pour le liant, au sapin pour la légèreté du bois et la longueur de la tige, au châtaignier pour l'utilité générale. Ils ont, dans leur feuillage, le désagrément des arbres qui conservent leurs feuilles toute l'année : leurs feuilles sont dures et d'un vert sombre. Leur bois est lourd, cassant, et se pourrit aisément. Ceux qui peuvent servir à la menuiserie deviennent noirs à l'air, ce qui rend les meubles que l'on en fait d'une teinte désagréable.

On trouve le long des ruisseaux, au milieu des bois, des retraites d'une mélancolie profonde. Les eaux coulent au milieu des roches, ici en tournoyant en silence, là en se précipitant de leur cime avec un bruit sourd et confus. Les bords de ces ravines sont couverts d'arbres d'où pendent de grandes touffes de scolopendre, et des bouquets de liane, qui retombent suspendus au bout de leurs cordons. La terre aux environs est toute bossue de grosses roches noires, où se tapissent loin du soleil les mousses et les capillaires. De vieux troncs, renversés par le temps, gisent couverts d'agarics monstrueux, ondoyés de différentes couleurs. On y voit des fougères d'une variété infinie : quelques-unes, comme des feuilles détachées de leur tige, serpentent sur la pierre, et tirent leur substance du roc même; d'autres s'élèvent comme un arbrisseau de mousse, et ressemblent à un panache de soie. L'espèce commune d'Europe y est une fois plus grande. Au lieu de forêts de roseaux qui bordent agréablement nos rivages, on ne trouve le long de ces torrents que des *songes*, qui y croissent en abondance. C'est une espèce de nymphæa dont la feuille, fort large, est de la forme d'un cœur; elle flotte sur l'eau sans en être mouillée. Les gouttes de pluie s'y ramassent comme des globules de vif-argent. Sa racine est un oignon d'une nourriture malfaisante : on distingue le blanc et le noir.

Jamais ces lieux sauvages ne furent réjouis par le chant des oiseaux, ou par la présence de quelque animal paisible : quelquefois l'oreille y est blessée par le croassement du perroquet, ou par le cri aigu du singe malfaisant. Malgré le désordre du sol, ces rochers seraient encore habitables, si l'Européen n'y avait pas apporté plus de maux que n'y en a mis la nature.

Si jamais je travaille pour mon bonheur, je veux faire un jardin comme les Chinois. Ils choisissent un terrain sur le bord d'un ruisseau; ils préfèrent le plus irrégulier, celui où il y a de vieux arbres, de grosses roches, quelques monticules. Ils l'entourent d'une enceinte de rocs bruts, avec leurs cavités et leurs pointes; ces rocs sont posés les uns sur les autres, de manière que les assises ne paraissent point. Il en sort des touffes de scolopendre, des lianes à fleurs bleues et pourpres, des lisières de mousse de toutes les couleurs. Un filet d'eau circule parmi ces végétaux, d'où il s'échappe en gouttes ou en glacis. La vie et la fraîcheur sont répandues sur cet enclos, qui n'est chez nous qu'une muraille aride.

S'il se trouve quelque enfoncement sur le terrain, on en fait une pièce d'eau. On y met des poissons, on la borde de gazon et on l'environne d'arbres. On se garde bien de rien niveler ou aligner; point de maçonnerie apparente : la main des hommes gâte la simplicité de la nature.

La plaine est entremêlée de touffes de fleurs, de lisières de prairies, d'où s'élèvent quelques arbres fruitiers. Les flancs de la colline sont tapissés de groupes d'arbrisseaux à fruits ou à fleurs, et le haut est couronné d'arbres bien touffus, sous lesquels est le toit du maître.

Il n'y a point d'allées droites qui vous découvrent tous les objets à la fois, mais des sentiers commodes qui les développent successivement. Ce ne sont point des statues ni des vases inutiles, mais une vigne chargée de belles grappes, ou des buissons de roses. Quelquefois on lit sur l'écorce d'un oranger des vers agréables, ou une sentence philosophique sur un vieux rocher.

Ce jardin n'est ni un verger, ni un parc, ni un parterre, mais un mélange, semblable à la campagne, de plaines, de bois, de collines, où les objets se font valoir les uns par les autres. Un Chinois ne conçoit pas plus un jardin régulier qu'un arbre équarri. Les voyageurs assurent qu'on sort toujours à regret de ces retraites charmantes : pour moi, j'y voudrais encore, dans le voisinage, la société d'un ami.

### ANIMAUX APPORTÉS A L'ILE DE FRANCE.

Un oiseau qui a multiplié prodigieusement dans l'île est le martin, espèce de sansonnet de l'Inde, au bec et aux pattes jaunes. Il ne diffère guère du nôtre que par son plumage, qui est moins moucheté ; mais il en a le gazouillement, l'aptitude à parler, et les manières mimes ; il contrefait les autres oiseaux. Il s'approche familièrement des bestiaux pour les éplucher ; mais surtout il fait une consommation prodigieuse de sauterelles. Les martins sont toujours accouplés deux à deux. Ils se rassemblent les soirs, au coucher du soleil, par troupes de plusieurs milliers, sur des arbres qu'ils affectionnent. Après un gazouillement universel, toute la république s'endort, et au point du jour ils se dispersent par couples dans les différents quartiers de l'île. Cet oiseau ne vaut rien à manger ; cependant on en tue quelquefois, malgré les défenses.

### VOYAGE A PIED AUTOUR DE L'ÎLE.

Un officier m'avait proposé de faire le tour de

l'île à pied; mais, quelques jours avant le départ, il s'excusa : je résolus d'exécuter seul ce projet.

Entre les deux embouchures de la Rivière-Noire, un cerf, poursuivi par des chiens et des chasseurs, vint droit à moi. Il pleurait et bramait : ne pouvant pas le sauver et ne voulant pas le tuer, je tirai un de mes coups en l'air. Il fut se jeter à l'eau, où les chiens en vinrent à bout.

Je rencontrai un noir appartenant à M. Le Normand, habitant chez lequel j'allais descendre, et dont la maison était à un quart de lieue. Cet homme nous devança, pendant que je m'arrêtais avec plaisir à considérer le spectacle des deux mers. Une maison, placée en cet endroit, y serait dans une situation charmante; mais il n'y a pas d'eau. Comme je descendais ce monticule, un noir vint au-devant de moi avec une carafe pleine d'eau fraîche, et m'annonça que l'on m'attendait à la maison. J'y arrivai. C'était une longue case de palissades, couverte de feuilles de latanier. Toute l'habitation consistait en huit noirs, et la famille en neuf personnes : le maître et la maîtresse, cinq enfants, une jeune parente et un ami. Le mari était absent. Voilà ce que j'appris avant d'entrer.

Je ne vis dans toute la maison qu'une seule pièce; au milieu, la cuisine; à une extrémité, les magasins et les logements des domestiques; à l'autre bout, le lit, couvert d'une toile sur laquelle une poule couvait ses œufs; sous le lit, des canards; des pigeons sous la feuillée, et trois gros chiens à la porte. Aux parois étaient accrochés tous les meubles qui servent au ménage ou au travail des champs. Je fus véritablement surpris de trouver dans ce mauvais logement une dame d'une figure fort agréable. Elle était Française, née d'une famille honnête, ainsi que son mari. Ils étaient venus, il y avait plusieurs années, chercher fortune; ils avaient quitté leurs parents, leurs amis, leur patrie, pour passer leurs jours dans un lieu sauvage, où l'on ne voyait que la mer et les escarpements affreux du morne Brabant; mais l'air de contentement et de bonté de cette jeune mère de famille semblait rendre heureux tout ce qui l'approchait. Ses enfants étaient rangés autour d'elle, gais et contents.

La nuit venue, on servit avec propreté tout ce

Je fus surpris de trouver dans ce mauvais logement une dame d'une figure fort agréable.

Page 328.

que l'habitation fournissait. Ce souper me parut fort agréable. Je ne pouvais me lasser de voir ces pigeons voler autour de la table, ces chèvres qui jouaient avec les enfants, et tant d'animaux réunis autour de cette famille charmante. Leurs jeux paisibles, la solitude du lieu, le bruit de la mer, me donnaient une image de ces premiers temps où les fils de Noé, descendus sur une terre nouvelle, firent encore part, aux espèces douces et familières, du toit, de la table et du lit.

Après souper, on me conduisit coucher à deux cents pas de là, à un petit pavillon en bois que l'on venait de bâtir. La porte n'était pas encore mise ; j'en fermai l'ouverture avec les planches dont on devait la faire. Je mis mes armes en état, car cet endroit est environné de noirs marrons. Il y a quelques années que quarante d'entre eux s'étaient retirés sur le morne, où ils avaient fait des plantations : on voulut les forcer ; mais, plutôt que de se rendre, ils se précipitèrent tous dans la mer.

Le matin, on avait fait partir d'avance tous les noirs ; après midi, je me mis en route, et je pris seul les devants. J'arrivai au Poste-Jacotet : c'est un endroit où la mer entre dans les terres en formant une baie de forme ronde. On voit au milieu un petit ilot triangulaire : cette anse est entourée d'une colline qui la clôt comme un bassin. Elle n'est ouverte qu'à l'entrée, où passe l'eau de la mer, et au fond, où coulent, sur un beau sable, plusieurs ruisseaux qui sortent d'une pièce d'eau douce, où je vis beaucoup de poissons. Autour de cette pièce d'eau sont plusieurs monticules qui s'élèvent les uns derrière les autres en amphithéâtre. Ils étaient couronnés de bouquets d'arbres, les uns en pyramide comme des ifs, les autres en parasol : derrière eux s'élançaient quelques têtes de palmistes, avec leurs longues flèches garnies de panaches. Toute cette masse de verdure, qui s'élève du milieu de la pelouse, se réunit à la forêt et à une branche de montagne qui se dirige à la Rivière-Noire. Le murmure des sources, le beau vert des flots marins, le souffle toujours égal des vents, l'odeur parfumée des veloutiers, cette plaine si unie, ces hauteurs si bien ombragées, semblaient répandre autour de moi la paix et le bonheur.

J'étais fâché d'être seul : je formais des projets ; mais du reste de l'univers je n'eusse voulu que quelques objets aimés pour passer là ma vie.

Je quittai à regret ces beaux lieux. A peine j'avais fait deux cents pas, que je vis venir à ma rencontre une troupe de noirs armés de fusils. Je m'avançai vers eux, et je les reconnus pour des noirs de détachement, sorte de maréchaussée de l'île : ils s'arrêtèrent auprès de moi. L'un d'eux portait dans une calebasse deux petits chiens nouveau-nés ; un autre menait une femme attachée par le cou à une corde de jonc : c'était le butin qu'ils avaient fait sur un camp de noirs marrons qu'ils venaient de dissiper. Ils en avaient tué une dont ils me montrèrent le gri-gri, espèce de talisman fait comme un chapelet. La négresse paraissait accablée de douleur. Je l'interrogeai : elle ne me répondit pas. Elle portait sur le dos un sac de vacoa. Je l'ouvris. Hélas ! c'était une tête d'homme. Le beau paysage disparut, je ne vis plus qu'une terre abominable.

Mes compagnons me retrouvèrent comme je descendais, par une pente difficile, au bras de mer de la Savane. Il était nuit, nous nous assîmes sous des arbres dans le fond de l'anse : on alluma des flambeaux, et on servit à souper.

On parla des noirs marrons; car ils avaient aussi rencontré le détachement où était cette malheureuse qui portait une tête d'homme. M. Étienne nous dit qu'il y avait des troupes de deux et trois cents noirs fugitifs aux environs de Belle-Ombre; qu'ils élisaient un chef auquel ils obéissaient, sous peine de la vie. Il leur est défendu de rien prendre dans les habitations du voisinage, d'aller le long des rivières fréquentées chercher du poisson ou des songes[1]. La nuit, ils descendent à la mer pour pêcher; le jour, ils forcent des cerfs dans l'intérieur des bois avec des chiens bien dressés. Ils tuent, dit-on, les enfants qui leur naissent, afin que leurs cris ne les dénoncent pas. Ils s'occupent tous les matins à jeter les sorts pour présager la destinée du jour.

Il nous conta qu'étant à la chasse l'année précédente, il rencontra un noir marron; que s'étant mis à le poursuivre en l'ajustant, son fusil manqua jusqu'à trois fois. Il allait l'assommer à coups de crosse, lorsque deux négresses sortirent du

[1] Plante aquatique.

bois, et vinrent en pleurant se jeter à ses pieds. Le noir profita du moment, et s'enfuit. Il amena chez lui ces deux généreuses créatures; il nous en avait montré une le matin.

Nous partîmes à six heures du matin, en suivant le rivage, qui est découpé d'anses où croissent des mangliers. Il est probable que la mer en a apporté les graines de quelque terre plus au vent. Nous longions sur la gauche une chaîne de montagnes élevées couvertes de bois. La campagne est coupée de petites collines couvertes d'une herbe fraîche; ce pays, où l'on élève beaucoup de bestiaux, est agréable à voir, mais fatigant à parcourir.

Après avoir marché deux lieues, nous vîmes sur une hauteur une belle maison de pierre. Je m'y arrêtai pour m'y reposer; elle appartenait à un riche habitant, appelé La V***. Il était absent. Sa femme était une grande créole sèche, qui allait nu-pieds, suivant l'usage du canton. En entrant dans l'appartement, je la trouvai au milieu de cinq ou six filles, et d'autant de gros dogues qui voulurent étrangler mon chien : on les mit à la porte, et madame de La V*** y posa en faction une négresse nue, qui n'avait pour tout habit qu'une mauvaise jupe. Je demandai à passer le temps de la chaleur. Après les premiers compliments, un des chiens trouva le moyen de rentrer dans la salle, et le vacarme recommença. Madame de La V\*\*\* tenait à la main une queue de raie épineuse; elle en lâcha un coup sur les épaules nues de l'esclave, qui en furent marquées d'une longue taillade, et un revers sur le mâtin, qui s'enfuit en hurlant.

Cette dame me conta qu'elle avait manqué de se noyer en allant en pirogue harponner la tortue sur les brisants. Elle allait dans les bois à la chasse des noirs marrons, elle s'en faisait honneur; mais elle me dit que le gouverneur lui avait reproché de chasser le cerf, ce qui est défendu; ce reproche l'avait outrée : « J'eusse mieux ai-
« mé, me dit-elle, qu'il m'eût donné un coup de
« poignard dans le cœur. »

### DÉPART POUR LA FRANCE. ARRIVÉE A BOURBON.

Après avoir reçu la permission de retourner en France, je me disposai à m'embarquer sur *l'Indien*, vaisseau de soixante-quatre canons.

Quelques jours avant de partir pour la France, je revis Autourou, cet insulaire de Taïti, que l'on ramenait dans son pays après lui avoir fait connaître les mœurs de l'Europe. Je l'avais trouvé, à son passage, franc, gai, un peu libre; à son retour je le voyais réservé, poli et maniéré. Il était enchanté de l'Opéra de Paris, dont il contrefaisait les chants et les danses. Il avait une montre dont il désignait les heures par leur usage; il y montrait l'heure de se lever, de manger, d'aller à l'Opéra, de se promener, etc. Cet homme était plein d'intelligence; il exprimait par ses signes tout ce qu'il voulait.

Autourou paraissait s'ennuyer beaucoup à l'Ile de France; il se promenait toujours seul. Un jour je l'aperçus dans une méditation profonde : il regardait, à la porte de la prison, un noir esclave à qui on rivait une grosse chaîne autour du cou. C'était un étrange spectacle pour lui, qu'un homme de sa couleur traité ainsi par des blancs qui l'avaient comblé de bienfaits à Paris.

Je m'embarquai le 9 novembre 1770; plusieurs Malabres vinrent m'accompagner jusqu'au bord de la mer : ils me souhaitèrent en pleurant, un prompt retour. Ces bonnes gens ne perdent jamais l'espérance de revoir ceux qui leur ont rendu quelque service. Je reconnus parmi eux un maître charpentier, qui avait acheté mes livres de géométrie, quoiqu'il sût à peine lire; c'était le seul homme de l'île qui en eût voulu.

Voici ce que j'ai pu recueillir sur Bourbon. On sait que ses premiers habitants furent des pirates qui s'allièrent avec des négresses de Madagascar. Ils vinrent s'y établir vers l'an 1657. La compagnie des Indes avait aussi à Bourbon un comptoir, et un gouverneur qui vivait avec eux dans une grande circonspection. Un jour le vice-roi de Goa vint mouiller à la rade de Saint-Denis, et fut dîner au Gouvernement. A peine venait-il de mettre pied à terre, qu'un vaisseau pirate de cinquante pièces de canons vint mouiller auprès du sien, et s'en empara. Le capitaine descendit ensuite, et fut demander à dîner au gouverneur. Il se mit à table entre lui et le Portugais, à qui il déclara qu'il était son prisonnier. Quand le vin et la bonne chère eurent mis le marin de bonne humeur, M. Desforges (c'était le gouverneur) lui demanda à combien il fixait la rançon du vice-roi. « Il me faut, dit le pirate, mille piastres. — C'est trop peu, répondit M. Desforges, pour un brave homme comme vous et un grand seigneur comme lui. Demandez beaucoup, ou rien. — Eh bien ! qu'il soit libre, » dit le généreux corsaire. Le vice-roi se rembarqua sur-le-champ, et appareilla, fort content d'en sortir à si bon marché. Ce service du gouverneur a été récompensé depuis peu par la cour de Portugal, qui a envoyé l'ordre de Christ à son fils. Le pirate s'établit ensuite dans l'île avec tous les siens, et fut pendu longtemps après l'amnistie qu'on avait publiée en leur faveur et dans laquelle il avait oublié de se faire comprendre. Cette injustice fut commise par un conseiller qui voulut s'approprier sa dépouille; mais cet autre fripon, à quelque temps de là, fit une fin presque aussi malheureuse, quoique la justice des hommes ne s'en mêlât pas.

Les mœurs des anciens habitants de Bourbon étaient fort simples. La plupart des maisons ne fermaient pas; une serrure même était une curiosité. Quelques-uns mettaient leur argent dans une écaille de tortue, au-dessus de leur porte. Ils allaient nu-pieds, s'habillaient de toile bleue, et vivaient de riz et de café ; ils ne tiraient presque rien d'Europe, contents de vivre sans luxe, pourvu qu'ils vécussent sans besoins. Ils joignaient à cette modération les vertus qui en sont la suite, de la bonne foi dans le commerce et de la noblesse dans les procédés. Dès qu'un étranger paraissait, les habitants venaient, sans le connaître, lui offrir leur maison.

### ARRIVÉE AU CAP DE BONNE-ESPÉRANCE.

On a dressé, au cap de Bonne-Espérance, les bœufs à courir presque aussi vite que les chevaux, avec les charrettes auxquelles ils sont attelés.

Le mouton et le bœuf sont si communs, qu'on en jette aux boucheries la tête et les pieds ; ce qui attire, la nuit, les loups jusque dans la ville : souvent je les entends hurler aux environs. Pline observe que les lions d'Europe qui se trouvent en Romanie sont plus adroits et plus forts que ceux d'Afrique; et les loups d'Afrique et d'Égypte sont, dit-il, petits et de peu de vigueur. En effet, les loups du Cap sont bien moins dangereux que les nôtres. Je pourrais ajouter à cette observation que cette supériorité s'étend aux hommes mêmes de notre continent : nous avons plus d'esprit et de courage que les Asiatiques et les nègres. Mais il me semble que ce serait une louange plus digne de nous de les surpasser en justice, en bonté et en qualités sociales.

Le tigre est plus dangereux que le loup; il est rusé comme le chat, mais il n'a pas de courage : les chiens l'attaquent hardiment.

Il n'en est pas de même du lion. Dès qu'ils ont éventé sa voie, la frayeur les saisit. S'ils le voient, ils l'arrêtent, mais ils ne l'approchent pas. Les chasseurs le tirent avec des fusils d'un très-gros calibre. J'en ai manié quelques-uns; il n'y a guère qu'un paysan du Cap qui puisse s'en servir.

On ne trouve des lions qu'à soixante lieues d'ici; cet animal habite les forêts de l'intérieur; son rugissement ressemble de loin au bruit sourd du tonnerre. Il attaque peu l'homme, qu'il ne cherche ni n'évite; mais si un chasseur le blesse, il le choisit au milieu des autres, et s'élance sur lui avec une fureur implacable. La Compagnie donne, pour cette chasse, des permissions et des récompenses.

Voici un fait dont j'ai pour garants le gouverneur M. de Tolback, M. Berg, le major de la place, et les principaux habitants du lieu.

On trouve, à soixante lieues du Cap, dans les terres incultes, une quantité prodigieuse de petits cabris. J'en ai vu à la ménagerie de la Compagnie : ils ont deux petites dagues sur la tête; leur poil est fauve, avec des taches blanches. Ces animaux paissent en si grand nombre, que ceux qui marchent en avant dévorent toute la verdure de la campagne et deviennent fort gras, tandis que ceux qui suivent ne trouvent presque rien et sont très-maigres. Ils marchent ainsi en grandes colonnes jusqu'à ce qu'ils soient arrêtés par quelque chaîne de montagnes; alors ils rebroussent chemin, et ceux de la queue, trouvant à leur tour des herbes nouvelles, réparent leur embonpoint, tandis que ceux qui marchaient devant le perdent. On a essayé d'en former des troupeaux, mais ils ne s'apprivoisent jamais. Ces armées innombrables sont toujours suivies de grandes troupes de lions et de tigres, comme si la nature avait voulu assurer une subsistance aux bêtes féroces. On ne peut guère douter, sur la foi des hommes que j'ai nommés, qu'il n'y ait des armées de lions dans l'intérieur de l'Afrique; d'ailleurs la tradition hollandaise est conforme à l'histoire. Polybe dit qu'étant avec Scipion en Afrique, il vit un grand nombre de lions qu'on avait mis en croix pour éloigner les autres des villages. Pompée, dit Pline, en mit à la fois six cents au combat du Colisée. Il y a quelque cause physique qui semble réserver l'Afrique aux animaux. On peut présumer que c'est la disette d'eau, laquelle a empêché les hommes de s'y multiplier, et d'y former de grandes nations comme en Asie. Dans une si grande étendue de côtes, il ne sort qu'un petit nombre de rivières peu considérables. Les animaux qui paissent peuvent se passer longtemps de boire. J'ai vu, sur des vaisseaux, des moutons qui ne buvaient que tous les huit jours, quoiqu'ils vécussent d'herbes sèches.

On ne donne point à jouer au Cap; on n'y fait point de visites. Les femmes veillent sur leurs domestiques et sur leur maison, dont les meubles sont d'une propreté extrême. Le mari s'occupe des affaires du dehors. Le soir, toute la famille réunie se promène, et respire le frais lorsque la brise est tombée. Chaque jour ramène les mêmes plaisirs et les mêmes affaires.

Ce peuple, content du bonheur domestique que donne la vertu, ne l'a pas encore mis dans des romans et sur le théâtre. Il n'y a pas de spectacles au Cap, et on ne les désire pas : chacun en voit dans sa maison de fort touchants. Des domestiques heureux, des enfants bien élevés, des femmes fidèles : voilà des plaisirs que la fiction ne donne pas. Ces objets ne fournissent guère à la conversation; aussi on y parle peu. Ce sont des gens mélancoliques qui aiment mieux sentir que raisonner. Peut-être aussi, faute d'événements, n'a-t-on rien à dire; mais qu'importe que l'esprit soit vide si le cœur est plein, et si les douces émotions de la nature peuvent l'agiter sans être excitées par l'artifice ou contraintes par de fausses bienséances?

Quelque heureuse que soit leur vie avec des mœurs si simples et sur une terre si abondante, tout ce qui vient de la Hollande leur est toujours cher. Leurs maisons sont tapissées des vues d'Amsterdam, de ses places publiques et de ses environs. Ils n'appellent la Hollande que la patrie; des étrangers même à leur service n'en parlent jamais autrement. Je demandais à un Suédois, officier de la Compagnie, combien la flotte mettrait de temps à retourner en Hollande : « Il nous faut, dit-il, trois mois pour nous rendre dans la patrie. »

On porte au Cap un grand respect aux magistrats, et surtout au gouverneur; sa maison n'est distinguée des autres que par une sentinelle, et par l'usage de sonner de la trompette lorsqu'il dîne. Cet honneur est attaché à sa place; d'ailleurs aucun faste n'accompagne sa personne. Il sort sans suite; on l'aborde sans difficulté. Sa maison est située sur le bord d'un canal, ombragée par des chênes plantés devant sa porte. On y voit des portraits de Ruyter, de Tromp, ou de quelques hommes illustres de la Hollande. Elle est petite et simple, et convient au petit nombre de solliciteurs qui y sont appelés par leurs affaires; mais celui qui l'habite est si aimé et si respecté, que les gens du pays ne passent point devant elle sans la saluer.

Il ne donne point de fêtes publiques; mais il aide de sa bourse des familles honnêtes qui sont dans l'indigence. On ne lui fait point la cour; si on demande justice, on l'obtient du conseil; si ce sont des secours, ce sont des devoirs pour lui : on n'aurait à solliciter que des injustices.

Il entretient l'union et la paix, persuadé que ce sont elles qui font fleurir les sociétés. Je lui ai ouï dire que la meilleure politique était d'être droit et juste.

Il invite souvent à sa table des étrangers. Quoique âgé de quatre-vingts ans, sa conversation est fort gaie; il connaît nos ouvrages d'esprit, et les aime. De tous les Français qu'il a vus, celui qu'il regrette davantage est l'abbé de La Caille. Il lui avait fait bâtir un observatoire; il estimait ses lumières, sa modestie, son désintéressement, ses qualités sociales. Je n'ai connu que les ouvrages de ce savant; mais, en rapportant le tribut que des étrangers rendent à sa cendre, je me félicite de finir le portrait de ces hommes estimables par l'éloge d'un homme de ma nation.

### DÉPART DU CAP; ARRIVÉE A L'ASCENSION.

Nous eûmes constamment le vent du sud-est, et une belle mer, jusqu'à l'Ascension. Le 20 mars, nous étions par sa latitude, qui est de huit degrés sud; mais nous avions trop pris de l'est. Nous fûmes obligés de courir en longitude, notre intention étant d'y mouiller pour y pêcher de la tortue.

Nous mouillâmes le soir à l'entrée de la grande anse. Je descendis dans le canot avec les gens destinés à la pêche de la tortue. Le débarquement est au pied d'une masse de rochers que l'on aperçoit du mouillage à l'extrémité de l'anse sur la droite. Nous descendîmes sur un gros sable très-beau. Il est blanc, mêlé de grains rouges, jaunes, et de toutes les couleurs, comme ces grains d'anis appelés *mignonnette*. A quelques pas de là, nous trouvâmes une petite grotte dans laquelle est une bouteille, où les vaisseaux qui passent mettent des lettres. On casse la bouteille pour les lire, après quoi on les remet dans une autre.

On apporta du bois, la marmite et la voile du canot, sur laquelle nos matelots se couchèrent en attendant la nuit. Ce n'est que sur les huit heures du soir que les tortues montent au rivage. Nos gens se reposaient tranquillement, lorsque l'un d'eux se leva en sursaut, en criant : « Un mort ! voici un mort !... » En effet, à une petite croix élevée sur un monceau de sable, nous vîmes qu'on y avait enterré quelqu'un. Cet homme s'était couché dessus sans y penser ; aucun de nos matelots ne voulut rester là davantage : il fallut, pour leur complaire, avancer cent pas plus loin.

La lune se leva, et vint éclairer cette solitude. Sa lumière, qui rend les sites agréables plus touchants, rendait celui-ci plus effroyable. Nous étions au pied d'un morne noir, au haut duquel on distinguait une grande croix que les marins y ont plantée. Devant nous la plaine était couverte de rochers, d'où s'élevaient une infinité de pointes de la hauteur d'un homme. La lune fai-

La seconde était plus avancée ; nous la jetâmes sur le dos.

sait briller leurs sommets, blanchis de la fiente des oiseaux. Ces têtes blanches sur ces corps noirs, dont les uns étaient debout et les autres inclinés, paraissaient comme des spectres errants sur des tombeaux. Le plus profond silence régnait sur cette terre désolée ; de temps à autre on entendait seulement le bruit de la mer sur la côte, ou le cri vague de quelque frégate[1], effrayée d'y voir des habitants.

Nous fûmes dans la grande anse attendre les tortues. Nous étions couchés sur le ventre, dans le plus grand silence. Au moindre bruit cet animal se retire. Enfin nous en vîmes sortir trois des flots ; on les distinguait comme des masses noires qui grimpaient lentement sur le sable du rivage. Nous courûmes à la première ; mais notre impatience nous la fit manquer. Elle redescendit la pente, et se mit à la nage. La seconde était plus avancée, et ne put retourner sur ses pas. Nous la jetâmes sur le dos. Dans le reste de la nuit, et dans la même anse, nous en tournâmes plus de cinquante, dont quelques-unes pesaient cinq cents livres.

[1] Oiseau de mer dont le vol est très-rapide.

Le rivage était tout creusé de trous où elles pondent jusqu'à trois cents œufs, qu'elles recouvrent de sable, où le soleil les fait éclore. On tua une tortue, et on en fit du bouillon; après quoi je fus me coucher dans la grotte où l'on met les lettres, afin de jouir de l'abri du rocher, du bruit de la mer et de la mollesse du sable. J'avais chargé un matelot d'y porter mon sac de nuit; mais jamais il n'osa passer seul devant le lieu où il avait vu un homme enterré. Il n'y a rien à la fois de si hardi et de si superstitieux que les matelots.

### OBSERVATIONS SUR L'ASCENSION. DÉPART.

Quoique l'Ascension soit sans terre et sans eau, elle ne tient point sur le globe une place inutile. La tortue y trouve, pendant trois mois de l'année, à faire ses pontes loin du bruit. C'est un animal solitaire, qui fuit les rivages fréquentés. Un vaisseau qui mouille ici pendant vingt-quatre heures la chasse de la baie pendant plusieurs jours; et s'il tire du canon, elle ne reparaît pas de plusieurs semaines. Les frégates et les fous ont plus de familiarité, parce qu'ils ont moins d'expérience; mais sur les côtes habitées ils choisissent les pics les plus inaccessibles, et ne se laissent point approcher. L'Ascension est pour eux une république; les mœurs primitives s'y conservent, et l'espèce s'y multiplie, parce qu'aucun tyran n'y peut vivre. Sans doute la mère commune des êtres a voulu qu'il existât des sables stériles au milieu de la mer, des terres désolées, mais protégées par les éléments, comme des lieux de refuge et des asiles sacrés où les animaux pussent goûter des biens qui ne leur sont pas moins chers qu'aux hommes, le repos et la liberté.

Cette île a encore sa franchise naturelle, que de si belles contrées ont perdue. Quoique située entre l'Afrique et l'Amérique, elle a échappé à l'esclavage qui a flétri ces deux vastes continents. Elle est commune à toutes les nations, et n'appartient à aucune. Il est rare cependant d'y voir mouiller d'autres vaisseaux que des Anglais et des Français, qui s'y arrêtent en revenant des Indes. Les Hollandais, qui relâchent au Cap, n'ont pas besoin de chercher de nouveaux vivres.

L'air de l'Ascension est très-pur. J'y ai couché deux nuits à l'air, sans couverture : j'y ai vu tomber de la pluie, et les nuages s'arrêter au sommet de la montagne Verte, qui ne me parut guère plus élevée que Montmartre. C'est sans doute un effet de l'attraction, qui est plus sensible sur la mer que sur la terre.

Lorsqu'on débarque dans cette île quelque matelot scorbutique, on le couvre de sable, et il éprouve un soulagement très-prompt. Quoique je me portasse bien, je me tins quelque temps les jambes dans cette espèce de bain sec, et j'éprouvai, pendant plusieurs jours, une agitation extraordinaire dans mon sang ; je n'en sais pas trop la raison. Je crois cependant que ce sable n'étant formé que de parties calcaires, il aspire, sur la peau où il s'attache, les humeurs internes ; à peu près comme ces pierres absorbantes que l'on pose sur les piqûres des bêtes venimeuses en tirent le venin. Il serait à souhaiter que quelque habile médecin essayât sur d'autres maladies un remède que le seul instinct a appris aux matelots scorbutiques.

SUR LES VOYAGEURS ET LES VOYAGES.

Il est assez singulier qu'il n'y ait eu aucun voyage publié par ceux de nos écrivains qui se sont rendus les plus célèbres dans la littérature et la philosophie. Il nous manque un modèle dans un genre si intéressant. Montaigne et Montesquieu avaient écrit leurs voyages, qu'ils n'ont pas fait paraître. On ne peut pas dire qu'ils aient jugé suffisamment connus les pays de l'Europe où ils avaient été, puisqu'ils ont donné tant d'observations neuves sur nos mœurs, qui nous sont si familières. Je crois que ce genre, si peu traité, est rempli de grandes difficultés. Il faut des connaissances universelles, de l'ordre dans le plan, de la chaleur dans le style, de la sincérité; et il faut parler de tout. Si quelque sujet est omis, l'ouvrage est imparfait; si tout est dit, on est diffus, et l'intérêt cesse.

Nous avons cependant des voyageurs estimables. Addison me paraît au premier rang; par malheur il n'est pas Français. Chardin a de la philosophie et des longueurs; l'abbé de Choisy sauve au lecteur les ennuis de la navigation, il n'est qu'agréable; Tournefort décrit savamment les monuments et les plantes de l'Archipel, mais on voudrait voir un homme plus sensible sur les ruines de la Grèce; La Hontan spécule et s'égare quelquefois dans les solitudes du Canada; Léry peint très-naïvement les mœurs des Brésiliens et ses aventures personnelles. De ces différents génies on en composerait un excellent; mais chacun n'a que le sien; témoin ce marin qui écrivit sur un journal « qu'il avait passé à « quatre lieues de Ténériffe, dont les habitants « lui parurent fort affables. »

Les voyageurs mettent presque toujours le bonheur hors de leur patrie. Ils font des descriptions si agréables des pays étrangers, qu'on en est toute la vie de mauvaise humeur contre le sien.

Si je l'ose dire, la nature paraît avoir tout compensé; et je ne sais lequel est préférable, d'un climat très-chaud ou d'un climat très-froid. Celui-ci est plus sain; d'ailleurs le froid est une douleur dont on peut se garantir, et la chaleur une incommodité qu'on ne saurait éviter. Pendant six mois, j'ai vu le paysage blanc à Pétersbourg; pendant six mois, je l'ai vu noir à l'Ile de France; joignez-y les insectes si dévorants, les ouragans qui renversent tout, et choisissez. Il est vrai qu'aux Indes les arbres ont toujours des feuilles, que les vergers rapportent sans être greffés, et que les oiseaux ont de belles couleurs.

> Mais j'aime mieux notre nature,
> Nos fruits, nos fleurs, notre verdure,
> Un rossignol qu'un perroquet,
> Le sentiment que le caquet :
> Et même je préfère encore
> L'odeur de la rose et du thym
> A l'ambre que la main du More
> Recueille aux rives du matin.

D'ailleurs, quelque rudes que soient nos climats, la nature la plus sauvage m'y plaît toujours par un coin. Il est des sites touchants jusque dans les rochers de la pauvre Finlande. J'y ai vu des étés plus beaux que ceux des tropiques, des jours sans nuits, des lacs si couverts de cygnes, de canards, de bécasses, de pluviers, etc., qu'on eût dit que les oiseaux de toutes les rivières s'y étaient rendus pour y faire leurs nids. Des flancs des rochers, tout brillants de mousses pourprées et des tapis rouges du kloucva, s'élevaient de grands bouleaux, dont les feuillages verts, souples et odorants, se mariaient aux pyramides sombres des sapins, et offraient à la fois des retraites aussi tranquilles qu'agréables. Au fond d'un petit vallon, sur une lisière de pré, loin de l'envie, était l'héritage d'un bon gentilhomme dont rien ne troublait le repos, que le bruit d'un torrent que l'œil voyait avec plaisir bondir et écumer sur la croupe noire d'une roche voisine. Il est vrai qu'en hiver la verdure et les oiseaux disparaissent. Le vent, la neige, le grésil, les frimas, entourent et secouent la petite maison ; mais l'hospitalité est dedans. On se visite de quinze lieues, et l'arrivée d'un ami est une fête de huit jours : on boit au bruit des cors et des timbales la santé du convive, des princes et des dames. Les vieillards, auprès du poêle, fument et parlent des anciennes guerres ; les jeunes gens dansent au son d'un fifre ou d'un tambour rustique.

En tout, la campagne me semble préférable aux villes : l'air y est pur, la vue riante, le marcher doux, le vivre facile, les mœurs simples, et les hommes meilleurs.

Mais à toutes les campagnes je préférerais celle où j'ai été élevé. Il est dans le lieu natal un attrait caché, je ne sais quoi d'attendrissant qu'aucune fortune ne saurait donner et qu'aucun pays ne peut rendre. Heureux qui revoit les lieux où tout fut aimé, où tout parut aimable, et la prairie où il courut, et le verger qu'il ravagea. Plus heureux qui ne vous a jamais quitté, toit paternel, asile saint! Que de voyageurs reviennent sans trouver de retraite! De leurs amis, les uns sont morts, les autres éloignés; une famille est dispersée; tout a changé. La vie n'est qu'un court voyage, et l'âge de l'homme un jour rapide.

———

N'ambitionnez pas le sort des navigateurs qui ont fait le tour du monde : il n'y a que ceux qui l'ont parcouru pour faire du bien aux hommes qui soient dignes d'envie! Combien en ont fait le tour pour le désoler! Combien d'autres n'y ont rien vu que le profit de leur commerce! Mais comment admirerez-vous les merveilles de la nature dans les pays étrangers, si, avant tout, vous ne connaissez celles du vôtre? Dieu a fait deux lots des biens qu'il distribue aux hommes : d'un côté il a mis la fortune et les dangers, la gloire et l'envie ; de l'autre, la médiocrité et le bonheur, l'obscurité et le repos.

Quelquefois un jeune adolescent, séduit par des relations trompeuses de voyage, quitte ses parents, s'embarque, et croit être plus heureux dans un autre climat que dans celui qui l'a vu naître. Oh ! combien de fois il soupirera après le toit paternel, au milieu des mers orageuses ! combien de fois il regrettera l'humble violette de nos printemps, à l'ombre des palmiers de la zone torride ! Heureux celui qui préfère le bord de son ruisseau au rivage de l'Océan ; qui, plein de reconnaissance pour ses parents, ne cherche d'autre fortune que celle de les soulager par son travail, d'autre contentement que celui de leur plaire, et d'autre gloire que celle de soumettre ses passions à sa raison !

FIN DU VOYAGE A L'ILE DE FRANCE.

# MORCEAUX CHOISIS

# MORCEAUX CHOISIS.

---

*Avantages de l'étude de la Nature.*

Le livre le plus sublime ne nous rappelle qu'un auteur mort, et la plus humble plante nous rappelle un auteur toujours vivant : d'ailleurs les meilleurs ouvrages sortis de la main des hommes peuvent-ils égaler jamais celui qui est sorti de la puissance de Dieu? L'art peut produire des milliers de Théocrites et de Virgiles; mais la nature seule offre des milliers de paysages nouveaux en Europe, en Afrique, aux Indes, dans les deux mondes.

Les lois mécaniques de la nature sont dirigées par une puissance intelligente. Par exemple, l'encre qui coule de ma plume sur le papier, pour tracer ces réflexions, obéit aveuglément à l'attraction centrale de la terre; la plume d'où l'encre découle cède également à la direction horizontale que ma main lui donne de gauche à droite; ma main, quoique vivante et organisée, ignore ce qu'elle écrit, ainsi que l'encre, la plume et le papier : mais ma tête, qui en dirige les lettres, en a l'intelligence; et le cœur, qui en reçoit l'impression, en a le sentiment. Ainsi, si l'on peut comparer les choses célestes aux terrestres, la Divinité se sert du soleil comme d'une main, et de ses rayons comme de plumes et de pinceaux, pour tracer sur la terre, avec les éléments aveugles et insensibles, des caractères intellectuels, dont les pensées se font sentir à l'homme, qui est en quelque sorte le cœur de la nature.

La plupart des hommes policés regardent la nature avec indifférence. Ils sont au milieu de ces richesses et ils n'admirent que la grandeur humaine. Qu'a donc de si intéressant l'histoire des hommes ? elle ne vante que de vains objets de gloire, des opinions incertaines, des victoires sanglantes, ou tout au plus des travaux inutiles.

Si quelquefois elle parle de la nature, c'est pour en observer les fléaux et pour mettre sur son compte des malheurs qui viennent presque toujours de notre imprudence. Quels soins, au contraire, cette mère commune ne prend-elle pas de notre bonheur! Elle n'a répandu ses biens d'un pôle à l'autre que pour nous engager à nous réunir pour nous les communiquer. Elle nous rappelle sans cesse, malgré les passions qui nous divisent, aux lois universelles de la justice et de l'humanité.

---

*Beautés générales de la Nature.*

Il suffit de jeter un coup d'œil sur les harmonies générales de ce globe pour être ravi d'admiration à la vue des merveilles de la nature. En ne nous arrêtant qu'à celles qui nous sont le mieux connues, voyez comme le soleil environne constamment de ses rayons une moitié de la terre, tandis que la nuit couvre l'autre de son ombre. Combien de contrastes et d'accords résultant de leurs oppositions versatiles! Il n'y a pas un point des deux hémisphères où ne paraisse tour à tour une aube, un crépuscule, une aurore, un midi, un occident chargé de feu, et une nuit tantôt constellée, tantôt ténébreuse. Les saisons s'y donnent la main comme les heures du jour. Le printemps, couronné de fleurs, y devance le char du soleil, l'été l'environne de ses moissons, et l'automne le suit avec sa corne chargée de fruits. En vain, l'hiver et la nuit, retirés sur les pôles du monde, veulent donner des bornes à sa magnifique carrière; en vain ils élèvent du sein des mers australes et boréales de nouveaux continents qui ont leurs vallées, leurs montagnes et leurs clartés : le père du jour renverse de ses flèches de feu ces ouvrages fantastiques, et sans sortir de son trône il reprend l'empire de l'univers.

Rien n'échappe à sa chaleur féconde. Du sein de l'Océan il élève dans les airs les fleuves qui vont couler dans les deux mondes. Il ordonne aux vents de les distribuer sur les îles et les continents. Ces invisibles enfants de l'air les transportent sous mille formes capricieuses. Tantôt ils les étendent dans le ciel comme des voiles d'or et des pavillons de soie; tantôt ils les roulent en forme d'horribles dragons et de lions rugissants qui vomissent les feux du tonnerre; ils les versent sur les montagnes d'autant de manières différentes, en rosées, en pluies, en grêles, en neiges, en torrents impétueux. Quelque bizarres que paraissent leurs services, chaque partie de la terre n'en reçoit tous les ans que sa portion d'eau accoutumée; chaque fleuve remplit son urne, et chaque naïade sa coquille. Chemin faisant, ils déploient sur les plaines liquides de la mer la variété de leurs caractères; les uns rident à peine la surface des flots, les autres les roulent en ondes d'azur; d'autres les bouleversent en mugissant, et couvrent d'écume les hauts promontoires. Chaque lieu a ses harmonies qui lui sont propres, et chaque lieu les présente tour à tour. Parcourez à votre gré un méridien ou un parallèle, vous y trouverez des montagnes à glace et des montagnes à feu, des plaines de toutes sortes de niveaux, des collines de toutes les courbures, des îles de toutes les formes, des fleuves de tous les tours; les uns qui jaillissent et semblent sortir du centre de la terre; d'autres qui se précipitent en cataractes et semblent tomber des nues. Cependant, ce globe, agité de tant de mouvements, et chargé de poids en apparence si irréguliers, s'avance d'une course ferme et inaltérable à travers l'immensité des cieux.

*Beautés de la Nature dans le genre végétal.*

Que de beautés décorent l'architecture de ce globe et le rendent habitable aux êtres sensibles! Une ceinture de palmiers, auxquels sont suspendus la datte et le coco, l'entoure entre les brûlants tropiques, et des forêts de sapins moussus le couronnent sous les cercles polaires. D'autres végétaux s'étendent, comme des rayons, du midi au nord, et viennent expirer à différents degrés. Le bananier s'avance depuis la ligne jusqu'aux bords de la Méditerranée. L'oranger passe la mer, et borde de ses fruits dorés les rivages méridionaux de l'Europe. Les plus nécessaires, comme le blé et les graminées, pénètrent le plus loin, et, forts de leur faiblesse, s'étendent, à l'abri des vallées, depuis les bords du Gange jusqu'à ceux de la mer Glaciale. D'autres, plus robustes, partent des rudes climats du nord, s'avancent sur les croupes du Taurus, et arrivent, à la faveur des neiges, jusque dans le sein de la zone torride. Les sapins et les cèdres couronnent les montagnes de l'Arabie et du royaume de Cachemire, et voient à leurs pieds les plaines brûlantes d'Aden et de Lahor, où se recueillent la datte et la canne à sucre. D'autres arbres, ennemis à la fois du chaud et du froid, ont leur centre dans les zones tempérées. La vigne languit en Allemagne et au Sénégal. Le pommier, l'arbre de ma patrie, n'a jamais vu le soleil à plomb sur sa tête, ou décrivant autour de lui le cercle entier de l'horizon, mûrir ses beaux fruits. Mais chaque sol a sa Flore et sa Pomone. Les rochers, les marais, les vases, les sables, ont des végétaux qui leur sont propres. Les écueils même de la mer sont sensibles.

Le cocotier ne se plaît que sur les sables marins, où il laisse ses fruits pleins de lait, au-dessus des flots salés. D'autres plantes sont ordonnées aux vents, aux saisons et aux heures du jour avec tant de précision, que Linnæus en avait formé des almanachs et des horloges botaniques. Qui pourrait décrire la variété infinie de leurs figures? Que de berceaux, de voûtes, d'avenues, de pyramides de verdure chargés de fruits, offrent de ravissantes habitations! Que d'heureuses républiques vivent sous leurs tranquilles ombrages! Que de banquets délicieux y sont préparés! Rien n'en est perdu. Les quadrupèdes en mangent les tendres feuillages, les oiseaux les semences, d'autres animaux les racines et les écorces, les insectes en ont la desserte : leurs légions infinies sont armées de toutes sortes d'instruments pour les recueillir. Les abeilles ont sur leurs cuisses des cuillers garnies de poils pour ramasser la poussière de leurs fleurs; les mouches, des pompes pour en sucer la séve; les vers, des tarières, des vilebrequins et des râpes pour en dépecer les parties solides; et les fourmis, des pinces pour en emporter les miettes. A la diversité de formes, de mœurs, de gouvernements, et aux guerres perpétuelles de tous ces animaux, vous diriez une multitude de nations étrangères et ennemies qui vont bientôt s'entre-détruire. A la constance de leurs liaisons, à la perpétuité de leurs espèces, à leur admirable harmonie avec toutes les parties du règne végétal, vous diriez un seul peuple qui a sa noblesse domaniale, ses charpentiers, ses pompiers et ses artisans.

Les plantes, dit-on, sont des corps mécaniques. Essayez de faire un corps aussi mince, aussi tendre, aussi fragile que celui d'une feuille, qui résiste des années entières aux vents, aux pluies, à la gelée et au soleil le plus ardent. Un esprit de vie indépendant de toutes les latitudes régit les plantes, les conserve et les reproduit. Elles réparent leurs blessures, et elles recouvrent leurs plaies de nouvelles écorces. Les pyramides de l'Égypte s'en vont en poudre, et les graminées du temps des Pharaons subsistent encore. Que de tombeaux grecs et romains, dont les pierres étaient ancrées de fer, ont disparu ! Il n'est resté, autour de leurs ruines, que les cyprès qui les ombrageaient. C'est le soleil, dit-on, qui donne l'existence aux végétaux, et qui l'entretient. Mais ce grand agent de la nature, tout puissant qu'il est, n'est pas même la cause unique et déterminante de leur développement. Si la chaleur invite la plupart de ceux de nos climats à ouvrir leurs fleurs, elle en oblige d'autres à les fermer. Tels sont, dans ceux-ci, la belle-de-nuit du Pérou, et l'arbre triste des Moluques, qui ne fleurissent que la nuit. Son éloignement même de notre hémisphère n'y détruit point la puissance de la nature. C'est alors que végètent la plupart des mousses qui tapissent les rochers d'un vert d'émeraude, et que les troncs des arbres se couvrent, dans les lieux humides, de plantes imperceptibles à la vue, appelées minium et lichen, qui les font paraître au milieu des glaces comme des colonnes de bronze vert.

Ces végétations, au plus fort de l'hiver, détruisent tous nos raisonnements sur les effets universels de la chaleur, puisque des plantes d'une organisation si délicate semblent avoir besoin, pour se développer, de la plus douce température. La chute des feuilles, que nous regardons comme un effet de l'absence du soleil, n'est point occasionnée par le froid. Si les palmiers les conservent toute l'année dans le midi, les sapins les gardent, au nord, en tout temps. A la vérité, les bouleaux, les mélèzes et plusieurs autres espèces d'arbres les perdent, dans le nord, à l'entrée de l'hiver; mais ce dépouillement arrive aussi à d'autres arbres dans le midi. Ce sont, dit-on, les résines qui conservent dans le nord celles des sapins; mais le mélèze, qui est résineux, y laisse tomber les siennes, et le filaria, le lierre, l'alaterne et plusieurs autres espèces qui ne le sont point, les gardent chez nous toute l'année. Sans recourir à des causes mécaniques, dont les effets se contredisent toujours dès qu'on veut les généraliser, pourquoi ne pas reconnaître dans ces variétés de la végétation la constance et la sagesse de la Providence?

*Beautés de la Nature dans le genre animal.*

Il est des tribus d'animaux qui dédaignent la végétation. Elles sont ordonnées aux éléments, au jour, à la nuit, aux tempêtes et aux diverses parties du globe. L'aigle confie son nid au rocher qui se perd dans la nue; l'autruche, aux sables arides des déserts; le flamant, couleur de rose, aux vases de l'Océan méridional. L'oiseau blanc du tropique et la noire frégate se plaisent à parcourir ensemble la vaste étendue des mers, à voir du haut des airs voguer les flottes des Indes sous leurs ailes, et à circonscrire ce globe d'orient en occident, en disputant de rapidité avec le cours même du soleil. Sous les mêmes latitudes, des tourterelles et des perroquets, moins hardis, ne voyagent que d'îles en îles, promenant à leur suite leurs petits, et ramassant dans les forêts les graines d'épicerie qu'ils font crouler de branches en branches. Pendant que ces oiseaux conservent une température égale sous les mêmes parallèles, d'autres la trouvent en suivant le même méridien. De longs triangles d'oies sauvages et de cygnes vont et viennent chaque année du midi au nord, ne s'arrêtent qu'aux limites brumeuses de l'hiver, passent sans s'étonner au-dessus des cités populeuses de l'Europe, et dédaignent leurs campagnes fécondes sillonnées de blés verts au milieu des neiges.

D'un autre côté, des légions de lourdes cailles traversent la mer, et vont au midi chercher les chaleurs de l'été. Vers la fin de septembre, elles profitent d'un vent du nord pour quitter l'Europe, et en battant une aile, et présentant l'autre au vent, moitié voile, moitié rame, elles rasent les flots de la Méditerranée de leur croupion chargé de graisse, et se réfugient dans les sables de l'Afrique pour y servir de nourriture aux faméliques habitants du Zara. Il y a des animaux qui ne voyagent que la nuit. Des millions de crabes descendent aux Antilles, des montagnes, à la clarté de la lune, en faisant sonner leurs tenailles, et offrent aux Caraïbes, sur les grèves stériles de leurs îles, leurs écailles remplies de moelle exquise. Dans d'autres saisons, au contraire, les tortues quittent la mer pour aborder aux mêmes rivages, et entassent des sachées d'œufs dans leurs sables stériles. Les glaces mêmes des pôles sont habitées. On voit dans leurs mers et sous leurs promontoires flottants de cristal, de noires baleines chargées de plus d'huile que n'en peut donner un champ d'oliviers. Des renards, revêtus de précieuses fourrures, trouvent à vivre sur leurs rivages abandonnés du soleil ; des troupeaux de rennes y grattent la neige pour chercher des mousses, et s'avancent en bramant dans ces régions désolées de la nuit, à la lueur des aurores boréales. Par une providence admirable, les lieux les plus arides présentent à l'homme, dans la plus grande abondance, des vivres, des habits, des lampes et des foyers qu'ils n'ont pas produits. Qu'il serait doux de voir le genre humain recueillir tant de biens, et se les communiquer en paix d'un climat à l'autre !

Combien la sagesse avec laquelle la Providence a ordonné les proportions des animaux est digne d'admiration ! Si l'on vient à les examiner, on n'en trouvera aucun de défectueux dans ses membres, si on a égard à ses mœurs et aux lieux où il est destiné à vivre.

Le long et gros bec du toucan, et sa langue faite en forme de plume, étaient nécessaires à un oiseau qui cherche les insectes éparpillés dans les sables humides des rivages de l'Amérique. Il lui fallait à la fois une longue pioche pour y fouiller, une large cuiller pour les ramasser, et une langue frangée de nerfs délicats pour y sentir sa nourriture. Il fallait de longues jambes et de longs cous aux hérons, aux grues, aux flamants et aux autres oiseaux qui marchent dans les marais, et qui cherchent leur proie au fond de leurs eaux. Chaque animal a les pieds et la gueule, ou le bec formé d'une manière admirable pour le sol qu'il doit parcourir et pour les aliments dont il doit vivre. C'est de leurs configurations que les naturalistes tirent les caractères qui distinguent les bêtes de proie de celles qui sont frugivores : ces organes n'ont jamais manqué aux besoins des animaux, et ils sont eux-mêmes indélébiles comme leurs instincts. J'ai vu dans des campagnes des canards élevés loin des lacs depuis très-longtemps, qui avaient conservé à leurs pieds les longues membranes de leurs espèces, et qui, aux approches des pluies, battaient des ailes, jetaient des cris, appelaient les nuées, et semblaient se plaindre au ciel de l'injustice de l'homme qui les privait de leur élément. Aucun animal n'a manqué d'un membre nécessaire, ou n'en a reçu d'inutiles. Des philosophes ont regardé les ergots, appendices des pieds du porc, comme superflus, parce qu'ils ne portent point à terre ; mais cet animal, destiné à vivre dans les lieux marécageux où il aime à se vautrer, et à faire avec son boutoir des fouilles profondes, s'y fût souvent enfoncé par sa gloutonnerie, si la nature n'eût disposé au-dessus de ses pieds deux ergots ou saillie qui lui donnent les moyens de s'en retirer. Le bœuf, qui fréquente les lieux marécageux des fleuves, en a d'à peu près semblables. L'hippopotame, qui vit dans les eaux et sur les rivages du Nil, a le pied fourchu, et au-dessus du paturon deux petites cornes qui plient contre terre quand il marche, de sorte qu'il laisse sur le sable une empreinte qu'on dirait être celle de quatre griffes. On peut voir la description de cet amphibie à la fin des Voyages de Dampier.

Comment des hommes éclairés ont-ils pu méconnaître l'usage de ces membres accessoires, dont les paysans de quelques-unes de nos provinces imitent la forme dans les échasses, qu'ils appellent, par cette ressemblance même, pieds de porc, et dont ils se servent pour traverser les endroits marécageux ? Ces mêmes paysans ont imité pareillement celle des ergots pointus et écartés du pied de la chèvre, qui lui servent à gravir les rochers, dans ces pieux ferrés à deux pointes, qui retiennent dans la pente des montagnes les derrières de leurs lourdes charrettes. La nature, qui varie ses moyens comme ses obstacles, a donné les ergots appendices aux pieds du porc, par la même raison qu'elle a revêtu le rhinocéros d'une peau plissée de plusieurs plis au milieu de la zone torride. On croirait ce lourd animal couvert d'un triple manteau : mais, destiné à vivre dans les marais fangeux de l'Inde, où il fouille avec la corne de son museau les longues racines de bambous, il y eût enfoncé par son poids énorme, s'il n'avait l'étrange faculté d'étendre, en se gonflant, les plis multipliés de sa peau, et de se rendre plus léger en occupant un plus grand volume.

Ce qui nous paraît, au premier coup d'œil, une défectuosité dans les animaux, est à coup sûr une compensation merveilleuse de la Providence ; et ce serait souvent une exception à ses lois générales, si elle en avait d'autres que l'utilité et le bonheur des êtres. C'est ainsi qu'elle a donné à l'éléphant une trompe qui lui sert comme une main, à grimper sur les plus rudes montagnes, où il se plaît à vivre et à y cueillir l'herbe des champs et les feuillages des arbres, auxquels la grosseur de son cou ne lui permettrait pas d'atteindre. Elle a varié à l'infini, parmi les animaux, les moyens de se défendre comme ceux de subsister. On ne peut pas supposer que ceux qui marchent lentement ou qui jettent des cris, souffrent habituellement; car comment des races de malades auraient-elles pu se perpétuer et devenir même une des plus répandues du globe? Le flugard ou paresseux, se trouve en Afrique, en Asie et en Amérique. Sa lenteur n'est pas plus une paralysie, que celle de la tortue et du limaçon. Les cris qu'il jette, quand on l'approche, ne sont point des cris de douleur.

Mais parmi les animaux, les uns étant destinés à parcourir la terre, d'autres à vivre à poste fixe, leurs défenses sont variées comme leurs mœurs. Les uns échappent à leurs ennemis par la fuite, d'autres les repoussent par des sifflements, des figures hideuses, des odeurs infectes, ou des voix lamentables. Il y en a qui disparaissent à leur vue, comme le limaçon qui est de la couleur des murailles ou de l'écorce des arbres où il se réfugie ; d'autres, par une magie admirable, prennent à volonté la couleur des objets qui les environnent, comme le caméléon. Oh ! que l'imagination des hommes est stérile auprès de l'intelligence de la nature ! Ils n'ont rien produit, dans quelque genre que ce soit, qu'ils n'en aient trouvé le modèle dans ses ouvrages ; le génie même dont ils font tant de bruit, ce génie créateur que nos beaux esprits croient apporter en venant au monde, et perfectionner dans les cercles ou dans les livres, n'est autre chose que l'art de l'observer. Lorsqu'on s'égare même, on ne sort pas des routes de la nature. On n'est sage que de sa sagesse ; on n'est fou qu'en dérangeant ses plans. Le burin de Callot, si fertile en monstres, n'a composé tant de démons affreux, que des membres mal assortis de différents animaux, des becs de chats-huants, des gueules de crocodiles, des carcasses de chevaux, des ailes de chauves-souris, des griffes et des ergots qu'il a joints à la figure humaine, pour rendre ses contrastes plus odieux.

Les femmes mêmes qui par de plus doux caprices, s'exercent à broder sur leurs étoffes des fleurs de fantaisie, sont obligées d'en prendre les modèles dans nos jardins. Examinez sur leurs robes les folâtres jeux de leur imagination. Vous y verrez des œillets sur les feuillages d'un myrte, des roses sur des roseaux, des grenades sur la tige d'une herbe. La nature seule ne produit que des accords raisonnables, et n'assortit, dans les animaux et dans les fleurs, que des parties convenables aux lieux, à l'air, aux éléments et aux usages auxquels elle les destine. Jamais on n'a vu sortir aucune race de monstres de ses sublimes conceptions.

*Vue générale des harmonies.*

Si l'on considère les harmonies des végétaux avec les éléments, les animaux et les hommes, elles manifestent la Divinité sur toute la terre. Elles préservent à la fois de l'athéisme et de la superstition, ces deux fruits de l'orgueil; elles parlent à tous les peuples le même langage, dans tous les temps et dans tous les lieux. Les astres nous annoncent la Divinité par la constance de leurs mouvements, et les plantes nous la démontrent par les grâces et la variété de leurs harmonies : les cieux nous prouvent sa puissance infinie, les végétaux de la terre son intelligence et sa bonté. Les harmonies végétales sont inaltérables comme les harmonies célestes; mais, plus rapprochées de nous, elles nous offrent des spectacles enchanteurs. La nature en compose chaque jour de nouvelles pensées; chaque année elle les projette sur tous les sites de la terre, par le ministère des vents et des eaux, et chaque instant elle varie leurs combinaisons. Elle semble se jouer de ses bienfaits avec les hommes comme une bonne mère qui jette au milieu de ses enfants des caractères alphabétiques mêlés de raisins, d'amandes et de toutes sortes de fruits, pour leur apprendre à lire et à l'aimer. Hélas! avides des jeux barbares de la politique humaine, nous attendons, soir et matin, avec impatience, des nouvelles de ses cruels hasards : ce sont des victoires sanglantes, des villes bombardées, des escadres incendiées, des négociations perfides, des famines affreuses; mais chaque nuit et chaque aurore nous apportent de nouveaux journaux de la sagesse et de la bonté de la Providence : ce sont des blés qui épient, des fruits qui nouent, des vignes qui fleurissent : elle nous invite sans cesse à nous élever vers elle et à nous rapprocher les uns des autres.

Non-seulement la nature nous a donné des végétaux en harmonie avec tous nos besoins physiques, mais elle en a produit en rapport avec nos jouissances morales, et qui en sont devenus les symboles par la durée de leur verdure : tels sont le laurier pour la victoire, l'olivier pour la paix, le palmier pour la gloire. Elle en a fait croître dans tous les sites, qui, par leurs attitudes mélancoliques et religieuses, semblent destinés à nos funérailles.

Nous ne sommes point en place, ici-bas, pour juger de l'arrangement de cet univers, nous petits êtres de six pieds, haletant sans cesse après mille besoins avec un souffle de vie. Son plan est hors de notre vue et de notre conception; la mort seule peut nous en montrer la réalité. Nous ne savons point où est le séjour de celui qui a produit tant de merveilles. Cependant il existe dans les cieux, et nous en savons assez pour voir qu'il a mis une multitude de globes lumineux en rapport avec l'homme. Notre système planétaire, qui a plus de quinze cents millions de lieues d'étendue; ces étoiles, qui sont à des distances incalculables; cette voie lactée remplie de milliards d'étoiles, toutes les constellations qui s'étendent depuis celle de l'Ourse jusqu'à celle de l'Éridan; tout ce tableau incommensurable vient, dans les ténèbres, se peindre sur la rétine de notre œil qui n'a pas une ligne de diamètre. O profondeur de la toute-puissance de Dieu! O sagesse infinie! vous m'anéantissez sous le poids de vos miracles : mon intelligence succombe sous les prodiges de la vôtre, et si, sur la terre et dans un corps mortel on peut en supporter un faible aperçu, pour surcroît de merveilles, je le dois à la nuit et à mon ignorance profonde.

L'homme seul, sans aucun besoin physique, est touché des harmonies mutuelles des végétaux. L'insecte aux yeux microscopiques cherche sa pâture sur cette feuille, qui lui semble une vaste prairie; le bœuf aux grands yeux mugit de plaisir à la vue du pâturage ondoyant, qui ne lui apparaît que comme une seule feuille : l'un et l'autre ne sont mus que par leur appétit; ils n'admirent dans les plantes, ni les canaux séveux qui ravissent d'étonnement les naturalistes, ni les bouquets dont se parent les bergères; mais l'homme est sensible à toutes leurs harmonies, et ce sentiment se développe en lui avec le fil de ses jours. Encore enfant, il sourit à la vue des fleurs; dès qu'il peut marcher, il aime à courir sur le pré qui en est émaillé; dans sa jeunesse, il se plaît à les assortir pour en faire part à ses amis; ce sentiment harmonique augmente en lui avec ses années et sa fortune.

Le piéton, qui part dès le point du jour, admire le paysage que l'aurore développe peu à peu devant lui; ses regards se reposent tour à tour avec délice sur des prairies tout étincelantes de gouttes de rosée, sur des forêts agitées par les vents, sur des rochers moussus, et jusque sur les arbres ébranchés des grandes routes qui apparaissent de loin comme des géants ou des tours. Souvent son chemin l'intéresse plus que le lieu où il doit arriver, et les paysages plus que les habitants. Ce sont ces réminiscences végétales qui nous rendent si chers les jours rapides de notre enfance, et certains sites de cette terre que nous parcourons comme des voyageurs.

Si nous considérons les fleurs, nous trouvons qu'elles ont une infinité d'analogies avec les caractères, les unes étant gaies, d'autres mélancoliques; il y en a même qui en ont avec les traits du visage; les bluets en ont avec les yeux, les roses avec la bouche, la digitale avec les doigts. Chacune d'elles a des parfums qui en ont aussi avec les diverses sensations de la beauté. Les fleurs les plus odorantes sont les plus propres à faire des bouquets et des chapeaux, telles que les violettes et les roses. Rien n'est aimable comme les fleurs dans la parure des femmes et des enfants; l'or, l'argent, les perles et les diamants ne peuvent leur être comparés ni par leurs formes, ni par leur éclat qui est trop vif; seules elles ont des coupes et des teintes analogues à la couleur des yeux, des lèvres et du visage; elles se présentent partout sous nos pas, tandis qu'il faut aller chercher les métaux et les fossiles brillants à travers mille dangers, au sein des terres et des mers; les unes se recueillent par les mains de l'innocence, et les autres souvent par celles du crime.

Bien des gens ne peuvent rendre compte de leurs voyages que par les bornes des grands chemins ou par les noms des auberges, des villages et des villes qui se rencontrent sur leur route. Ils ne savent pas même s'orienter, et s'ils sont assis au midi ou au nord. Ils traversent, sans s'en apercevoir, les prairies, les vallons, les forêts; la nature n'est plus rien pour eux. Les végétaux, qui en font le plus bel ornement, ne parlent pas à leur âme desséchée par la cupidité.

Nos laboureurs mêmes ne voient que des bottes de foin dans les prés fleuris et des sacs de blé dans les moissons ondoyantes de la douce Cérès. La forêt la plus majestueuse ne leur présente que des bûches et des fagots; elle n'est digne de leur attention que quand elle est en coupe réglée; ils ne la regardent que quand elle est abattue. Cependant, c'est des harmonies des végétaux que les arts, qui font le charme de la vie, tirent leurs principaux agréments; la poésie, l'éloquence, la morale même, nous ravissent par les images qu'elles en empruntent. L'Évangile nous enchante par son style rempli de comparaisons tirées de l'agriculture. J'en ai compté plus de cent dans un seul évangéliste.

Plus l'harmonie morale des végétaux et des hommes s'étend, plus elle produit d'effets. Mon âme s'agrandit quand je vois à travers les campagnes ces longues avenues qui font communiquer les empires. Bien des gens n'y voient que des ormes; pour moi j'y sens les contrastes du genre humain.

Voilà la route de cette belle Italie bouleversée par notre révolution; à gauche, la Suisse presque aussi agitée; à droite, l'Espagne, patrie du Cid et du malheureux Cervantes; à l'occident, celle de la Bretagne, où je m'embarquai pour l'Ile de France.

*Libéralité de la nature à l'égard de l'homme.*

Il y a dans la conduite de la nature envers l'homme, une bonté bien digne d'admiration ; c'est qu'en lui défendant, d'une part, d'altérer la régularité de ses lois pour satisfaire ses caprices, de l'autre elle lui permet souvent d'en déranger le cours pour subvenir à ses besoins. On peut reconnaître, dans la plupart de ses ouvrages, ces condescendances maternelles et ces prévoyances, si j'ose le dire, vraiment royales. Elles se manifestent surtout dans les productions de nos jardins : on les trouve dans celles de nos fleurs qui ont des surabondances de corolles, comme dans la rose double qui ne se reproduit point de graines, et que, pour cette raison, quelques botanistes ont osé qualifier de monstre, quoiqu'elle soit la plus belle des fleurs, au sentiment de tous les peuples. Des naturalistes ont cru qu'elle sortait des lois de la nature, parce qu'elle s'écartait de leurs systèmes : comme si la première des lois qui gouvernent le monde n'avait pas pour objet le bonheur de l'homme !

Mais si les roses et les fleurs qui ont une surabondance de corolles sont des monstres, les fruits qui ont une surabondance de chairs fondantes et de pâtes sucrées, inutiles au développement de leurs graines, comme les pommes, les poires, les melons ; et les fruits qui n'ont pas même de semences, comme les ananas, les bananes, les fruits à pin, sont donc des monstres aussi ? Les racines qui deviennent si charnues dans nos jardins et qui se tournent en gros pivots, en glandes succulentes, en bulbes farineuses et inutiles au développement de leurs tiges, sont encore des monstres. La nature ne nourrit l'homme, en partie, que de cette surabondance végétale ; elle ne l'accorde qu'à ses travaux. Les végétaux des mêmes espèces que ceux de nos jardins, lorsqu'ils croissent sauvages, se jettent en feuilles et en branches ; s'ils portent du fruit, la chair en est toujours maigre, et la semence ou le noyau fort gros. N'est-ce donc pas une véritable complaisance de la part de la nature, de transformer, sous la main de l'homme, en aliments, les mêmes sucs qui se convertiraient, dans les forêts, en hautes tiges et en fortes racines? Sans sa condescendance, en vain l'homme dirait à la séve des arbres : Vous vous rendrez dans les fruits, et vous n'irez point au delà.

Il aurait beau, dans la terre la plus féconde, mutiler, étaler, ébourgeonner, l'amandier n'y couvrirait point son amande d'une pulpe charnue et fondante, comme celle de la pêche. C'est la nature qui fait, de temps en temps, présent à l'homme des variétés utiles et agréables qu'elle tire du même genre. Tous nos arbres fruitiers sortent originairement des forêts, et aucun ne s'y reperpétue dans son espèce. La poire appelée Saint-Germain, a été trouvée dans la forêt de Saint-Germain avec la saveur que nous lui connaissons. La nature l'a choisie, comme les autres fruits de nos vergers, sur la table des animaux, pour la placer sur celle de l'homme; et afin que nous ne puissions douter de son bienfait et de son origine, elle a voulu que ses semences ne reproduisissent que des sauvageons. Ah! si elle suspendait ses lois particulières de bienfaisance dans les jardins de nos mécréants, pour y établir ses prétendues lois générales, quel serait leur étonnement de ne retrouver dans leurs potagers et dans leurs vergers que quelques misérables dancus, de petites roses de chien, des poires rêches et des fruits agrestes, tels qu'elle les produit dans les montagnes pour l'âpre palais des sangliers.

A la vérité, ils trouveraient des tiges d'arbres bien hautes et bien vigoureuses; leurs vergers croîtraient au double, et leurs fruits diminueraient de moitié.

La même métamorphose arriverait dans les animaux de leurs métairies. La poule qui pond des œufs beaucoup trop gros par rapport à sa taille, et pendant neuf mois de suite, contre toutes les lois de l'incubation des oiseaux, rentrerait dans l'ordre, et n'en donnerait tout au plus qu'une vingtaine dans le cours d'une année. Le porc perdrait de même son lard superflu. La vache qui fournit, dans les riches prairies de la Normandie, jusqu'à vingt-quatre bouteilles de lait par jour, n'en laisserait couler que ce qui suffit à son veau.

Ils répondent à cela, que ces surabondances

d'œufs, de lard et de crème, dans nos animaux domestiques, sont des effets de la nourriture qu'on leur prodigue. Mais ni la jument ne donne autant de lait que la vache, ni la cane ne pond autant d'œufs que la poule, ni l'âne ne se couvre de lard comme le porc, quoique ces animaux soient nourris aussi plantureusement les uns que les autres. D'ailleurs, la jument, la chèvre, la brebis, l'ânesse, n'ont que deux mamelles, tandis que la vache en a quatre.

La vache s'écarte, à cet égard, d'une manière bien remarquable des lois générales de la nature, qui proportionne dans toutes les espèces le nombre des mamelles des mères, à celui de leurs petits; elle a quatre mamelles, quoiqu'elle ne porte qu'un veau, et bien rarement deux, parce que ces deux mamelles superflues étaient destinées à être les nourrices du genre humain. La truie, à la vérité, n'en a que douze, et elle nourrit jusqu'à quinze petits. Ici la proportion paraît défectueuse. Mais si la première a plus de mamelles qu'il n'en faut à sa famille, et si la seconde n'en a pas assez pour sa famille, c'est que l'une devait donner à l'homme la surabondance de son lait, et l'autre celle de ses petits. Dans beaucoup de pays le porc est la viande du pauvre. Nous observerons avec Pline, que de toutes les chairs, c'est la plus savoureuse. On y distingue, dit-il, jusqu'à cinquante goûts différents. Elle sert dans les cuisines de nos riches à donner du goût à tous les aliments. Par tout pays, comme nous l'avons dit, ce qu'il y a de meilleur est ce qu'il y a de plus commun.

---

### De la Providence.

Infortunés mortels, cherchez votre bonheur dans la vertu, et vous n'aurez point à vous plaindre de la nature. Vos destinées ne sont point abandonnées au hasard ni à des génies malfaisants : rappelez-vous ces temps dont le souvenir est encore nouveau chez toutes les nations. Les animaux trouvaient partout à vivre ; l'homme seul n'avait ni aliment, ni habit, ni instinct. Mais la sagesse divine pourvut à tout ce qui lui manquait. Elle mit entre elle et lui les plaisirs innocents, les découvertes ravissantes, les joies pures et les espérances sans fin pour le conduire à elle pas à pas par la route de l'intelligence et du bonheur. Elle plaça sur le bord de son chemin la crainte, l'ennui, le remords, la douleur et tous les maux de la vie comme des bornes destinées à l'empêcher d'aller au delà et de s'égarer. Ainsi une mère sème des fruits sur la terre pour apprendre à marcher à son enfant; elle s'en tient éloignée, elle lui sourit, elle l'appelle, elle lui tend les bras; mais, s'il tombe, elle vole à son secours; elle essuie ses larmes et elle le console. Ainsi la Providence vient au secours de l'homme par mille moyens extraordinaires qu'elle emploie pour subvenir à ses besoins.

Que serait-il devenu dans les premiers temps, si elle l'avait abandonné à sa raison encore dépourvue d'expérience? Où trouva-t-il le blé, dont tant de peuples tirent leur nourriture aujourd'hui, et que la terre, qui produit toutes sortes de plantes sans être cultivée, ne montre nulle part? Qui lui a appris l'agriculture, cet art si simple que l'homme le plus stupide en est capable, et si sublime que les animaux les plus intelligents ne peuvent l'exercer? Il n'est presque point d'animal qui ne soutienne sa vie par les végétaux, qui n'ait l'expérience journalière de leur reproduction, et qui n'emploie, pour chercher ceux qui lui conviennent, beaucoup plus de combinaisons qu'il n'en faut pour les ressemer. Mais de quoi l'homme lui-même aurait-il vécu avant que ce bienfait des cieux lui eût été révélé? Qui lui montra, dans l'origine du monde, les premiers fruits des vergers dispersés dans les forêts et les racines alimentaires cachées dans le sein de la terre? N'aurait-il pas dû mille fois mourir de faim avant d'en avoir recueilli assez pour se nourrir; ou du poison, avant d'en savoir faire le choix; ou de fatigue et d'inquiétude, avant d'en avoir formé autour de son habitation des tapis et des berceaux?

Cet art, image de la création, n'était réservé qu'à l'être qui portait l'empreinte de la Divinité. Si la Providence l'eût abandonné à lui-même en sortant de ses mains, que serait-il devenu? Aurait-il dit aux campagnes : « Forêts inconnues, montrez-moi les fruits qui sont mon partage? Terre, entr'ouvrez-vous et découvrez-moi, dans vos racines, mes aliments? Plantes, d'où dépend ma vie, manifestez-vous à moi, et suppléez à l'instinct que m'a refusé la nature? » Aurait-il eu recours, dans sa détresse, à la pitié des bêtes, et dit à la vache, lorsqu'il mourait de faim : « Prends-moi au nombre de tes enfants, et partage avec moi une de tes mamelles superflues? » Quand le souffle de l'aquilon fit frissonner sa peau, la chèvre sauvage et la brebis timide sont-elles accourues pour le réchauffer de leurs toisons? Lorsque, errant sans défense et sans asile, il entendit, la nuit, les hurlements des bêtes féroces qui demandaient de la proie, a-t-il supplié le chien généreux, en lui disant : « Sois mon défenseur, et tu seras mon esclave? » Qui aurait pu lui soumettre tant d'animaux qui n'avaient pas besoin de lui, qui le surpassaient en ruse, en légèreté, en force, si la main qui, malgré sa chute, le destinait encore à l'empire, n'avait abaissé leurs têtes à l'obéissance?

Comment l'homme, d'une raison moins sûre que leur instinct, a-t-il pu s'élever jusque dans les cieux, mesurer le cours des astres, traverser les mers, conjurer le tonnerre, imiter la plupart des ouvrages et des phénomènes de la nature? C'est ce qui nous étonne aujourd'hui; mais je m'étonne bien plutôt que le sentiment de la Divinité eût parlé à son cœur bien avant que l'intelligence des ouvrages de la nature eût perfectionné sa raison. Voyez-le dans l'état sauvage, en guerre perpétuelle avec les éléments, avec les bêtes féroces, avec ses semblables, avec lui-même, souvent réduit à des servitudes qu'aucun animal ne voudrait supporter; il est le seul être qui montre jusque dans la misère le caractère de l'infini et l'inquiétude de l'immortalité. Il élève des trophées; il grave ses exploits sur l'écorce des arbres : il prend le soin de ses funérailles, et il révère les cendres de ses ancêtres, dont il a reçu un héritage si funeste. Il est sans cesse agité par ses passions : quand il n'est pas la victime de ses semblables, il en est le tyran; et seul il a connu que la justice et la bonté gouvernaient le monde, et que la vertu élève l'homme au ciel. Il ne reçoit à son berceau aucun présent de la nature, ni douces toisons, ni plumage, ni défenses, ni outils pour une vie si pénible et si laborieuse, et il est le seul être qui invite des dieux à sa naissance, à son hymen et à son tombeau. Quelque égaré qu'il soit par des opinions insensées, lorsqu'il est frappé par les secousses imprévues de la joie ou de la douleur, son âme, d'un mouvement involontaire, se réfugie dans le sein de la Divinité. Il s'écrie : Ah! mon Dieu! il tourne vers le ciel des mains suppliantes et des yeux baignés de larmes pour y chercher son père. Ah! les besoins de l'homme attestent la providence d'un être suprême. Il n'a fait l'homme faible et ignorant, qu'afin qu'il s'appuyât de sa force et qu'il s'éclairât de sa lumière; et bien loin que le hasard, ou des génies malfaisants, règnent sur une terre où tout concourait à détruire un être si misérable, sa conservation, ses jouissances et son empire prouvent que dans tous les temps un Dieu bienfaisant a été l'ami et le protecteur de la vie humaine.

Ne semble-t-il pas que des concerts de louanges devraient s'élever jour et nuit vers l'auteur de la nature? Jamais les anciens rois de l'Asie ne rassemblèrent autant de jouissances dans Suze ou dans Ecbatane que nos simples bourgeois dans Paris. Cependant chaque jour ces monarques bénissaient les dieux. Ils n'entreprenaient rien sans les consulter; ils ne se mettaient pas même à table sans leur offrir des libations. Plût à Dieu que nos épicuriens n'eussent que de l'indifférence pour la main qui les comble de biens! mais c'est du sein de leur volupté que sortent aujourd'hui les murmures contre la Providence.

Si ces murmures venaient de quelques pauvres matelots exposés sur la mer à toutes les révolutions de l'atmosphère, ou de quelque paysan assujetti à un rude labeur, je ne m'en étonnerais pas. Mais nos athées sont, pour l'ordinaire, bien à l'abri des injures des éléments, surtout de celles de la fortune. La plupart d'entre eux n'ont jamais voyagé. Quant aux maux de la société, ils ont bien tort de s'en plaindre, car ils jouissent de ses plus doux avantages, après en avoir rompu tous les liens par leurs opinions. Que n'ont-ils pas écrit sur l'amitié, sur l'amour, sur les devoirs envers la patrie, et sur toutes les affections humaines, qu'ils ont rabaissées au niveau de celles des bêtes, tandis que quelques-uns d'entre eux pourraient se rendre divins par la sublimité de leurs talents? Ne sont-ce pas eux qui sont, en partie, cause de nos malheurs, en flattant en mille manières les passions, pendant qu'une croix qui s'élève dans un désert console les misérables? C'est un phénomène moral qui m'a paru longtemps inexplicable, de voir, dans tous les siècles, l'athéisme naître chez les hommes qui ont le plus à se louer de la nature, et les sentiments religieux régner chez ceux qui ont le plus à s'en plaindre. C'est dans le luxe de la Grèce et de Rome, au sein des richesses de l'Indoustan, du faste de la Perse, des voluptés de la Chine et de l'abondance des capitales de l'Europe, qu'ont paru les premiers hommes qui ont osé nier la Divinité. Au contraire, les Tartares sans asile, les sauvages de l'Amérique toujours affamés, les Nègres sans prévoyance et sans police, les habitants des rudes climats du nord, comme les Lapons, les Esquimaux, les Groënlandais, voient des dieux partout, jusque dans les cailloux.

Par tout pays, les pauvres se lèvent matin, travaillent à la terre, vivent sous le ciel et dans les champs. Ils sont pénétrés de la puissance active de l'auteur de la nature. De là vient que par tout pays, les dévotions du petit peuple sont ordinairement à la campagne. Un ermitage sur une montagne, une chapelle à la source d'une fontaine, une bonne Notre-Dame-des-Bois nichée dans le tronc d'un chêne ou dans le feuillage d'une aubépine, l'attire bien plus volontiers que les autels dorés des cathédrales.

Le peuple aime les cérémonies religieuses, les pèlerinages, les processions dans les champs. Les riches, au contraire, prévenus dans tous leurs besoins par les hommes, n'attendent plus rien de Dieu. Ils passent leur vie dans leurs appartements où ils ne voient que des ouvrages de l'industrie humaine, des lustres, des bougies, des glaces, des secrétaires, des chiffonnières, des livres, des beaux esprits. Ils viennent à perdre insensiblement de vue la nature, dont les productions d'ailleurs leur sont presque toujours présentées défigurées ou à contre-saison, et toujours comme des effets de l'art de leurs jardiniers ou de leurs artistes. Ils ne manquent pas aussi d'interpréter ces opérations sublimes par le mécanisme des arts qui leur sont les plus familiers. De là tant de systèmes qui font deviner les occupations de leurs auteurs. Épicure, épuisé par la volupté, tira son monde et ses atomes sans providence, de son apathie ; le géomètre le forme avec son compas ; le chimiste, avec des sels ; le minéralogiste le fait sortir du feu ; et ceux qui ne s'appliquent à rien, et qui sont en bon nombre, le supposent, comme eux, dans le chaos et allant au hasard. Ainsi la corruption du cœur est la première source de nos erreurs.

---

*Considérations sur les Ruines.*

Les ruines ont un intérêt particulier. Elles font naître et nous inspirent des pensées graves et sérieuses. Elles nous avertissent du peu de stabilité des choses d'ici-bas. Nos voluptueux eux-mêmes font construire des ruines artificielles dans leurs jardins ; les sauvages se plaisent à se reposer mélancoliquement sur le bord de la mer, surtout dans les tempêtes, ou dans le voisinage d'une cascade au milieu des rochers. Les grandes destructions offrent des effets pittoresques nouveaux; ce fut la curiosité d'en faire naître, jointe à la cruauté, qui porta Néron à mettre le feu à Rome pour avoir le spectacle d'un incendie.

Le sentiment d'humanité à part, ces longues flammes qui, au milieu de la nuit, lèchent les cieux, pour me servir de l'expression de Virgile, ces tourbillons de fumée rousse et noire, ces nuées d'étincelles de toutes les couleurs, ces réverbérations scarlatines dans les rues, au haut des tours, sur la surface des eaux et sur les monts lointains, plaisent même dans les tableaux et les descriptions. Ce genre d'affection, qui n'est point lié avec nos besoins physiques, a fait dire à quelques philosophes, que notre âme étant un mouvement, aimait toutes les émotions extraordinaires. Voilà pourquoi, disent-ils, tant de gens courent voir les exécutions à la Grève. A la vérité, dans ces sortes de spectacles, il n'y a aucun effet pittoresque. Mais ils ont avancé leur axiome aussi légèrement que tant d'autres, dont leurs ouvrages sont remplis. D'abord, c'est que notre âme aime autant le repos que le mouvement. Elle est une harmonie fort aisée à renverser par de grandes émotions; et quand elle serait de sa nation un mouvement, je ne vois pas qu'elle dût aimer ceux qui la menacent de sa destruction. Lucrèce, à mon avis, a bien mieux rencontré, quand il dit que ces sortes de goûts naissent du sentiment de notre sécurité, qui redouble à la vue du danger dont nous sommes à couvert. Nous aimons, dit-il, à voir des tempêtes, du rivage.

C'est sans doute par ce retour sur lui-même, que le peuple se plaît à raconter, dans les soirées d'hiver, auprès du feu, en famille, des histoires effrayantes de revenants, d'hommes égarés la nuit dans les bois, de voleurs de grand chemin. C'est aussi par le même sentiment, que les honnêtes gens aiment à voir des tragédies, et à lire des descriptions de batailles, de naufrages et de ruines d'empires.

La sécurité du bourgeois redouble par les dangers du guerrier, du marin et du courtisan. Mais nous avons encore en nous un sentiment plus sublime qui nous fait aimer les ruines, indépendamment de tout effet pittoresque, et de toute idée de sécurité : c'est celui de la Divinité.

Nous en allons déterminer quelques caractères, en suivant les impressions que nous font les ruines de différents genres.

Le cœur humain est si naturellement porté à la bienveillance, que le spectacle d'une ruine qui ne nous rappelle que le malheur des hommes nous inspire l'horreur, quelque effet pittoresque qu'elle nous présente. Je me trouvai à Dresde, en 1765, plusieurs années après son bombardement. Cette ville, petite, mais très-commerçante et très-jolie, formée plus qu'à demi de petits palais bien alignés, dont les façades étaient ornées en dehors, de peintures, de colonnades, de balcons et de sculptures, était alors plus qu'à demi ruinée. L'ennemi y avait dirigé la plupart de ses bombes sur l'église luthérienne de Saint-Pierre, bâtie en rotonde, et si solidement voûtée, qu'un grand nombre de ces bombes frappèrent la coupole, sans pouvoir l'endommager, et rebondirent sur les palais voisins, qu'elles embrasèrent et firent écrouler en partie.

Les choses y étaient encore au même état qu'à la fin de la guerre, quand j'y arrivai. On avait seulement relevé, le long de quelques rues, les pierres qui les encombraient; ce qui formait de chaque côté, de longs parapets de pierres noircies. Il y avait des moitiés de palais encore debout, fendues depuis le toit jusqu'aux caves. On y distinguait des bouts d'escaliers, des plafonds peints, de petits cabinets tapissés de papier de la Chine, des fragments de glaces, de miroir, des cheminées de marbre, des dorures enfumées; il n'était resté à d'autres que les massifs des cheminées qui s'élevaient au milieu des décombres, comme de longues pyramides noires et blanches. Plus du tiers de la ville était réduit dans ce déplorable état. On y voyait aller et venir tristement les habitants qui étaient auparavant si gais, qu'on les appelait les Français de l'Allemagne. Ces ruines, qui présentaient une multitude d'accidents très-singuliers par leurs formes, leurs couleurs et leurs groupes, jetaient dans une noire mélancolie; car on ne voyait là que des traces de la colère d'un roi, qui n'était pas tombée sur les gros remparts d'une ville de guerre, mais sur les demeures agréables d'un peuple industrieux. J'ai vu même plus d'un Prussien en être touché. Je ne sentis point du tout, quoique étranger, ce retour de sécurité qui s'élève en nous à la vue d'un danger dont on est à couvert; mais au contraire une voix affligeante se fit entendre dans mon cœur, qui me disait : « Si c'était là ta patrie ! »

Il n'en est pas ainsi des ruines occasionnées par le temps. Celles-là nous plaisent, en nous jetant dans l'infini ; elles nous portent à plusieurs siècles en arrière, et nous intéressent à proportion de leur antiquité. Voilà pourquoi les ruines de l'Italie nous affectent plus que les nôtres ; celles de la Grèce plus que celles de l'Italie ; et celles de l'Égypte plus que celles de la Grèce. La première fois que je vis un monument antique, ce fut auprès d'Orange. C'était l'arc de triomphe que Marius éleva après la défaite des Cimbres. Il est à quelque distance de la ville, au milieu des champs. C'est un massif oblong à trois arcades, à peu près comme la porte Saint-Denis. Quand j'en fus près, je n'avais pas assez d'yeux pour le regarder. Je m'écriai d'abord : Quoi ! voilà un ouvrage des Romains ! et mon imagination me porta d'une traite à Rome, et au temps de Marius. Il me serait difficile de décrire tous les sentiments qui s'élevèrent successivement en moi. D'abord, ce monument, quoique élevé par le malheur des hommes, comme tous les arcs de triomphe en Europe, ne me fit aucune peine, parce que je me rappelai que les Cimbres étaient venus pour envahir l'Italie, comme des brigands. Je remarquai que si cet arc de triomphe était un monument des victoires des Romains sur les Cimbres, il en était un aussi du pouvoir du temps sur les Romains. J'y distinguai, dans le bas-relief de la frise, qui représente un combat, une enseigne où on lisait distinctement ces lettres, S. P. Q. R. SENATUS POPULUSQUE ROMANUS ; et une autre où il y avait M. O... dont je ne pus interpréter le sens. Pour les guerriers ils étaient si usés, qu'on ne leur voyait plus ni armes ni physionomie. Il y en avait même qui n'avaient plus de jambes. Le massif de ce monument était, d'ailleurs, bien conservé, à l'exception d'un des pieds-droits d'une arcade, qu'un curé du voisinage avait fait démolir pour réparer son presbytère. Cette ruine moderne me fit naître d'autres réflexions sur l'excellence de la construction des anciens dans les monuments publics ; car, quoique le pied-droit, qui supportait un côté d'une des arcades, eût été démoli comme je l'ai dit, cependant la partie de la voûte qui en était soutenue, était restée en l'air sans appui, comme si ses voussoirs avaient été collés les uns aux autres. Il me vint aussi dans l'idée que le curé démolisseur était peut-être descendu de ces anciens Cimbres, comme nous autres Français descendons des anciens peuples du nord qui ont envahi l'Italie. Ainsi, la démolition exceptée, que je n'approuvais pas, par respect pour l'antiquité, je pensais aux vicissitudes des choses humaines, qui mettent les vainqueurs à la place des vaincus, et les vaincus à celle des vainqueurs. Je me figurais donc que, comme Marius avait vengé l'honneur des Romains et détruit la gloire des Cimbres, un des descendants des Cimbres détruisait à son tour celle de Marius; et que les jeunes filles du voisinage venaient peut-être, les jours de fête, danser à l'ombre de cet arc de triomphe, sans se soucier ni de celui qui l'avait bâti, ni de celui qui le démolissait.

Les ruines où la nature combat contre l'art des hommes, inspirent une douce mélancolie.

Elle nous y montre la vanité de nos travaux et la perpétuité des siens. Comme elle édifie toujours, lors même qu'elle détruit, elle fait sortir des fentes de nos monuments des giroflées jaunes, des chœnopodium, des graminées, des cerisiers sauvages, des guirlandes de rubus, des lisières de mousses, et toutes les plantes saxatiles, qui forment, par leurs fleurs et leurs attitudes, les contrastes les plus agréables avec les rochers. Je me suis arrêté autrefois avec plaisir dans le jardin du Luxembourg, à l'extrémité de l'allée des Carmes, pour y considérer un morceau d'architecture qui avait été destiné, dans son origine, à faire une fontaine. D'un côté du fronton qui le couronne, est couché un vieux Fleuve sur le visage duquel le temps a imprimé des rides plus vénérables que celles qu'y a tracées le ciseau du sculpteur : il en a fait tomber une cuisse à la place de laquelle il a planté un érable. Il ne reste de la Naïade qui était vis-à-vis, de l'autre côté du fronton, que la partie inférieure du corps. Sa tête, ses épaules et ses bras ont disparu: ses mains tiennent encore l'urne, d'où sortent, au lieu de plantes fluviatiles, celles qui se plaisent dans les lieux les plus secs, des touffes de giroflées jaunes, des pissenlits et de longues gerbes de graminées saxatiles.

Une belle architecture donne toujours de belles ruines : les plans de l'art s'allient alors avec la majesté de ceux de la nature. Je ne trouve rien qui ait un aspect plus imposant que les tours antiques et bien élevées que nos ancêtres bâtissaient sur le sommet des montagnes pour découvrir de loin leurs ennemis, et du couronnement desquelles sortent aujourd'hui de grands arbres, dont les vents agitent les cimes. J'en ai vu d'autres dont les mâchicoulis et les créneaux, jadis meurtriers, étaient tout fleuris de lilas, dont les nuances, d'un violet brillant et tendre, formaient des oppositions charmantes avec les pierres de la tour, caverneuses et rembrunies.

L'intérêt d'une ruine augmente quand il s'y joint quelque sentiment moral, par exemple, quand ces tours dégradées ont été les asiles du brigandage. Tel a été, dans le pays de Caux, un ancien château appelé le château de Lillebonne. Les hauts murs qui forment son enceinte, sont écornés aux angles, et sont si couverts de lierre, qu'il y a peu d'endroits où l'on aperçoive leurs assises. Du milieu de leurs cours, où je ne crois pas qu'il soit facile de pénétrer, s'élèvent de hautes tours crénelées, du sommet desquelles sortent de grands arbres, qui paraissent dans les airs comme une épaisse chevelure. On aperçoit çà et là, à travers les tapis de lierre qui en couvrent les flancs, des fenêtres gothiques, des embrasures et des brèches qui en font apercevoir les escaliers, et qui ressemblent à des entrées de cavernes. On ne voit voler, autour de cette habitation désolée, que des buses, qui planent en silence ; et, si l'on y entend quelquefois la voix d'un oiseau, c'est celle de quelque hibou qui y fait son nid. Ce château est situé sur un tertre, au milieu d'une vallée étroite, formée par des montagnes couvertes de forêts. Quand je me rappelai, à la vue de ce manoir, qu'il était autrefois habité par de petits tyrans qui, avant que l'autorité royale fût suffisamment établie dans le royaume, exerçaient de là leurs brigandages sur leurs malheureux vassaux et même sur les passants, il me semblait voir la carcasse et les ossements de quelque grande bête féroce.

## Sur les Tombeaux.

Mais il n'y a point de monuments plus intéressants que les tombeaux des hommes, et surtout ceux de nos parents. Il est remarquable que presque tous les peuples, même les moins civilisés, ont fait des tombeaux de leurs ancêtres le centre de leurs dévotions et une partie essentielle de leur religion.

Les tombeaux des ancêtres sont, à la Chine, un des principaux embellissements des faubourgs des villes et des collines des campagnes. Ils sont les plus forts liens de la patrie chez les peuples sauvages. Quand les Européens ont quelquefois proposé à ceux-ci de changer de territoire, ils leur ont répondu : « Dirons-nous aux os de nos « pères : Levez-vous et suivez-nous dans une terre « étrangère ? » Ils ont toujours regardé cette objection sans solution.

Les tombeaux ont fourni aux poésies d'Young et de Gessner des images pleines de charmes. Nos voluptueux, qui reviennent quelquefois aux sentiments de la nature, en font construire de factices dans leurs jardins. A la vérité, ce ne sont pas ceux de leurs parents. D'où peut leur venir ce sentiment de mélancolie funèbre au milieu des plaisirs? N'est-ce pas de ce que quelque chose subsiste encore après nous? Si un tombeau ne leur faisait naître que l'idée de ce qu'il doit renfermer, c'est-à-dire d'un cadavre, sa vue révolterait leur imagination : la plupart d'entre eux craignent tant de mourir! Il faut donc qu'à cette idée physique il se joigne quelque sentiment moral. La mélancolie voluptueuse qui en résulte naît, comme toutes les sensations attrayantes, de l'harmonie de deux principes opposés : du sentiment de notre existence rapide et de celui de notre immortalité, qui se réunissent à la vue de la dernière habitation des hommes. Un tombeau est un monument placé sur les limites des deux mondes.

Il nous présente d'abord la fin des vaines inquiétudes de la vie et l'image d'un éternel repos; ensuite il élève en nous le sentiment confus d'une immortalité heureuse, dont les probabilités augmentent à mesure que celui dont il nous rappelle la mémoire a été plus vertueux. C'est là où se fixe notre vénération. Et cela est si vrai que, quoiqu'il n'y ait aucune différence entre la cendre de Socrate et celle de Néron, personne ne voudrait avoir dans ses bosquets celle de l'empereur romain, quand même elle serait renfermée dans une urne d'argent; et qu'il n'y a personne qui n'y mît celle du philosophe quand elle ne serait que dans un vase d'argile.

C'est donc par cet instinct intellectuel pour la vertu, que les tombeaux des grands hommes nous inspirent une vénération si touchante. C'est par le même sentiment que ceux qui renferment des objets qui ont été aimables, nous donnent tant de regrets. Voilà pourquoi nous sommes émus à la vue du petit tertre qui couvre les cendres d'un enfant aimable, par le souvenir de son innocence; voilà encore pourquoi nous voyons avec tant d'attendrissement une tombe sous laquelle repose une jeune femme, l'amour et l'espérance de sa famille par ses vertus. Il ne faut pas, pour rendre recommandables ces monuments, des marbres, des bronzes, des dorures. Plus ils sont simples, plus ils donnent

d'énergie au sentiment de tristesse et de regret qui nous saisit. Ils font plus d'effet, pauvres que riches, antiques que modernes, avec des détails d'infortune qu'avec des titres d'honneur, avec les attributs de la vertu qu'avec ceux de la puissance. C'est surtout à la campagne que leur impression se fait vivement sentir. Une simple fosse y fait souvent verser plus de larmes que les catafalques dans les cathédrales. C'est là que la douleur prend de la sublimité; elle s'élève avec les vieux ifs des cimetières; elle s'étend avec les plaines et les collines d'alentour; elle s'allie avec tous les effets de la nature, le lever de l'aurore, le murmure des vents, le coucher du soleil et les ténèbres de la nuit. Les travaux les plus rudes et les destinées les plus humiliantes n'en peuvent éteindre l'impression dans les cœurs des plus misérables. « Pendant l'espace
« de deux ans, dit le père Du Tertre, notre nègre
« Dominique, après la mort de sa femme, ne
« manquait pas un seul jour, sitôt qu'il revenait
« de la place, de prendre le garçon et la petite
« fille qu'il en avait eus, et de les porter sur la
« fosse de la défunte, où il pleurait devant eux

« une bonne demi-heure, ce que ses petits
« enfants faisaient souvent à son imitation. »
Quelle oraison funèbre pour une épouse et pour
une mère! Ce n'était cependant qu'une pauvre
esclave.

FIN.

# TABLE.

| | |
|---|---|
| Notice sur Bernardin de Saint-Pierre............ Page | 1 |
| Paul et Virginie.................................. | 3 |
| La Chaumière indienne........................... | 195 |
| Voyage a l'Ile de France......................... | 251 |
| Morceaux choisis................................. | 357 |
|     Avantages de l'étude de la Nature................ | 359 |
|     Beautés générales de la Nature.................. | 361 |
|     Beautés de la Nature dans le genre végétal........ | 364 |
|     Beautés de la Nature dans le genre animal......... | 369 |
|     Vue générale des harmonies...................... | 378 |
|     Libéralité de la nature à l'égard de l'homme........ | 386 |
|     De la Providence............................... | 391 |
|     Considérations sur les Ruines................... | 400 |
|     Sur les Tombeaux.............................. | 414 |

www.ingramcontent.com/pod-product-compliance
Lightning Source LLC
Chambersburg PA
CBHW050249230426
43664CB00012B/1885